DOIS CASOS DA PRÁTICA CLÍNICA DE JUNG

Dados Internacionais de Catalogação na Publicação (CIP)
(Câmara Brasileira do Livro, SP, Brasil)

Moura, Vicente L. de
  Dois casos da prática clínica de Jung : a história de duas irmãs e a evolução da análise junguiana / Vicente L. de Moura ; tradução de Vicente L. de Moura. – Petrópolis : Vozes, 2022. – (Coleção Reflexões Junguianas)

  Título original: Two cases from Jung's clinical practice.

  ISBN 978-65-5713-692-8

  1. Psicanálise – Estudo de casos 2. Psicologia junguiana
I. Título. II. Série.

22-111955   CDD-150.1954

Índices para catálogo sistemático:

1. Psicologia junguiana   150.1954

Eliete Marques da Silva – Bibliotecária – CRB-8/9380

Vicente L. de Moura, Ph.D.

DOIS CASOS DA PRÁTICA CLÍNICA DE JUNG

A história de duas irmãs e a evolução da análise junguiana

EDITORA VOZES

Petrópolis

© 2019, Vicente L. de Moura

Tradução autorizada da edição em língua inglesa, publicada pela Routledge, membro do Grupo Taylor & Francis.

Tradução realizada a partir do original em inglês intitulado
Two Cases from Jung's Clinical Practice, The Story of Two Sisters and the Evolution on Jungian Analysis

Direitos de publicação em língua portuguesa – Brasil:
2022, Editora Vozes Ltda.
Rua Frei Luís, 100
25689-900 Petrópolis, RJ
www.vozes.com.br
Brasil

Todos os direitos reservados. Nenhuma parte desta obra poderá ser reproduzida ou transmitida por qualquer forma e/ou quaisquer meios (eletrônico ou mecânico, incluindo fotocópia e gravação) ou arquivada em qualquer sistema ou banco de dados sem permissão escrita da editora.

CONSELHO EDITORIAL

Diretor
Gilberto Gonçalves Garcia

Editores
Aline dos Santos Carneiro
Edrian Josué Pasini
Marilac Loraine Oleniki
Welder Lancieri Marchini

Conselheiros
Francisco Morás
Ludovico Garmus
Teobaldo Heidemann
Volney J. Berkenbrock

Secretário executivo
Leonardo A.R.T. dos Santos

Diagramação: Daniela Alessandra Eid
Revisão gráfica: Bárbara Kreischer
Capa: Editora Vozes
Ilustração de capa: Mandala produzida por uma paciente de Jung e reproduzida por ele em *Os arquétipos e o inconsciente coletivo*, vol. IX/1 das Obras Completas. 5. ed. Petrópolis: Vozes, 2007, p. 341, nota 182.

ISBN 978-65-5713-692-8 (Brasil)
ISBN 978-0-367-14332-9 (Reino Unido)

Este livro foi composto e impresso pela Editora Vozes Ltda.

Sumário

Lista de abreviaturas, 7
Fotografias e desenhos, 9
Nota do autor e tradutor, 11
Prefácio, 13
Entrando nos estudos de Carl Gustav Jung, 19
Agradecimentos, 23

Parte I – C.G. Jung, 25

1 Introdução, 27
2 O desenvolvimento da carreira de Carl Gustav Jung, 33
3 Os tratamentos psicoterapêuticos e os métodos de investigação contemporâneos, 48
4 O Autoexperimento, 80
5 Na busca de uma linguagem científica, 87
6 A visão crítica de Jung sobre métodos rígidos de tratamento, 95
7 Pacientes importantes já conhecidos na literatura, 99

Parte II – Mischa Epper, 121

8 A história de Mischa Epper e Maggy Reichstein, 123
9 O tratamento de Mischa Epper com Thomas Hämmerli, 144
10 O tratamento de Epper com Maria Moltzer, 149

11 Tratamento de Epper com C.G. Jung, 180

12 A vida de Mischa Epper após os tratamentos, 189

13 A publicação com informações equivocadas sobre o caso de Mischa Epper, 205

Parte III – Maggy Reichstein, 219

14 Os textos publicados por Jung citando o caso de Maggy Reichstein, 221

15 O caso de Reichstein relacionado aos conceitos de Jung sobre transferência e contratransferência, 229

16 O caso de Reichstein e o entendimento de Jung sobre psicologia oriental e ocidental, 235

17 O caso de Reichstein e o conceito de sincronicidade, 251

18 A correspondência sobre psicologia e religião, 267

19 Comentários finais e conclusão, 283

Referências, 291

Lista de abreviaturas

ETH – Arquivo Científico Histórico da Eidgenössische Technische Hochschule, Zurique, Suíça

LV – O Livro Vermelho (Vozes, 2010)

ME – Arquivo do Museu Epper, Ascona, Suíça.

MP – Protocolos originais das entrevistas de C.G. Jung com A. Jaffé da Livraria do Congresso, Washington, D.C., Estados Unidos.

NH – Arquivo Noord-Hollands Archief, Haarlem, Países Baixos.

OC – Obra Completa de C.G. Jung (18 vols., Vozes)

PA – Arquivo de Imagens do Instituto C.G. Jung, Zurique, Suíça.

SB – Arquivos do Cantão da Basileia – Suíça (Staatsarchiv des Kantons Basel-Stadt).

Trad. mod. – Tradução modificada.

Fotografias e desenhos

8.1 – Hermine Marie Quarles van Ufford com suas três filhas, por volta de 1903

8.2 – Filha e pai em Bloemendaal, 1922

9.1 – Mia em depressão profunda e atormentada por fantasmas, 1927

10.1 – A introversão mais profunda: a dança com a máscara, 1917

10.2 – Melancolia, 1917

11.1 – Reichstein aos 26 anos de idade

12.1 – A escultura de C.G. Jung de Epper no Museu Epper

12.2 – Mischa Epper por volta de 1970

14.1 – Figura Mandala n. 9

16.1 – Pássaro na fontanela

17.1 – Bordado do escaravelho feito por Reichstein

Créditos

O material do arquivo de imagens do C.G. Jung Institute foi disponibilizado pelo Instituto C.G. Jung de Zurique.

Imagens do Museu Epper: Copyright Museu Epper – Ascona – Suíça.

Cartas originais de C.G. Jung: Copyright 2007 Fundação das Obras de C.G. Jung, Zurique.

Nota do autor e tradutor

Ao ser consultado sobre a publicação do meu livro em português, fui confrontado com a inusitada tarefa de traduzir meus estudos em inglês e alemão para meu idioma materno, o português brasileiro.

A oportunidade de rever os meus escritos desta forma me fez avaliar o que um tradutor quer escrever quando traduz uma obra para seu idioma. No meu caso, sendo também o autor do livro, estive na feliz posição de saber exatamente o que o autor quis expressar. Mas embora essa pergunta fosse clara no meu caso, me deparei com outro problema: o de tentar não reescrever o livro por completo. Desta forma, gostaria de chamar a atenção do leitor para princípios que segui ao traduzir o texto que segue.

Meu objetivo central, nesta tradução, foi deixar a leitura o mais agradável e clara possível. Assim, em algumas passagens, fiz pequenas edições do conteúdo, embora tenha me mantido próximo ao original. Essa medida me pareceu necessária visando ao meu objetivo central citado acima.

Por fim, na bibliografia ao final de cada capítulo, quando disponível, foi dada a referência da versão em português do livro citado. O objetivo foi facilitar o acesso do leitor à bibliografia em língua portuguesa, para o caso dele querer se aprofundar nos temas. Mas é importante notar que as *traduções, na maioria dos livros, foram modificadas com base no texto original em inglês ou em alemã*o. Na bibliografia final foram citadas tanto as obras em português como os originais em inglês ou alemão. Porém, é importante notar que a *paginação das citações se refere aos textos originais em inglês e alemão*.

Uma boa leitura!

Vicente L. de Moura

Prefácio

No início de 2011, uma senhora muito gentil visitou o arquivo de imagens no Instituto C.G. Jung, em Zurique, onde eu era o curador. A senhora Lunin tinha quase 81 anos de idade. Ela disse que veio doar para o instituto a correspondência entre C.G. Jung e sua mãe, Maggy Reichstein, que foi paciente de Jung por volta de 1920. A Sra. Lunin me disse que, durante e após o tratamento, eles trocaram cartas e se encontraram em várias ocasiões, e acrescentou que ela não entendia adequadamente muitas das questões discutidas nas cartas. Queria garantir que esses documentos não fossem esquecidos em uma gaveta, e desejava-lhes uma conservação adequada.

Após uma análise mais profunda do material, percebi que o caso de Maggy Reichstein era relevante em muitos aspectos. Além do material sobre o caso de Reichstein, porém, também encontrei documentos sobre suas irmãs nos arquivos. Em particular o caso de sua irmã mais nova, Mischa Epper, foi relevante para a compreensão dos eventos, e acrescentou dados históricos importantes sobre o desenvolvimento da técnica a que Jung se referiu mais tarde como imaginação ativa. Epper foi também a principal razão pela qual as irmãs deixaram os Países Baixos e vieram para Zurique na segunda década do século XX para serem tratadas por Jung. Verifiquei o material e percebi que, embora Jung mencionasse em seus livros os eventos relacionados ao caso Reichstein, quase não havia informações na literatura junguiana sobre sua história e, além disso, partes das informações disponíveis eram equivocadas.

Em uma segunda reunião com a Sra. Lunin, pedi-lhe permissão para pesquisar os documentos em profundidade e o consentimento para uma publicação posterior. Ela gentilmente concedeu meus pedidos. Prometi a ela que verificaria o material cuidadosamente e asseguraria sua devida preservação.

Muitas perguntas apareceram durante minha pesquisa: o que esse material nos diz sobre Jung e a evolução de sua prática clínica? E, como veremos, o que aconteceu no caso de Reichstein que levou Jung a mencioná-la como exemplo em diversas passagens em seus escritos? O que segue neste livro são as respostas a essas questões. Eles revelam a história de dois casos de C.G. Jung que eram desconhecidos até o momento. O objetivo deste livro é posicionar historicamente o encontro de C.G. Jung com as duas irmãs no desenvolvimento de seus métodos e conceitos. Como veremos, os casos, particularmente o caso de Reichstein, foram muito importantes para ele.

A história dessas duas pacientes é discutida em relação aos conceitos de Jung e pode ser comparada ao tratamento de outros casos clínicos de Jung já conhecidos na literatura, tais como os de Christiana Morgan (Douglas, 1993), Frank Miller (Shamdasani, 1990), ou Tina Keller-Jenny (Swan, 2011) que ocorreram contemporaneamente, e revelam informações adicionais sobre como Jung usava o material de seus pacientes em suas publicações.

Os documentos mais importantes da pesquisa sobre as histórias de Mischa Epper e Maggy Reichstein são três textos, dois deles escritos pela própria Epper. O primeiro documento é um manuscrito dos arquivos do Museu Epper, em Ascona, na Suíça. O texto é chamado "História de minha infância"[1] e nele Epper descreve não apenas sua infância, mas também os principais acontecimentos de sua vida. A data em que ela escreveu o texto não é claramente conhecida, mas observou em uma carta datada de 21 de julho de 1957 e endereçada a Marie-Louise von Franz[2], uma colaboradora de C.G. Jung com quem Epper também fez análise, como naquele ano (1957) ela começou a escrever a história de suas próprias neuroses. Ela mencionou que o próprio Jung lhe havia dito que escrever sua história era uma boa ideia, mas lhe disse que se tivesse um sentimento desconfortável ao lidar com o material, seja na forma escrita ou em desenhos, ela deveria deixá-lo e pô-lo de lado por um tempo. O manuscrito termina abruptamente, como se estivesse incompleto.

O segundo documento importante é o diário de Epper, entre 1918 e 1919[3]. Durante esses anos ela esteve em tratamento com uma colaboradora de Jung, Maria Moltzer. Epper descreveu suas fantasias, como ela lidou com elas e como o tratamento a afetou. Em seu diário há também algumas notas que Epper acrescentou muito mais tarde, nos anos de 1950. Nesses comentários posteriores, como veremos, Epper reviu suas opiniões e criticou o tratamento que havia tido com Moltzer.

---

1. ME – Original em alemão: *Kindheistgeschichte Mischa Epper*.
2. SB – Documento PA 979a B 5-1 5 – Carta de Mischa Epper para M.L. von Franz de 21 de junho de 1957, p. 1.
3. ME – Notas de Mischa Epper sobre sua análise.

Assim como o primeiro texto, esse documento também pode ser encontrado nos arquivos do Museu Epper.

O terceiro documento importante que serve de base para esta parte não está assinado, mas a autora foi muito provavelmente Henriette Louise Quarles van Ufford-Reichstein, a terceira irmã da família Quarles van Ufford. Ela era casada com Tadeus Reichstein, vencedor do Prêmio Nobel de Fisiologia e Medicina em 1950, que era irmão do marido de Maggy Reichstein, Adam Reichstein. Henriette Reichstein escreveu um texto que chamou de "Versuch einer Darstellung der verschiedenen Neurosen" [Tentativa de descrever as várias neuroses][4] e começou com "a história do caso" referindo-se a Mischa Epper como "a paciente". A razão pela qual ela escreveu o texto é desconhecida, mas nele deu mais informações sobre sua educação, assim como sua opinião sobre muitos episódios em sua vida, na vida de sua família e de suas irmãs. O texto está arquivado na Basileia, Suíça (Staatsarchiv des Kantons Basel-Stadt). Henriette Reichstein também esteve em tratamento com Jung, mas, diferentemente dos casos de suas irmãs, nenhum dado histórico relevante sobre Jung foi encontrado nos documentos disponíveis. Portanto, o caso dela não foi investigado neste livro. Além disso, uma exposição detalhada de seus antecedentes pessoais exigiria o consentimento por escrito de sua família e tal documento não esteve disponível.

Com relação a Reichstein, os documentos relevantes são as cartas trocadas com Jung. No arquivo do Instituto C.G. Jung, em Zurique, há 13 cartas de Reichstein datadas entre 1930 e 1949 e 19 cartas de Jung datadas entre 1924 e 1959. Além dessas

---

4. SB – Original em alemão:– Documento PA 979a B 5-3.

cartas, há notas e livretos que compõem o acervo doado pela Sra. Lunin. Também nos arquivos do Instituto Jung estão os desenhos de Reichstein, que ela fez enquanto estava em tratamento com Jung. Outras cartas importantes de Jung e Reichstein, mencionadas nesta pesquisa, são do acervo histórico da Eidgenössische Technische Hochschule (ETH) em Zurique, Suíça.

Quanto às entrevistas: elas foram conduzidas pelo autor entre 2011 e 2013. As três entrevistas com a Sra. Lunin, filha de Reichstein, foram feitas no Instituto C.G. Jung e na sua residência em Zurique. A primeira entrevista, realizada em fevereiro de 2011, não foi estruturada, enquanto a segunda e terceira entrevistas, em junho de 2011 e março de 2013, foram semiestruturadas, com perguntas sobre a relação de sua mãe, Maggy Reichstein, com Jung. Ela acrescentou informações valiosas sobre a vida de sua mãe e forneceu as fotografias de sua família utilizadas nesta publicação.

A entrevista com Helene Hörni-Jung, filha de Jung, foi realizada em março de 2012 e ocorreu em sua casa em Küsnacht. Foi uma entrevista semiestruturada e seu filho, Jost Hörni, esteve presente, dando informações sobre a vida e a prática clínica de seu avô, Carl G. Jung.

A entrevista com Emmanuel Kennedy, que revelou informações valiosas sobre as pessoas do círculo interno de Jung, como Marie-Louise von Franz e Barbara Hannah, forneceu mais dados sobre o caso de Reichstein. Foi uma conversa informal e ocorreu em sua casa em Gommiswald, Suíça, em março de 2012.

A entrevista com Diana Mirolo, diretora do Museu Epper, foi realizada em novembro de 2012, em Ascona, Ticino, na região italiana da Suíça, onde o casal Mischa e Ignaz Epper viveram depois de 1932. Ela me deu acesso aos documentos cruciais mencionados anteriormente e acrescentou dados relevantes sobre a história de Epper. A entrevista com Margrit Orsoni, em abril de 2013, também foi realizada em Ascona. A Sra. Orsoni viveu com Mischa Epper durante três anos após a morte de seu marido, em 1969, e acrescentou mais informações sobre sua vida.

Por fim, uma conversa informal com Tjeu van der Berk, em dezembro de 2013, forneceu mais detalhes sobre a "paciente holandesa" mencionada na seção sobre Mischa Epper. Ele visitou o arquivo de imagens do Instituto Jung, em Zurique, durante a pesquisa para seu livro *In de ban van Jung* [Sob o feitiço de Jung], publicado em 2014.

O material mencionado anteriormente, os documentos e cartas, as entrevistas e os dados disponíveis na literatura revelam a história de Mischa Epper e Maggy Reichstein apresentada neste livro.

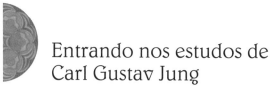

Entrando nos estudos de Carl Gustav Jung

Sonu Shamdasani

A partir de 1913, Jung iniciou o processo de um autoexperimento que ele chamou de seu "confronto com o inconsciente" e que levou ao nascimento da psicologia analítica como uma ciência e disciplina terapêutica. No coração deste projeto estava a tentativa de Jung de conhecer seu próprio "mito" como uma solução para a situação da modernidade secular desmitificada. Isso tomou a forma de uma longa série de fantasias autoinduzidas em estado vígil. Mais tarde ele chamou este método de "imaginação ativa". Ele elaborou, ilustrou e comentou essas fantasias em uma obra que chamou de *Liber Novus*, ou *O Livro Vermelho* (2010), que estava no centro do seu trabalho realizado até então. Neste processo ele retrata a forma pela qual recuperou sua alma e superou o mal-estar contemporâneo da alienação espiritual, e isso foi alcançado ao possibilitar o renascimento de uma nova imagem de Deus e ao desenvolver uma nova visão de mundo na forma de uma cosmologia psicológica e teológica. *Liber Novus* apresentou o protótipo da concepção de Jung sobre o processo de individuação, que ele considerou como a forma universal do desenvolvimento psicológico individual.

Durante esse período, ele começou a reformular sua prática da psicoterapia para, ao invés de ser orientada para a remoção da patologia, ter precisamente este objetivo: o conduzir o indivíduo a um desenvolvimento espiritual mais elevado. Essa reformulação levaria a consequências de longo alcance no desenvolvimento subsequente da psicoterapia bem como em uma variedade de terapias humanistas, das terapias alternativas e das terapias da "nova era" que surgiriam posteriormente. A partir de seu próprio autoexperimento, Jung tentou desenvolver e refazer a prática da psicoterapia. Ele encorajou seus pacientes a realizar explorações semelhantes neles mesmos através da imaginação ativa e os supervisionou. Procurou discernir se as ideias que ele obteve no *Liber Novus* teriam também valor para outras pessoas e se os procedimentos que ele mesmo havia seguido poderiam levar a resultados replicáveis.

Ele acabou decidindo não publicar o *Liber Novus* em vida e foi reticente em revelar publicamente a respeito de seu material clínico. Até recentemente, não se sabia muito sobre o que acontecia na prática de Jung dessa época (aliás, nem posteriormente), nem da relação dessa com seu autoexperimento, nem como ambas formaram a base experimental de seus trabalhos posteriores e sua forma particular de empirismo. Sua abordagem mais extensa dos aspectos práticos da psicoterapia foi em *A psicologia da transferência – Ilustrado através de uma série de imagens alquímicas – Para médicos e psicólogos praticantes*, para citar aqui o título original completo, uma obra difícil de acessar para quem ainda não é bem versado em seu trabalho, nem para quem não é versado em alquimia medieval. De fato, no início do livro, Jung declarou explicitamente que ele tomava como certo que o leitor já estaria familiarizado

Dois casos da prática clínica de Jung

com sua *Psicologia e alquimia* (OC 16, § 353). Desde o artigo de Michael Fordham (1974) sobre o conceito de transferência em Jung, tem havido poucos estudos extensos dos escritos de Jung sobre psicoterapia e de sua prática clínica. Espalhados pelas obras de Jung, encontramos uma série de declarações pontuais a respeito de sua prática clínica e as informações neste livro se referem a ela. Refletindo sobre sua carreira no fim dos anos de 1950, Jung lembrou a Aniela Jaffé que, como estudante de medicina, ele nunca havia pretendido ser ginecologista e, ironicamente, ele continuou: "tive principalmente pacientes mulheres, que muitas vezes entravam no trabalho analítico com extraordinária consciência, compreensão e inteligência. Foi essencialmente por causa delas que eu pude abrir novos caminhos na terapia"[5]. Nesta frase Jung enfatiza o que aprendeu de seus pacientes e o que lhe permitiram realizar. Algumas décadas antes, em seu seminário de 1925, enfatizou o papel de seu autoexperimento em seu trabalho terapêutico: "Eu tirei todo meu material empírico de meus pacientes, mas a solução do problema eu tirei de dentro de mim mesmo, de minhas observações dos processos inconscientes" (Jung, 2012, p. 35). Em *A psicologia da transferência*, ele falou sobre a profunda transformação mútua que ocorre na psicoterapia entre médico e paciente, observando que a relação terapêutica entre eles "é muitas vezes de tal intensidade que quase poderíamos falar de um *vínculo*. Quando dois corpos químicos se combinam, ambos são alterados" (OC 16, § 358).

Como essas declarações se inter-relacionam? Que histórias veladas estão por trás delas? Com base em abundante docu-

---

5. Protocolos de *Memórias, sonhos, reflexões*, Jung collection, Manuscript Division, Library of Congress, p. 316.

mentação previamente desconhecida, este importante estudo de Vicente de Moura permite a entrada para tais questões. É um estudo comparativo dos casos notáveis de duas irmãs; possivelmente o mais próximo de um "estudo gêmeo" na psicoterapêutica da individuação. Um deles, o de Maggy Reichstein, figurou anonimamente nos escritos de Jung como um caso paradigmático em mais de um tema significativo. O outro, o de Mischa Epper, abre uma comparação entre a prática de Jung e a de sua assistente e colaboradora direta durante o período de seu confronto com o inconsciente, Maria Moltzer, como também da questão que envolve a relação entre a imaginação ativa e a prática artística expressionista. Assim, este livro nos convida a entrar nos estudos de Jung e vislumbrar um pouco do que se passou ali, abrindo uma janela importante para entender esse período na constituição da análise junguiana.

Agradecimentos

Sou profundamente grato a muitas pessoas, sem as quais este livro não seria possível. Gostaria de agradecer a Sonu Shamdasani, que orientou minha pesquisa durante meus estudos de doutorado no University College London e me disse, no início de minha jornada, que eu precisaria abordar Jung a partir de uma perspectiva histórica, que é totalmente diferente da perspectiva de um analista. Minha resposta foi que seria mais fácil cortar minha cabeça. Bem, digamos que ele me decapitou gentilmente e, ao fim, me ajudou a enriquecer meu trabalho analítico. Gostaria de agradecer Martin Liebscher, meu coorientador de tese, que combinou gentileza e orientação com a precisão de um mestre; a Ernst Falzeder, por seus feedbacks e sua crítica aguçada, que me ajudou a melhorar imensamente minhas habilidades como pesquisador; à Sra. Verena Lunin, por sua generosidade em me permitir pesquisar e tornar pública a história de sua mãe e sua tia; a Helene Hoerni-Jung que, apesar da idade avançada, me deu a oportunidade de entrevistá-la sobre a história de seu pai, e a Jost Hoerni e Ulrich Hoerni, pelas preciosas conversas sobre seu avô; a Andreas Jung, que me deu acesso à biblioteca pessoal de Jung, pelas conversas e por seu apoio gentil e amistoso; a Thomas Fischer, da Fundação

C.G. Jung, por me permitir a publicação das cartas de Jung; a Diana Mirolo, diretora do Museu Epper, pela entrevista e por me conceder acesso aos documentos sem os quais a pesquisa ficaria muito limitada; a Margrit Orsoni, por suas preciosas informações sobre a vida de Epper; ao Curatório e ao conselho de formação do Instituto C.G. Jung de Zurique, em particular a Daniel Baumann, Robert Hinshaw e Ruth Ammann, por me concederem a permissão para utilizar o material do arquivo de imagens na pesquisa e no livro; a Emmanuel Kennedy, por suas valiosas contribuições no caso de Reichstein; a Tjeu van den Berk, pelas informações sobre o caso da paciente holandesa de Jung no livro de van Helsdingen; a Wendy Swan, pelo material que me enviou sobre Tina Keller-Jenny; a Andreas Schweizer e Georgina Seel, do Clube Psicológico de Zurique, pelo acesso aos documentos relevantes da biblioteca do clube; a Verena Kast e Roderick Main, por verificarem meu manuscrito; a Arthur Eaton por seu trabalho essencial nas traduções do holandês; a Peter Kenney por me ajudar com as correções do original em inglês. Muitos outros me apoiaram no desenvolvimento deste trabalho e a lista seria muito longa se eu fosse citar aqui todas as pessoas que me ajudaram, mas para todos esses, meus sinceros agradecimentos. Por fim, minha gratidão profunda à minha esposa Sonia e aos meus filhos Juliana e Leonardo, por todo amor que recebo de minha família.

PARTE I

C.G. Jung

1 Introdução

A pesquisa histórica sobre Carl Gustav Jung (1875-1961) tem sido o foco de muitas pesquisas científicas nos últimos anos. Diferentes autores revelaram a história de alguns de seus pacientes como, por exemplo, o caso de Sabina Spielrein publicado no livro de Carotenuto de 1982, que descreve a conexão entre Jung, Spielrein e Freud. Seguiram-se livros e artigos posteriores sobre outros pacientes, como as obras de Shamdasani sobre Frank Miller (1990), de Ellenberger (1991) sobre Helene Preiswerk, de Douglas (1993) sobre Christiana Morgan, de Reid (2001) sobre Catharine R. Cabot, ou de Swan (2011) sobre Tina Keller-Jenny. Entretanto, além da história de seus pacientes, o desenvolvimento de seu método também tem estado em foco desde a publicação de *O Livro vermelho* em 2009. Nessa publicação, pode-se acompanhar o processo pelo qual Jung explorou suas próprias fantasias. Contemporâneo à ruptura com Freud, ele iniciou um processo pessoal, uma fase de autoexperimentação, que teve um grande impacto tanto em seus conceitos quanto em sua abordagem prática. Esse desenvolvimento espelhou-se depois na maneira como ele tratou seus pacientes.

De acordo com Ellenberger, o impacto das experiências pessoais e de alguns pacientes sobre um pesquisador na formulação de suas hipóteses pode ser observado ao longo da história da psiquiatria (Micale & Ellenberger, 1993). Na década de 1960, Ellenberger enfatizou que muitas das descobertas psiquiátricas mais importantes eram frequentemente o resultado de especulações irracionais, intuições pessoais e preocupações emocionais de todo tipo. Ele descreveu duas situações típicas a este respeito: a primeira, de um psiquiatra que passou por uma crise pessoal que ele conseguiu superar e, a segunda, de um paciente que se tornou um objeto especial de investigação.

No primeiro caso, no qual de uma crise pessoal pode surgir um novo método ou teoria, Ellenberger deu exemplos nas obras de Robert Burton (1577-1640) e sua descrição de *melancolia*; George Cheyne (1671-1733) e *hipocondria*; George Beard (1839-1883) e *neurastenia*. No século XIX, ele mencionou Pierre Janet (1859-1947), a crise em sua juventude e seus escritos posteriores sobre *psicastenia* e Sigmund Freud (1856-1939), que observou sintomas neurastênicos em si mesmo e, através de um processo de introspecção, descobriu o ódio por seu pai, o que mais tarde o levou a formular conceitos gerais baseados nessa descoberta.

Em relação ao segundo caso, Ellenberger mencionou como conceitos e ideias na psiquiatria emergiram do encontro de médicos com pacientes, geralmente mulheres, que sofriam de histeria. Como exemplos, mencionou na história de Anton Mesmer (1734-1815) a importância do caso de Francisca Oesterlin, em 1774, para sua descoberta do magnetismo animal, e a importância do caso de Maria-Theresa Paradis, em 1777, para o desenvolvimento de sua carreira. Além disso, ele citou

Justinus Kerner (1786-1862), uma figura importante na história da psiquiatria dinâmica, e o caso de Friedericke Hauffe, sobre o qual Kerner escreveu em 1829 o livro *The seeress of Prevost* [*A vidente de Prevost*]. Kerner estudou seus dons clarividentes e publicou uma das primeiras monografias dedicadas ao estudo de um único paciente. Em seguida, Ellenberger mencionou Jean-Martin Charcot (1825-1893), o neurologista francês, que estudou o caso de Blanche Wittmann, que se tornou o protótipo do fenômeno dos três estágios de hipnotismo que ele descreveu. Ellenberger também mencionou a importância do caso de Leonie Boulanger no início da carreira de Pierre Janet e seus estudos sobre hipnotismo e sonambulismo e, finalmente, o caso de Bertha Pappenheim para Freud e seus estudos sobre histeria com Josef Breuer (1842-1925) (Micale & Ellenberger, 1993, p. 239-249).

Há muitos fatores que podem exercer um impacto sobre um pesquisador enquanto ele está desenvolvendo um conceito ou método. Fatores como os eventos pessoais em sua vida, a formação acadêmica, a mentalidade regente na época, as teorias contemporâneas, os eventos na sociedade e na política, e assim por diante. Entretanto, entre os fatores mais importantes para o desenvolvimento de uma teoria estão os eventos pessoais na vida do pesquisador e o encontro com pacientes paradigmáticos, como apresentado anteriormente no ensaio de Ellenberger sobre como algumas das mais importantes teorias em psicologia se originaram desta complexa interação. Esse livro segue a abordagem historiográfica de Ellenberger ao enfocar o autoexperimento de Jung relacionado a evolução de seu método e seu impacto no tratamento de dois de seus pacientes nesta fase crucial do desenvolvimento de sua teoria.

A primeira parte do livro trata do desenvolvimento da psicoterapêutica de Jung. Inicialmente, o foco é posto nos seus primeiros dias como psiquiatra, seu trabalho no Hospital Burghölzli em Zurique e sua decepção com a maneira como ele acreditava que a psiquiatria abordava pacientes. Em seguida, apresento seus estudos sobre o experimento de associação de palavras e o encontro com a psicanálise de Freud, seguindo colaboração entre eles até a ruptura do relacionamento em 1913. Em seguida, apresento uma seção sobre a psicoterapia contemporânea à época do autoexperimento de Jung, dando uma visão geral dos tratamentos e teorias disponíveis naqueles dias. Esta seção mostra o ambiente científico no qual Jung desenvolveu suas ideias após seu rompimento com Freud.

É dada, então, uma atenção especial ao seu autoexperimento que ocorreu a partir de 1913. Foi um evento pessoal chave, pois teve grande impacto no desenvolvimento de seu método e, particularmente, no desenvolvimento da técnica da imaginação ativa. Com relação ao método de Jung, em uma entrevista em 2012 com Helene Hoerni-Jung, filha de C.G. Jung, perguntei-lhe sobre o método que seu pai utilizava com seus pacientes. Ela afirmou com referência a seu pai: *Er habe keine Methode!* [*Ele não tinha método nenhum!*]. Essa interessante afirmação desencadeou uma pergunta que será abordada posteriormente. Em seguida, resumi a história dos pacientes de Jung que foram foco de pesquisas históricas até agora a fim de situar os dois casos desta pesquisa em um quadro comparativo. Na primeira parte, portanto, apresento o desenvolvimento das ideias e da prática de Jung com seus pacientes, baseado predominantemente em fontes publicadas.

Na segunda e na terceira partes do livro, apresento a história e a interação de Jung com duas pacientes, duas irmãs, sobre as quais pouco se sabia até agora: Mischa Epper e Maggy Reichstein. As histórias de Epper e Reichstein, a análise de Epper com a colaboradora de Jung, Maria Moltzer, o desenvolvimento de sua análise, as interpretações e imaginações ativas e outros elementos da história das duas irmãs formam a essência desta parte do livro. A esse respeito, acrescentarei informações sobre o caso da paciente holandesa descrita no livro de René van Helsdingen, *Beelden uit het Onbewuste – een geval van Jung* [Imagens do inconsciente – um caso de Jung] (1957). Jung escreveu, no prefácio desse livro, que a paciente de van Helsdingen era irmã de Reichstein, mas o comentário de Jung foi equivocado. Apresento o material disponível sobre o caso no livro de van Helsdingen, que mostra os paralelos e semelhanças entre a história de Reichstein, Epper e esse terceiro caso, assim como as possíveis razões para o comentário equivocado de Jung.

Após a apresentação das histórias de Epper e Reichstein, o livro apresenta a forma como Jung abordou o caso de Reichstein em seus escritos. Foi o desejo de Reichstein de ajudar sua irmã, que sofria de um distúrbio psíquico, e a levou a Zurique e, depois de sua irmã, ela mesma entrou em tratamento com Jung. Discutirei os tópicos importantes de sua análise, focalizando naqueles que Jung usou como exemplo para suas publicações. A seção seguinte descreve e contextualiza o desenvolvimento das ideias de Jung relacionadas com os temas presentes na história de Reichstein. Como veremos, o caso de Reichstein foi particularmente importante e aprofundou o interesse de Jung pelo simbolismo oriental; ele também utilizou seus desenhos em suas publicações como exemplos de mandalas europeus. O caso de Reichstein colocou também em questão a compreensão de Jung sobre a relação terapêutica e seu entendimento dos conceitos de transferência e contratransferência. Além disso, Jung escreveu que seu caso foi único no que diz respeito ao conceito de sincronicidade. Por fim, apresento a correspondência entre eles após 1940 sobre religião e psicologia, o que indica que Jung discutiu extensivamente seus conceitos com Reichstein.

Jung não incluiu informações detalhadas sobre seus pacientes em suas publicações. Minha intenção neste livro é acrescentar informações sobre a vida dos pacientes e discuti-las em relação aos conceitos de Jung mencionados anteriormente. Utilizo fontes não publicadas e entrevistas com familiares e pessoas próximas a esses pacientes, oferecendo um quadro abrangente da interação entre eles e Jung. Esses tratamentos nos dão mais informações sobre o desenvolvimento de Jung em sua prática psicoterapêutica e suas ideias. Como veremos, o encontro com essas irmãs nos dá dados valiosos sobre uma época em que a prática de Jung ainda estava evoluindo e oferece um exemplo de como ele utilizou o material desses casos em suas publicações.

Meu objetivo é acrescentar informações relevantes sobre uma fase crítica do desenvolvimento de Jung, ou seja, quando ele começou a usar as ideias de seu autoexperimento com seus pacientes e a ensiná-las a seus colaboradores.

2 O desenvolvimento da carreira de Carl Gustav Jung

Psicologia e psicoterapia passaram por mudanças consideráveis no início do século XX. Naquela época foram realizados muitos experimentos com visões, sonhos e fantasias, e as fronteiras da psicologia com as outras ciências e artes não estavam claramente definidas. Além de as pessoas estarem à procura de novas expressões de as suas experiências interiores, havia também uma busca por renovação espiritual e cultural (Shamdasani, 2010, p. 195).

Em 1900 C.G. Jung começou seu trabalho como médico assistente no hospital psiquiátrico Burghölzli em Zurique. O interesse inicial das pesquisas de Jung foi relacionado a estudos sobre a anatomia do cérebro (MP, p. 77), uma informação que não foi incluída por A. Jaffé em seu livro *Memórias, sonhos, reflexões* (Shamdasani, 2003, p. 45). Um de seus estudos foi sobre o cérebro de um paciente com demência precoce (nome dado na época para os quadros clínicos de esquizofrenia). Mas durante conversas com seu amigo e diretor do laboratório no Burghölzli, Alexander von Muralt, Jung chegou à conclusão de que não havia nenhuma razão real para seguir com essa pesquisa, porque ele não podia detectar nenhuma diferença entre a anatomia do cérebro de um paciente com demência precoce

34 Coleção Reflexões Junguianas

e a de uma pessoa saudável (Shamdasani, 2003, p. 45-46). A falta de resultados dessas pesquisas levou Jung a escrever, em um artigo de 1908, que o futuro da psiquiatria só poderia estar na área da psicologia. Ele então se voltou para a investigação psicológica das doenças mentais (OC 3, § 332).

Ele começou a aplicar e desenvolver o experimento de associação de palavras a fim de estudar a psicologia normal e patológica. Em 1900 Eugen Bleuler (1857-1939), diretor do hospital psiquiátrico Burghölzli, enviou um dos médicos sob sua supervisão, Franz Riklin (1878-1938), para aprender o método de associação com Emil Kraepelin (1856-1926) em Heidelberg, Alemanha. Após seu retorno, Riklin ensinou a Bleuler e Jung como aplicá-lo. O método foi o instrumento de pesquisa mais importante do hospital de Burghölzli daqueles dias (Freud & Bleuler, 2012, p. 14).

O objetivo inicial de Jung com o experimento de associação era desenvolver uma ferramenta para diferenciar os transtornos mentais e, mais tarde, ele se concentrou nos distúrbios nas respostas. Jung dedicou seus estudos à compreensão do que eram considerados erros nas associações como, por exemplo, um tempo mais longo de reação, um aumento nas reações fisiológicas ou estranhas associações de palavras. Ele se concentrou no que eram considerados falhas ou falta de atenção por parte do probando (Jung, 1990, p. 8).

Suas pesquisas com o experimento de associação de palavras lhe deram uma boa reputação no meio psiquiátrico internacional e forneceu a base para descrever o que ele chamou de complexo de ideias carregadas emocionalmente. Ele postulou que os probandos eram afetados por sentimentos e ideias que não estavam presentes na consciência, ou seja, os complexos. De

Dois casos da prática clínica de Jung 35

acordo com Jung, os complexos têm energia psíquica suficiente para perturbar o comportamento consciente. Ele demonstrou que os distúrbios nas reações não eram sem sentido e que havia uma ligação entre esses distúrbios e os complexos. Em 1905 Jung apresentou suas conclusões da seguinte forma:

> Tal conjunto de reações, que é composto de um grande número de ideias que as integram, é chamado de um complexo de ideias. O elemento que mantém o complexo unido é o tom emocional comum a todas as ideias individuais, [...]. Estamos, portanto, falando de um complexo de ideias emocionalmente carregadas, ou simplesmente de um complexo. Em nosso caso, o complexo tem o efeito do probando não reagir a conexões arbitrárias ou aleatórias de palavras, mas deriva a maior parte de suas reações do complexo. A influência do complexo sobre o pensamento e o comportamento é chamada de constelação (OC 2, § 733, trad. mod.).

O objetivo do trabalho de Jung era explorar como a consciência reage sob a influência do complexo. Sua pesquisa sobre as reações durante o experimento lhe permitiu mostrar de uma forma estatisticamente significativa as manifestações de processos psicológicos inconscientes.

Além de pesquisar, Jung tratava os pacientes utilizando as técnicas comumente empregadas no Hospital Burghölzli e uma delas era a hipnose. A importância da hipnose na virada do século XIX para o século XX era múltipla: era uma das principais ferramentas de pesquisa e terapia psicológica, e era usada para tratar e explorar fenômenos como a múltipla personalidade, histeria e espiritualismo. Todos esses fenômenos eram considerados variantes do sonambulismo, um termo que se referia a qualquer ato complexo realizado em um estado dormente ou de transe (Haule, 1999, p. 245).

O método foi introduzido no Burghölzli por Auguste Forel após aprendê-lo com Hippolyte Bernheim, na França, em 1886. Jung usou a hipnose principalmente nas fases iniciais de sua carreira (Shamdasani, 2001), entre 1900 e 1906, e mencionou seu uso em diferentes passagens, por exemplo, em seu texto de 1902 (OC 1, § 262). No entanto, Jung considerou que o que faltava na psiquiatria da época era um conhecimento adequado sobre os processos psicológicos que ocorriam na psique do paciente. Pode-se concluir que Jung sentia falta de uma psicologia que lhe permitisse compreender o que estava acontecendo na psique dos pacientes, em particular, e que pudesse explicar as expressões da psique, em geral. Lembrando suas impressões dessa época no Burghölzli, ele comentou:

> Os anos no Burghölzli foram meus anos de aprendizagem. Meus interesses e minhas pesquisas eram principalmente ligados a inquietante pergunta: "o que realmente acontece dentro da mente dos doentes mentais?" Isso era algo que eu não entendia na época e não havia nenhum dos meus colegas que se preocupasse com tais problemas. Os professores de psiquiatria não estavam interessados no que o paciente tinha a dizer, mas sim em como fazer um diagnóstico ou como descrever sintomas e compilar estatísticas. Do ponto de vista clínico que então prevalecia, a personalidade humana do paciente, sua individualidade, não importava em nada. Ao contrário, o médico lidava com o paciente X, usando uma longa lista de diagnósticos rígidos e secos e com o detalhamento dos sintomas. Os pacientes eram rotulados, carimbados com um diagnóstico e, em sua maioria, isso liquidava a questão. A psicologia do paciente mental não tinha importância nenhuma. Neste ponto Freud tornou-se de vital importância para mim, especialmente por causa

Dois casos da prática clínica de Jung

de suas pesquisas fundamentais sobre a psicologia da histeria e dos sonhos. Para mim, suas ideias apontaram o caminho para uma investigação mais profunda e para a compreensão dos casos individuais. Freud introduziu a psicologia na psiquiatria, embora ele mesmo tenha sido um neurologista (Jung, 2019, p. 114).

Por volta de 1904, Jung começou a aplicar o método psicanalítico de Freud, mas ele considerava que havia incertezas no método e que seus estudos com a experiência da associação seriam uma contribuição para seu desenvolvimento (OC 2, § 660-664). É importante notar que, no início, Jung aplicou o método baseado apenas nas suas leituras das publicações de Freud. O próprio Freud, entretanto, criticou, em 1905, aqueles que aplicavam a psicanálise somente por meio de leituras, ou seja, sem contato direto com ele. Ele escreveu:

Parece-me que há uma impressão generalizada e equivocada entre meus colegas de que esta técnica de procurar as origens de uma doença e remover suas manifestações por esse meio é uma técnica fácil que pode ser praticada, por assim dizer, de improviso. Concluo isso pelo fato de que nenhuma das pessoas que demonstraram interesse em minha terapia e passaram julgamentos definitivos sobre ela me perguntou como eu realmente a utilizo. Só pode haver uma razão para isto: a de eles pensarem que não há nada a se perguntar, que a coisa é perfeitamente evidente por si mesma. Mais uma vez, fico surpreso ao saber que neste ou naquele departamento de um hospital um jovem assistente recebeu uma ordem de seu chefe para aplicar a "psicanálise" em um paciente histérico. Estou certo de que ele não teria permissão para examinar um tumor extirpado a menos que tivesse convencido seus chefes de que estava familiarizado com a técnica histológica (Freud, 1904, p. 261)[6].

Leitner, em seu importante livro sobre o desenvolvimento da psicanálise, postula que, até aquela data, as descrições nos livros de Freud sobre seu método eram muito gerais e, portanto, não eram suficientes para que o método fosse aplicado corretamente. Assim, era comum que os seus seguidores estivessem desenvolvendo a forma de utilizá-lo com base no que eles interpretavam dos textos de Freud (Leitner, 2001, p. 87).

O encontro com o método de Freud levou Jung a desistir do uso da hipnose e recorrer à psicanálise como um instrumento de pesquisa e tratamento (Shamdasani, 2001, p. 10). Podemos acompanhar essa mudança na prática de Jung em sua correspondência com Freud, que começou em 1906. Por exemplo, em uma carta a Freud, em maio de 1907, Jung comentou sobre os bons resultados das experiências que dois de seus colegas obtiveram usando a hipnose (Freud & Jung, 1974, p. 49). Em sua resposta, Freud escreveu que os resultados positivos, caso durassem, provavelmente se deviam ao processo de transferência para o médico (Freud & Jung, 1974, p. 53). Pouco tempo depois, em junho de 1907, Jung relatou seu encontro com Pierre Janet, observando que Janet não entendia nada da teoria de Freud e que o seu "complexo de Paris" não existia mais. Freud respondeu:

> Eu lamentaria muito se seu complexo de Viena tivesse sido obrigado a compartilhar a catexia disponível com um complexo de Paris. Felizmente, pelo que você me diz, nada disso aconteceu: você percebeu que os dias do grande

6. Não se é conhecido se Freud quis se referir a Jung como 'um jovem assistente', mas naquela época Burghölzli era o único hospital a usar o método psicanalítico.

Charcot se foram e que a nova vida da psiquiatria está entre nós, entre Zurique e Viena. Assim, passamos sãos e salvos pelo primeiro perigo (Freud & Jung, 1974, p. 53).

Dos comentários acima, fica claro que o encontro com as ideias de Freud mudou a prática clínica de Jung com seus pacientes; ou seja, seu método de tratamento começou a mudar. Ele aplicou menos as terapias sugestivas e se aproximou da psicanálise de Freud[7].

No entanto, Jung compartilhava a mesma opinião de Bleuler, que se tornou diretor do Hospital Burghölzli de Zurique em 1898, e que considerava a psicanálise como um método complementar e uma das possibilidades de tratamento no hospital. Jung acreditava, por exemplo, que a hipnose poderia levar a melhores resultados com pacientes de baixo nível escolar (Shamdasani, 2001, p. 8). Jung sabia que a hipnose e os métodos sugestivos eram eficazes, mas ele não sabia como e nem por que a hipnose funcionava. Em uma correspondência com o Dr. Löy em 1913, sobre hipnose, Jung comentou:

O que me distanciou de uma vez por todas do método indireto da sugestão, um método comparativamente efetivo, e que é baseado em uma falsa teoria, igualmente efetiva, foi o reconhecimento de que por trás do labirinto desconcertante e enganoso das fantasias neuróticas existe um *conflito* que pode ser melhor descrito como um conflito moral. Com isso, começou para mim uma nova era de entendimento. A pesquisa e a terapia agora deram as mãos no esforço de descobrir as causas e a solução *racional* do conflito (OC 4, § 583, trad. mod.).

---

7. Entretanto, como veremos mais adiante, alguns elementos da hipnose serão relevantes no método de tratamento que ele desenvolveu após seu autoexperimento. Ele o chamará de imaginação ativa.

Como mencionado anteriormente, os estudos de Jung sobre psicanálise e seu contato com Freud foram significativos para sua compreensão dos processos inconscientes. Entretanto, segundo Shamdasani, o encontro de Freud e Jung foi mitologizado e a suposição de que Freud foi a principal fonte do trabalho de Jung o levou a ser considerado de forma errônea na história da psiquiatria (Shamdasani, 2010, p. 196). Jung protestou contra tal suposição, por exemplo, em um artigo não publicado da década de 1930. Ele escreveu:

> De forma alguma eu provenho exclusivamente de Freud. Eu tinha minha postura científica e a teoria dos complexos antes de conhecê-lo. Acima de tudo, os professores que mais me influenciaram foram Bleuler, Pierre Janet e Theodore Flournoy (Shamdasani, 2010, p. 196).

Além disso, Jung era crítico em relação a várias postulações de Freud. Em uma passagem de 1925, na qual Jung retrospectivamente considerou as teorias de Freud e o seu experimento de associação de palavras, ele escreveu:

> O fato que me convenceu da verdade da teoria de Freud foi a evidência sobre repressões que pude encontrar nos meus experimentos de associação. Os pacientes não respondiam a certas palavras onde havia um sofrimento, e quando eu perguntava por que eles não podiam responder à palavra-estímulo, eles sempre diziam que não sabiam o porquê, mas quando diziam isso era de uma maneira peculiar, artificial. Eu disse a mim mesmo que isto deveria ser o que Freud descreveu como repressões. Praticamente todos os mecanismos de repressão se tornaram visíveis nos meus experimentos. Quanto ao conteúdo da repressão, eu não podia concordar com Freud. Naqueles dias, ele falava apenas de traumas e choques sexuais para explicar a repressão. Naquela época eu já tinha uma experiência con-

siderável com casos de neurose nos quais os temas sexuais eram de importância secundária comparados com o papel desempenhado pela adaptação social (Jung, 1990, p. 14).

Leitner, em seu livro sobre o desenvolvimento da psicanálise, aponta ainda que por volta de 1908 os seguidores de Freud também estavam incertos quanto ao uso da técnica de interpretação de sonhos e ao trabalho com a transferência. Além disso, ela observa que havia uma controvérsia entre alguns dos seguidores de Freud relacionada à sua técnica de associação livre e o uso do método de Jung baseado no experimento de associação de palavras (Leitner, 2001, p. 95-111).

Nos protocolos de 1908 da Sociedade Psicanalítica de Viena, observa-se como Freud era ambivalente em relação ao experimento de associação de palavras. Sua ambivalência pode ser entendida uma vez que, por um lado, era importante considerar o experimento porque aproximava Jung e Burghölzli da psicanálise, e o engajamento de Jung atraía a atenção de um grupo mais amplo de possíveis seguidores; mas, por outro lado, Freud acreditava que uma vez que o experimento de associação tivesse desempenhado seu papel como método de aprendizagem, este deixaria de ser importante (Federn & Nunberg, 1976, p. 315). Pode-se acrescentar ainda que a pesquisa de Jung trouxe um elemento ausente à psicanálise da época, a saber, a observação científica dos conceitos e sua quantificação em um experimento psicológico.

Entre agosto e setembro de 1909, Freud e Jung foram aos Estados Unidos para apresentar uma série de palestras na Clark University. Foi um evento importante, pois foi considerado o marco da introdução da psicanálise nos Estados Unidos[8]. O ano

---

8. Para o contexto e a relevância desse evento, cf. (Shamdasani, 2012).

de 1909 foi quando Jung demitiu-se do seu cargo no Burghölzli e concentrou suas atividades em seu consultório privado. Ele descreveu esse período de sua vida em uma carta inédita de 4 de novembro de 1909, possivelmente para Ferenczi, um dos discípulos de Freud que também participou da viagem para os Estados Unidos. Jung escreveu sobre sua prática clínica e pesquisas naquela época, além de acontecimentos pessoais. Ele escreveu:

> Prezado colega,
>
> Foi muito bom de sua parte ter se motivado a me escrever sua carta. Você está certo, não se deve deixar que tais grupos pereçam. Afinal de contas, os complexos garantem de maneira plena que tais memórias permaneçam sempre frescas. A transferência poderia se transformar em ódio e, no fim contas, se é muito sensato para isso. Eu tive a mesma impressão em relação a você durante a viagem, mesmo que não tivesse lhe escrito. Muitas vezes tive o impulso de lhe dizer como eu estou. Tenho passado por muitas coisas desde então. Realmente, a primeira coisa que fiz após meu retorno foi falar à minha esposa, de uma forma psicanaliticamente resoluta, toda a história dos meus complexos. Isto funcionou muito bem e, às vezes, eu mesmo me senti um tolo por não ter feito isso antes. O aumento da minha paz interior e da minha serenidade foi considerável.
>
> Atualmente tenho apenas 3 pacientes que não me trazem muitos rendimentos. Caso eu cobrasse menos, eu teria pacientes mais do que o suficiente, mas não gosto de oferecer psicanálise em troca de uma gorjeta. Posso e até devo usar melhor meu tempo com meus alunos, dos quais tenho entre 3 e 5. Eles me custam muito tempo. No momento eu cobro 100 francos por um curso de 3 semanas (3-4 vezes por semana, duas horas cada encontro). Caso contrário, as

Dois casos da prática clínica de Jung 43

> pessoas me consumiriam. Dois de meus pacientes me dão grande satisfação por sua preciosa psicologia. Eu também analisei com sucesso uma pessoa que era possivelmente catatônica [...]O trabalho científico de natureza experimental no qual tenho trabalhado atualmente é enfadonho e cansativo. O caminho dos experimentos é demasiadamente árduo para ser percorrido constantemente.
>
> Com os melhores cumprimentos,
>
> Jung[9]

A carta aqui apresentada nos dá informações valiosas sobre a situação de Jung no fim de 1909. Primeiro, ele descreve suas impressões sobre a viagem aos Estados Unidos, quando os complexos estavam ativos e a transferência poderia ser transformada em ódio, caso não se fosse sensato o suficiente. Essa observação é particularmente interessante, porque Jung mencionou mais tarde, em 1925, que foi nessa viagem que algo importante mudou na sua relação com Freud: Jung mencionou que ele e Freud analisaram os sonhos um do outro e, ao analisar os sintomas e um sonho que Freud tinha tido, Jung pediu a ele mais detalhes sobre sua vida privada. Freud negou o pedido, dizendo que não podia arriscar sua autoridade. Jung mencionou que, naquele momento, Freud a perdeu. Jung (1990) mencionou em 1925 que isso deixou para ele uma impressão fatal das limitações de Freud, porque Freud colocou a sua autoridade acima da verdade.

As dificuldades de Freud para responder as perguntas de Jung possivelmente estavam ligadas a um tema que Jung revelou em uma entrevista com John Billinsky em maio de 1953.

---

9. PA – Carta de Jung para Ferenczi (?), 4 de Novembro 1909 (documento sem catalogação).

Jung mencionou que, de sua visita a Freud em Viena em 1907 e dos sonhos que analisou na viagem aos Estados Unidos em 1909, ele supunha que Freud tinha um caso com sua cunhada, a irmã mais nova de sua esposa. Jung pensou que essa poderia ser a razão dos sintomas de Freud, mas Freud se recusou a falar sobre isso. Jung mencionou que seu conhecimento sobre esse triângulo amoroso se tornou um dos principais aspectos que levaram à ruptura com Freud (Billinsky, 1969).

Além disso, Jung também contou a Freud seu sonho sobre a casa medieval, com muitas escadas e salas. No sonho ele desceu as escadas e encontrou um porão com estruturas góticas e quanto mais ele descia, mais antiga a estrutura parecia, até chegar a um lugar pré-histórico com ossos e caveiras. Freud interpretou o sonho, dizendo que havia pessoas ao seu redor que ele (Jung) queria ver mortas. Nos seminários de 1925, Jung observou que discordava da interpretação de Freud e que o sonho foi a origem de seu livro *Transformação e símbolos da libido* de 1912, no qual analisava as fantasias da Sra. Miller (Jung, 1990, p. 22-23)[10].

Em segundo lugar, Jung comentou em outra passagem da carta que ele não estava preparado para oferecer psicanálise sem o pagamento adequado. Essa passagem acrescenta um comentário interessante da visão de Jung sobre seu trabalho como psicanalista. Esse foi um tema importante no tratamento de Sabina Spielrein, que será apresentado posteriormente neste livro, e no qual a questão sobre o pagamento foi um dos pontos relevantes. Com relação à Spielrein, é interessante

---

10. Cf. tb. a entrevista de Jung com Eissler em 1953 na Biblioteca do Congresso em Washington – Sigmund Freud Papers: Interviews and Recollections 1914-1998; Set A (OC 12).

notar o comentário de Jung sobre seus alunos porque, quando escreveu essa carta, Spielrein estava possivelmente entre eles. Ela escrevia sua dissertação naqueles dias e pediu a Jung que a lesse em setembro de 1909 (Carotenuto, 1982, p. 8).

Em terceiro lugar, a carta indica mais uma vez a importância de Emma Jung no desenvolvimento de Jung e em seu equilíbrio psicológico. Jung falou com ela abertamente e isso o ajudou a sentir paz interior e serenidade. Além disso, a carta também revela como era o seu trabalho logo depois que deixou o Hospital Burghölzli no fim de 1909. Naquela época, Jung estava ocupado principalmente com seus alunos, mas sem muitos pacientes.

Finalmente, o trabalho científico baseado no experimento ao qual Jung se referiu foi muito provavelmente seu experimento de associação de palavras. Uma de suas palestras na Universidade Clark tinha o título "O método de associação" e era sobre seu trabalho com esse método. A pesquisa com o método de associação havia dado a Jung uma boa reputação científica na América, mas seu comentário nessa carta mostra que o experimento estava se tornando cada vez mais monótono para ele. Além disso, havia possivelmente outra razão para o declínio do interesse de Jung em seu trabalho com o experimento de associação: ele concluiu que o próprio experimentador poderia afetar os resultados. Isso significaria que havia uma equação pessoal no experimento que poderia perturbar os resultados e introduziria um fator incalculável de variação, um fator impossível de se excluir (Shamdasani, 2003, p. 47-50). Não é conhecido exatamente quando Jung deixou de usar esse método, mas seu último trabalho sobre seus experimentos que tinha o título "Os métodos psicológicos de investigação utilizados na clínica psiquiátrica da Universidade de Zurique" foi publicado em 1910.

No ano seguinte, 1911, as controvérsias entre Jung e Freud cresceram. Jung escreveu uma carta a Freud em 11 de dezembro de 1911, citando o "problema da libido", e expressando suas dúvidas entre a aplicação das ideias de Freud e seus estudos sobre demência precoce. Jung considerava que o que ele observava não poderia ser reduzido a uma sexualidade reprimida (Freud & Jung, 1974, p. 471). Freud considerava que a perda da realidade na demência precoce era causada pela retirada do interesse libidinal, mas Jung contestou essa explicação, ressaltando que, em sua experiência, não era apenas o interesse sexual que desaparecia, mas todo tipo de interesse, e ele não considerava que todo o interesse na realidade (a *fonction du réel* de Janet) era devido à sexualidade (Jung, 1912, p. 122-123).

As divergências cresceram ainda mais e Freud propôs a Jung o abandono das relações pessoais em uma carta datada de 3 de janeiro de 1913. Em 20 de abril de 1914, Jung renunciou a seu cargo na Associação Psicanalítica Internacional, escrevendo que suas opiniões contrastavam com as da maioria de seus membros e que ele não poderia mais ocupar o cargo de presidente (Freud & Jung, 1974, p. 551).

Em 1914, Jung estava muito ocupado com pacientes em seu consultório. Ele trabalhava cinco dias por semana, com uma média de cinco a sete horas por dia (Shamdasani, 2010, p. 201). Embora ele tivesse sucesso em sua vida profissional, uma mudança importante o impactou na sua forma de abordar psicologia: Jung havia iniciado um processo de investigação de suas próprias fantasias. Isso o levou a desenvolver suas teorias e ideias e causou uma mudança forte na sua maneira de trabalhar com pacientes. Contudo, para uma compreensão adequada da transformação das ideias de Jung e de seu processo de investigação, é importante rever o contexto científico no qual ele estava inserido.

3 Os tratamentos psicoterapêuticos e os métodos de investigação contemporâneos

Jung começou seu autoexperimento em uma época em que vários métodos eram usados para o tratamento e investigação da psique. Ele se referiu a esses trabalhos, os comentou e os avaliou e, como veremos, alguns desses procedimentos têm paralelos com o desenvolvimento posterior dos métodos de Jung. Entre os autores psiquiátricos da época, havia um vivo debate sobre as teorias vigentes, no qual se questionava ou se apoiava as postulações apresentadas. O que segue é uma descrição do cenário psicoterapêutico contemporâneo nas primeiras décadas do século XX.

O que hoje é chamado de tratamento por hipnotismo e sugestão foi um dos métodos mais utilizados na virada do século XIX para o século XX. O termo hipnose foi cunhado por James Braid em seu livro *Neurypnology – the Science of Nervous Sleep* [*Neuropnologia – a ciência do sono nervoso*], de 1843, como parte de uma revisão terminológica (Gauld, 1992, p. 281)[11]. Mas, no fim do século XIX, o método não era mais considerado na comunidade médica. O renascimento da

---

11. *Neuripnologia – A ciência do sononervoso;* procedimentos similares foram usados anteriormente, mas com nomes diferentes.

Dois casos da prática clínica de Jung

hipnose como método reconhecido veio com os estudos de duas escolas na França: Salpêtrière, com Jean Martin Charcot (1825-1893) e Nancy, com Hippolyte Bernheim (1840-1919). Charcot era um famoso neurologista de reputação internacional. Seu empenho pessoal e seu prestígio deram um grande impulso à legitimação e à respeitabilidade do hipnotismo e foram seus estudos que levaram o método a ser aceito pela Academia de Ciências na França (Gauld, 1992, p. 306). O foco principal de Charcot, porém, era as características clínicas do fenômeno, enquanto o foco de Bernheim era o uso prático da sugestão para fins terapêuticos. Bernheim era um médico internista francês, conhecido inicialmente por suas pesquisas sobre febre tifoide e sobre doenças cardíacas e pulmonares. Ele começou a aplicar a hipnose em 1882, usando o método que aprendeu com Ambroise A. Liébeault (1823-1904). Contrário às postulações de Charcot, Bernheim afirmou que os estados hipnóticos não eram exclusivos dos pacientes histéricos, mas sim uma condição que podia ser observada em quase todas as pessoas. Com base em seus estudos, ele afirmou que o sono hipnótico não era patológico, que os fenômenos observados sob hipnose eram devidos à sugestão e que a sugestionabilidade também existe na condição vígil. A única diferença era que, no estado vígil, a sugestionabilidade era diminuída ou neutralizada pelas faculdades da razão, da atenção e do julgamento. Entretanto, ele acrescentou:

> Em um sono espontâneo ou induzido, estas faculdades estão entorpecidas e enfraquecidas; a imaginação rege de forma suprema; as impressões são aceitas sem verificação, e o cérebro as transforma em ações, sensações, movimentos e imagens. Assim, o estado psíquico é modificado e um novo estado de consciência é induzido. [...] É esta suscetibilidade

aumentada pela sugestão que empregamos da maneira mais eficaz para um fim terapêutico (Bernheim, 1887, p. x).

Com relação às aplicações terapêuticas do hipnotismo, Bernheim mencionou que imaginação e confiança causavam efeitos sobre o paciente, e essa era a razão pela qual artefatos e objetos "carregados magneticamente" usados pelos magnetizadores funcionavam. Para Bernheim, era sugestão que causava o resultado terapêutico. Em 1887 ele descreveu a técnica de sugestões terapêuticas da seguinte forma:

> É uma lei psicológica que o sono coloca o cérebro em uma condição psíquica tal que a imaginação aceita e reconhece como reais as impressões a ele transmitidas. O papel da técnica psicoterapêutica é provocar esta condição psíquica especial por meio do hipnotismo, e cultivar a sugestionabilidade, aumentada artificialmente desta forma, com o objetivo de cura e alívio (Bernheim, 1887, p. 203).

O hipnotismo sofreu uma decadência rápida após a morte de Charcot em 1893. O declínio começou na França e países vizinhos, como Bélgica e Suíça, os três países onde o hipnotismo havia florescido. Entre as exceções desta decadência estava o Hospital Burghölzli em Zurique, sob a supervisão da Forel (Janet, 1976, p. 200). Quanto a Jung, sua crítica ao hipnotismo não estava na eficácia do método, mas sim no fato de que ele não entendia o mecanismo psicológico por trás dele, e até 1913 ainda usava o método ocasionalmente, como observado em sua correspondência com o Dr. Loy.

Outro importante método de tratamento contemporâneo para neurastenia e histeria era o tratamento de Silas Weir Mitchell (1829-1914), descrito em seu livro *Fat and blood* [*Gordura e sangue*] (1884). O método de Weir Mitchell é importante de se

Dois casos da prática clínica de Jung 51

notar porque foi integrado, aplicado e modificado por diferentes autores. Na terceira edição de 1884[12], Weir Mitchell descreveu seu tratamento como baseado principalmente no isolamento (ou seja, a remoção do paciente de um ambiente nocivo e dos maus hábitos); descanso (as atividades físicas eram reduzidas ou sob a supervisão de um médico); massagem (para evitar atrofia muscular), eletricidade (para exercitar o músculo do paciente e, ele assim acreditava, causar um aumento da temperatura, o que influenciaria positivamente as mudanças nutricionais do corpo); e uma dieta terapêutica (em grande parte baseada em leite, acrescentando-se dietas adaptadas às necessidades do paciente). Ele observou que as condições individuais de cada paciente deviam ser consideradas e o método devia ser adaptado de acordo. Além disso, mencionou que não se referia a uma simples adição de sangue e massa corpórea no paciente, mas que o aumento gradual desses levava a um resultado visível devido as várias mudanças no poder digestivo, assimilatório e das secreções no corpo do paciente (Mitchell, 1884, p. 43). Ele acrescentou:

> Caso eu consiga primeiro alterar a atmosfera moral, que atua sobre o paciente como um hálito maligno, e depois se eu puder adicionar muito ao peso e encher os vasos sanguíneos com sangue vermelho, estou seguro de dar alívio geral a uma série de desconfortos, dores e deficiências variadas (Mitchell, 1884, p. 43-44).

Jung conhecia os escritos de Weir Mitchell e os mencionou em "Um caso de estupor histérico em pessoa condenada à prisão" de 1902, citando um de seus casos em relação à perda de faculdades intelectuais e estados alternados de consciência em

---

12. Primeira edição publicada em 1877.

histeria. Jung, entretanto, não comentou diretamente sobre o método de Weir Mitchell (OC 1, § 226ss.).

Uma das figuras mais importantes da psicoterapia da época foi Pierre Janet, que em seu livro de 1919 *Psychological healing* [Cura psicológica] escreveu um "tratado de psicologia completo e sistemático sobre psicologia abrangendo mais de 1.100 páginas" (Ellenberger, 1970, p. 345). Janet descreveu e discutiu um grande número de casos e tratamentos e os classificou em grupos. Além disso, ele forneceu uma base histórica dos métodos e teceu críticas sobre o que ele considerava serem erros desses métodos. O principal método que Janet usava em seus tratamentos era o hipnotismo e a sugestão, mas ele também utilizou outros, como, por exemplo, semelhantes ao de Weir Mitchell, ao induzir um sono profundo por hipnose e sugestão, deixando o paciente em estado de sono artificial por dias ou semanas (Janet, 1976, p. 457).

Uma possível ligação entre Jung e Janet, que pode indicar o impacto das ideias de Janet na teorização de Jung, foi a crítica de Janet ao exagero de Freud em relação à sexualidade como o único fator patogênico na doença mental. Janet considerou a construção simbólica em torno da etiologia sexual proposta por Freud como inadequada, porque, para ele, isso não foi encontrado em todos os casos. Janet também se referiu a suas publicações anteriores, nas quais ele apontou a conexão entre eventos traumáticos e o que ele chamava de desordens neuropáticas e, para Janet, os estudos de Freud e Breuer eram basicamente os estudos que haviam sido feitos por ele mesmo anteriormente, embora utilizando uma nova nomenclatura para os processos observados. Ele os considerou como confirmações de suas próprias descobertas (Janet, 1976, p. 602); também

Dois casos da prática clínica de Jung

considerou o método de livre associação inadequado, embora, na edição de 1919, ele tenha apreciado o teste de associação de palavras de Jung, considerando que esse procedimento poderia ser utilizado para revelar memórias de incidentes e sua influência sobre as emoções do sujeito, talvez assim revelando memórias traumáticas (Shamdasani, 2003, p. 48)[13].

Há outro ponto nos conceitos de Janet que tem paralelos com o método de Jung, a saber, em como lidar com a transferência. Janet mencionou tratamentos por *orientação moral*[14], em que a influência pessoal do médico seria a principal ferramenta em psicoterapia. Ele chamou de "período de influência" a fase em que o paciente está sendo tratado, quando ele tende a acreditar fortemente na ação benevolente do médico (Janet, 1976, p. 1134). Janet observou que um efeito desse fenômeno era que, após a sessão, alguns pacientes continuavam com suas conversas com o médico em sua imaginação, tendo um senso de orientação e/ou proteção. Esse último ponto é interessante de notar, porque Jung utilizou procedimento semelhante como parte de sua técnica para lidar com questões transferenciais em alguns de seus casos. Isso possivelmente mostra como as ideias de Janet tiveram um efeito na prática de Jung. Após a sessão, Jung, de forma semelhante à descrição anterior de Janet, sugeriu a alguns de seus pacientes que desenvolvessem um diálogo com a representação intrapsíquica que os pacientes tinham dele (Swan, 2011, p. 23). Outra figura central no meio

---

13. No entanto, Janet criticou o método de associação de Jung em um congresso em Londres em 1913, observando que os estudos de Jung eram falhos devido a problemas na metodologia experimental.

14. Importante notar que a palavra *morale* em francês pode ter diferentes sentidos como ética, consciência ou estado de espírito.

psicoterapêutico da época era August Forel (1848-1931), que foi diretor do Hospital Burghölzli em Zurique até 1898. Ele se distinguiu por seus estudos em anatomia cerebral, o que o levou a assumir o cargo de professor de psiquiatria na Universidade de Zurique. Inicialmente um organicista convicto, se interessou pelos aspectos psicológicos das doenças mentais devido ao seu trabalho sobre alcoolismo (Ellenberger, 1970, p. 287). Após ler o livro de Bernheim sobre sugestão, Forel foi para Nancy em 1886 e aprendeu o uso terapêutico da hipnose com o próprio Bernheim, que ele depois introduziu no Burghölzli (Shamdasani, 2001, p. 6).

Na quinta edição revisada de seu livro *Hypnotism or suggestion and psychotherapy* [*Hipnotismo ou sugestão e psicoterapia*] de 1907 (primeira edição foi publicada em 1889), Forel deu um relato dos principais fatores e das teorias contemporâneas atualizadas sobre o método. Ele apresentou sua visão da psicoterapia da seguinte forma:

> A psicoterapia é uma terapia sugestiva, mas é desenvolvida de maneiras marcadamente diferentes, de acordo com as exigências do caso. A sugestão verbal comum será, na maioria das vezes, suficiente para remover uma simples dor de cabeça. Mas, no caso de se tratar de uma disposição, geralmente se descobre todo tipo de hábitos, predisposições herdadas, quadros mentais etc., que estão relacionados com a disposição; a função da psicoterapia torna-se então regular tal disposição (Forel, 1907, p. 208).

Durante seu tempo no Burghölzli, Jung utilizou algumas das técnicas sugestivas de Forel como, por exemplo, a transposição de um paciente para uma situação particular, a fim de facilitar as associações (Shamdasani, 2001, p. 9). Os escritos de Forel estão presentes em diferentes passagens da obra de Jung, como em sua publicação de 1907, *A psicologia da dementia praecox: um ensaio*, no qual se referia a conceitos como dissociação do livro de Forel citado anteriormente (OC 3).

Como mencionado, o trabalho desenvolvido na clínica Burghölzli no início do século XX era pioneiro em relação aos métodos de tratamento de doenças mentais. Das notas anteriores, é possível observar que controvérsias entre os métodos e seus autores estavam na ordem do dia. Além do hipnotismo e da psicanálise, uma abordagem daqueles dias que é importante notar e que foi utilizada naquela instituição era a técnica de Dumeng Bezzola (1868-1936), um psiquiatra suíço que era próximo de Forel e que desenvolveu um método que teve certa importância naqueles dias, uma variação do método catártico de Freud e Breuer (Wieser, 2001). Era aluno de Forel e, como ele, não concordava com as postulações de Freud publicadas em 1905 em seu livro *Três ensaios sobre a teoria da sexualidade*.

Em um artigo de 1907, intitulado "Zur Analyse Psychotraumatischer Symptome" [Sobre a análise de sintomas psicotraumáticos] e publicado no *Journal für Psychologie und Neurologie* [Jornal de Psicologia e Neurologia], Bezzola propôs uma modificação do método catártico de Freud e Breuer. A modificação proposta foi explicada por Bezzola da seguinte forma:

> Minha tentativa foi modificar o método de Freud no sentido de que o evento patogênico deve ser ativado e tornado consciente sob controle médico, não através da análise e interpretação de associações secundárias, mas através da síntese de sensações primárias (Bezzola, 1906, p. 206).

A partir dessas considerações, ele propôs um método que denominou de psicossíntese, que consistia em reforçar separadamente todos os resíduos dos estímulos sensoriais que tinham ocorrido no evento. Esse procedimento devia ser conduzido sem o paciente exercer uma crítica consciente, e o objetivo era revitalizar todos os componentes subconscientes associados. Através desse procedimento, um desenvolvimento retroativo de todo o evento ocorreria na consciência do paciente e o trauma psíquico seria resolvido (Bezzola, 1906, p. 207).

A reação de Jung e Freud ao artigo de Bezzola pode ser seguida na correspondência entre eles. Freud escreveu, em uma carta datada de 7 de abril de 1907, que ele não ficou impressionado pelo artigo (Freud & Jung, 1974, p. 29). Para ele, Bezzola tentou esconder que sua psicossíntese era idêntica à psicanálise e que Bezzola voltou ao ponto em que ele (Freud) e Breuer estavam 12 anos antes. Em sua resposta de 11 de abril de 1907, Jung julgou o artigo de Bezzola irritante, um "acumulado de detalhes sem uma visão geral clara" (Freud & Jung, 1974, p. 32). Mais tarde, em maio do mesmo ano, Jung comentou brevemente em sua carta a Freud que testou o método de Bezzola com alguns bons resultados, mas considerou-o idêntico ao método catártico. Além disso, ele observou que o efeito do método não era totalmente compreensível para ele (Freud & Jung, 1974, p. 50). Em sua resposta, Freud mencionou que os efeitos foram, sem dúvida, os resultados da transferência (Freud & Jung, 1974, p. 53).

Um dos nomes mais importantes da psiquiatria e da psicologia daquela época que estava ligado a Forel, Freud e Jung e que deve ser mencionado foi Eugen Bleuler (1857-1939), que assumiu o cargo de diretor do Hospital Burghölzli em Zurique após Forel. Enquanto o estilo de gestão do Forel era baseado na autoridade pessoal do diretor, uma atitude também presente em sua abordagem na hipnose e na terapia sugestiva,

Bleuler dirigiu a instituição em um estilo mais participativo, que também se espelhou em suas propostas de tratamento (Bernet, 2013, p. 198).

Entre suas muitas contribuições à psiquiatria, uma particularmente importante foi sua definição de esquizofrenia. Ele cunhou o termo a fim de especificar um grupo de doenças mentais que até então haviam sido agrupadas na literatura psiquiátrica sob o termo *"dementia praecox"*. Ele descreveu o termo em seu livro de 1911, *Dementia Praecox oder Gruppe der Schizophrenien* [Dementia praecox ou os grupos da esquizofrenia], observando que o termo *dementia praecox* não era específico para as doenças a que se referia. Isso justificava a cunhagem do termo esquizofrenia (Bleuler, 1911, p. 6).

Com relação à terapêutica, Bleuler acreditava que o tratamento hospitalar só deveria ser considerado se necessário, por exemplo, quando o paciente fosse um perigo para si ou para os outros, ou quando não fosse mais possível influenciar o paciente em seu comportamento. Caso possível, o paciente deveria ser mantido em seu ambiente. Ele afirmava que uma melhoria poderia ser alcançada por influência psíquica. A melhoria poderia vir de fora, caso uma mudança nas condições de vida do paciente a colocasse em movimento, ou de dentro, caso o paciente aprendesse a lidar com seus complexos. Também poderia acontecer se uma condição de oneirofrenia terminasse (condição patológica de estar alienado, como em um sonho), ou se o afeto por trás dessa condição fosse consumido. Ele observou o fato de que a cura poderia surgir de processos psíquicos não foi totalmente compreendido, mas postulou que algum tipo de processo de autocura deveria existir (Bleuler, 1911, p. 374).

Bleuler observou que não havia profilaxia para o aparecimento da doença, mas nas etapas iniciais algumas medidas poderiam ser úteis, como higiene corporal com sono e alimentação suficientes, evitar qualquer tipo de excitação seja de natureza psíquica ou tóxica, bem como afetos intensos. Oposição e obrigações tendem a piorar a condição psíquica do paciente, pois aumentam o seu negativismo.

Ele comentou muitos outros aspectos práticos do tratamento, como o uso de medicamentos, restrição física ou isolamento, inclusive aconselhando pacientes com outros casos de esquizofrenia em suas famílias para evitar ter filhos. Um aspecto particularmente importante do tratamento estava relacionado à educação e à manutenção do contato com a realidade. Neste sentido, ele recomendou a terapia ocupacional para o paciente, ou seja, seu envolvimento em atividades como jardinagem, tarefas domésticas e outras atividades simples. Para ele, a terapia ocupacional era a abordagem mais adequada para esses fins, pois o paciente utilizava as funções cognitivas normais da psique e tinha oportunidades de manter contato com a realidade. Isso o levava a pensar em uma vida normal e na possibilidade de adaptação. Particularmente importante era a interação pessoal do paciente com os profissionais do hospital, que através desses trabalhos estavam em contato constante com o paciente (Bleuler, 1911, p. 380-395).

A importância de Bleuler para o desenvolvimento de Jung foi múltipla. Como diretor do Hospital Burghölzli, foi Bleuler quem aprovou e apoiou o tópico da dissertação de Jung em 1902, "Sobre a psicologia e patologia dos fenômenos chamados ocultos" (MP, p. 75). Ele chamou a atenção para e dirigiu o trabalho de Jung no experimento de associação de palavras e endossou

Dois casos da prática clínica de Jung

as descobertas de Jung sobre a noção de afetos inconscientes e seu papel na formação dos sintomas (Falzeder, 2015, p. 182-184). Além disso, a primeira experiência terapêutica de Jung com hipnose ocorreu enquanto ele estava na clínica Burghölzli, sob a orientação de Bleuler, e essa foi também uma época em que Jung deu palestras com demonstrações práticas sobre hipnose (MP, p. 317). Alguns anos mais tarde, ambos estariam em contato com Freud.

É interessante notar que, em uma carta de 5 de outubro de 1906, Jung escreveu a Freud que foi ele quem chamou a atenção de Bleuler para a existência das ideias de Freud e o "converteu" para a psicanálise (Freud & Jung, 1974, p. 5). No entanto, Bleuler contestou o comentário de Jung em uma carta a Freud de 20 de novembro de 1912, quando Bleuler, mencionando seu interesse na psicanálise, afirmou o contrário: que foi ele quem apresentou Jung às ideias de Freud (Freud & Bleuler, 2012, p. 188). Jung mencionou e comentou os trabalhos de Bleuler em muitas ocasiões, por exemplo, em sua revisão em 1911 do conceito de negativismo no *Jahrbuch für Psychoanalytische und Psychopathologische Forschung* [Anuário de Pesquisa Psicanalítica e Psicopatológica] no qual Jung discutiu conceitos de Bleuler como ambivalência, ambitendência e a divisão esquizofrênica da personalidade.

Outro autor importante na prática terapêutica de Jung foi Alfred Adler (1870-1937), um dos discípulos mais próximos de Freud e que, mais tarde, se tornou um dissidente devido a sua abordagem crítica. Ele foi um dos primeiros colaboradores de Freud, membro do comitê da Associação Psicanalítica e, junto com W. Stekel, o editor do *Zentralblatt für Psychoanalyse* [Boletim de Psicanálise] (Wehr, 1996).

A abordagem de Adler considerava um paralelo entre processos psíquicos e orgânicos, e postulava que os desenvolvimentos psíquicos anormais estariam relacionados a uma fraqueza morfológica ou funcional no corpo (Adler, 1907, p. 2-4). Ele concluiu que todas as neuroses e psicoses poderiam ser rastreadas até essa inferioridade orgânica e, dependendo do grau e do tipo de compensação psíquica para ela, o indivíduo poderia desenvolver condições psíquicas aprimoradas ou patológicas (Adler, 1907, p. 69). Para ele, o neurótico construiria estruturas psicológicas para manter o poder sobre os outros, com o objetivo de acabar com os seus sentimentos de insegurança e inferioridade. Esses sentimentos levariam ao neurótico a ter um objetivo de domínio sobre os outros para tornar a vida tolerável, mas, por se basear em expectativas infantis, seu comportamento seria sintomático e o objetivo inatingível. Com relação ao seu método para tratar a disposição neurótica, Adler observou:

> O próprio mecanismo ele (o neurótico) nunca entende e, sem ajuda, não é capaz de explicar e quebrar seu modo de apercepção analógico e a conduta que resulta disto. Isto só pode suceder por meio de um processo analítico que nos permite prever e compreender sua analogia infantil por meio da abstração, da redução e da simplificação. Desta forma, é possível de se constatar frequentemente que o neurótico sempre apercebe (o mundo) através de uma analogia de contrastes, de fato, que ele somente reconhece e valoriza as relações de contrastes. Esse modo primitivo de orientação na vida [...] também tem sua origem no sentimento de incerteza e ilustra uma disposição lógica simples (Adler, 1916, p. 24-25).

O médico deve, em primeiro lugar, entender estes modelos, ou seja, o plano de vida do neurótico, porque ele agrega em um ponto o passado, o presente, o futuro, assim como o objetivo desejado do paciente; e, em segundo lugar, deve remover a forte oposição, a resistência do paciente ao médico e suas exposições, ou seja, o paciente deve considerar a resistência como um apego ao ideal neurótico (Adler, 1916, p. 446).

Em seu livro de 1917, Jung comparou as suposições de Adler e Freud. Ele questionou se tudo o que aparece na forma sexual precisa ser sexualidade e concluiu que a teoria sexual é parcialmente correta, mas unilateral. Seria um erro tanto descartá-la quanto considerá-la como universalmente válida. A partir daí ele apresentou o que ele considerava um contraponto à perspectiva de Freud sobre a psicologia do inconsciente, ou seja, as ideias de Adler. Usando o exemplo do personagem Zaratustra do livro de Friedrich Nietzsche, Jung evidenciou o impulso à autopreservação e à vontade de poder (conceitos centrais na psicologia de Adler), traçando paralelos com a vida de Nietzsche. Jung considerou então as perspectivas de Freud e Adler como expressão de dois impulsos igualmente fortes (sexualidade e vontade de poder) e, apresentando uma história de caso, analisou o caso primeiro sob a perspectiva de Freud e depois sob a de Adler (Jung, 1917, p. 57).

Jung postulou que as controvérsias entre as duas hipóteses teriam suas raízes nas diferentes tipologias dos dois teóricos. Freud seria guiado por uma atitude sentimento extravertido, enquanto uma atitude pensamento introvertido seria característica de Adler. Jung observou:

> Com isso, as contradições incompatíveis de ambas as teorias são resolvidas, pois as teorias são produtos de psicologias unilaterais (Jung, 1917, p. 59).

62 Coleção Reflexões Junguianas

Ele continuou a mencionar que ambas as teorias poderiam ser úteis se utilizadas corretamente, mas nenhuma poderia alegar ser válida para todos os casos. Elas deveriam ser usadas em casos específicos, pois ambas as teorias reduziriam o paciente aos postulados que elas propõem (Jung, 1917, p. 62).

As controvérsias e dissidências dentro do movimento psicanalítico na Europa não impediram sua expansão para outros países. Um importante autor na América, que se referiu à psicanálise, foi Morton Prince (1854-1929). Ele foi o fundador e editor do *Journal of Abnormal Psychology* [*Jornal da Psicologia Anormal*] para o qual Jung contribuiu com um artigo, em 1907, chamado "On psychophysical relations of the associative experiment" [Sobre as relações psicofísicas do experimento associativo] (Freud & Jung, 1974, p. 117). Prince foi convidado para dar uma palestra no primeiro congresso de psicanálise em 1908 em Salzburg, Áustria, mas ele declinou uma apresentação (Freud & Jung, 1974, p. 142). Além de seu interesse pela psicanálise, Prince experimentou com hipnose, por exemplo, usando a fiação do olhar em um cristal para induzir a um transe hipnótico e a escrita automática, e estudou processos oníricos, desenvolvendo seus próprios métodos e postulações (Taylor, 1928, p. 21-73).

Prince postulou que o processo que cria tanto os complexos funcionais (normais) como os e disfuncionais (anormais) era educacional. Esse processo poderia ser intencional ou não, e seu princípio poderia ser usado no tratamento psicoterapêutico. Ele escreveu:

> Uma doença funcional é uma perversão de um processo normal provocada por alguma experiência aguda e intensa ou pela repetição de uma experiência, ou seja, pela edu-

cação. Teoricamente, o que pode ser causado pela educação pode ser desfeito pelo mesmo método, e, na prática, verificamos que isso é verdadeiro (Prince, 1910, p. 21).

Prince considerava a dissociação como um mecanismo normal da mente, e que seria patológico apenas quando ocorresse de forma marcante. Também se observa na dissociação o princípio do automatismo, que se vê nos atos habituais que são feitos sem pensar e que servem à economia de esforço mental. Mas em casos patológicos, o complexo desenvolve um grau de automatismo intenso e atua fora do controle inibitório normal da consciência. Isso acontece por causa do mecanismo da dissociação. Os objetivos em uma psicoterapia seriam o de reassociar o que estava dividido, formar complexos de ideias saudáveis e apoiar a vontade de diminuir os complexos indesejáveis.

Ele destacou a importância das emoções no processo descrito, observando que as emoções enaltecedoras têm um efeito sintetizador intenso, enquanto emoções depressivas têm um efeito desintegrador. Elogiou a hipnose como um meio de modificar a personalidade, pois pode ativar ideias e memórias que foram dissociadas pela fadiga, pelas tensões com o ambiente ou por outros fatores desintegradores. Ele acrescentou que a psicoterapia faz uso do mecanismo normal da mente e do corpo para restituir funções desordenadas e restaurar a saúde do indivíduo. Além disso, ele notou que sugestão só poderia agir ao estimular o mecanismo fisiológico e não poderia criar nada de novo. Prince resumiu sua abordagem psicoterapêutica da seguinte forma:

> O ponto de vista, a atitude da mente, as crenças, os hábitos de pensamento, devem ser modificados pela introdução de novos pontos de vista, de fatos que o paciente desconhecia

anteriormente e vindos da experiência mais ampla do médico; por instrução no significado dos sintomas e em sua organização e causas; pela sugestão de expectativas que possam ser realmente alcançadas; de ambições que possam ser legitimamente obtidas; de deveres a serem cumpridos, mas que foram negligenciados por muito tempo; de confiança e esperança; e, sobretudo, pela sugestão da emoção e da alegria que acompanham o sucesso e uma visão mais rósea de uma nova vida. Não há nenhum fato da vida que não tenha mais de um aspecto, nenhuma conduta que não tenha mais de uma interpretação, nenhum julgamento que não tenha uma alternativa, nenhuma conduta que não tenha mais de uma conexão, nenhum comportamento que não tenha mais de uma referência. Assim, o antigo sistema de ideias que carrega consigo apreensões, ansiedades e emoções depressivas é modificado ao ser entrelaçado com novas (ideias), e novos sistemas de ideias ou complexos são criados e se tornam substitutos para os antigos (Prince, 1910, p. 35).

Prince considerava esse procedimento um método educativo que, tanto em estado hipnótico como no vígil, dá ao paciente uma visão do sentido de seu problema; permite-lhe ver novos pontos de vista e introduz novas ideias e sentimentos em seus complexos (Prince, 1910, p. 43-44).

É interessante notar que, em 1929, Jung descreveu de maneira geral quatro etapas em um tratamento psicológico, nas quais a educação era uma delas. Ele descreveu as quatro etapas como confissão (o paciente compartilhar e tomar consciência de seus segredos inconscientes), elucidação (saber de onde veio a neurose), educação (aprender novos hábitos para substituir os hábitos negativos causados pela neurose) e transformação (a mudança mútua causada pela interação entre o paciente e o médico) (OC 16, § 122-174). Como veremos mais adiante, o caso de Reichstein foi particularmente importante para Jung no que diz respeito ao estágio da transformação.

Jung mencionou os estudos de Prince em sua dissertação, publicada em 1902, comparando os pacientes de Prince com o caso de S.W. em seus estudos (OC 1, § 110) e, em 1911, ele escreveu uma resenha sobre um artigo de Prince sobre a interpretação dos sonhos. Nessa resenha ele considera Prince um investigador competente, sem preconceitos, e com uma firme reputação na pesquisa de distúrbios psicopatológicos. Jung apontou os aspectos em que Prince apoiava as postulações de Freud, mas contestou quando Prince criticou a suposição de que todo sonho é uma realização de desejo. Jung observou que, em seu artigo, Prince considerou apenas o elemento formal e não o elemento dinâmico do sonho que ele analisava (OC 4, § 104ss.).

Além dos autores que aplicavam métodos psicanalíticos e hipnóticos em seus tratamentos, outra abordagem era relevante no cenário psicoterapêutico da época. Ela foi mencionada por Jung em alguns de seus escritos e essa abordagem tinha seu foco principalmente no uso da vontade e da razão. Uma das figuras principais entre os autores que defendiam essa abordagem foi Paul Dubois (1848-1918), um médico suíço que trabalhava no hospital Viktoria em Berna, na Suíça. Dubois, que foi o presidente da sociedade suíça de neurologia entre 1911 e 1916, usou uma variação do método de Weir Mitchell, ou seja, basicamente ele isolava o paciente de sua família e amigos próximos, mantendo-o na cama com uma dieta saudável e controlada (Dubois, 1909, p. 235). Ele era contra a hipnose e crítico quanto ao uso de medicamentos para doenças psíquicas.

Dubois aplicava o que ele chamou de "diálogo socrático" ou "psicoterapia racional", o que na literatura foi chamado de método de persuasão. Seu principal objetivo era convencer o paciente de que a origem de suas queixas e sintomas era principalmente de natureza psíquica (não orgânica) e que a melhoria de sua condição era possível através da modificação de seus valores morais falsos. Para conseguir essa modificação, o paciente deveria desistir das concepções errôneas que construiu sobre a doença e colocar a razão em primeiro lugar.

Na introdução da sétima edição em inglês de seu livro *The psychic treatment of nervous disorders – The psychoneuroses and their moral treatment* [O tratamento psíquico dos transtornos nervosos – As psiconeuroses e seu tratamento moral], publicado em 1909, com uma nota de prefácio de Dejerine (um autor que veremos mais adiante), Dubois apontou as diferenças entre sua abordagem e os tratamentos por sugestão. Ele postulou quatro características das psiconeuroses, a saber, sugestionabilidade exagerada, sensibilidade, impressionabilidade e histeria emocional. Considerou que, em sua origem, todas essas características eram causadas por medo. Observou que não era suficiente tratar a crise por meios físicos ou psíquicos ou apenas remover uma causa particular. O necessário era "evitar a recorrência de ataques, tornando a mentalidade básica menos sensível", e isso aconteceria quando o médico ensinasse ao paciente ideias úteis sobre como conduzir sua vida (Dubois, 1909, p. viii). Usando um analogismo para explicar a diferença entre persuasão e sugestão, Dubois escreveu:

> Os meios que os homens sempre adotaram para chegar a uma convicção mútua são chamados simplesmente de persuasão. Chega-se, por meio de provas, pois também é

possível, por experiência e demonstração, provar coisas na medicina. A persuasão é exercida pela afirmação, pura e simples, que nunca pode ficar sob o rótulo da sugestão se a pessoa acredita no que está afirmando. A sugestão nada mais é do que uma forma de persuasão, e eu a refuto precisamente porque é artificial, ilusória, pois chega a seus fins por meios fraudulentos (Dubois, 1909, p. ix-x).

Pode-se concluir que, para Dubois, a sugestão significava usar o que realmente estava causando a doença do paciente para obter uma falsa melhoria, enquanto seu método visava reforçar a autonomia do paciente, aumentando sua racionalidade. Além disso, ele apresentou os fundamentos filosóficos de suas ideias e as diferentes enfermidades que ele ordenou sob o termo psiconeuroses. Ele resumiu seu método da seguinte forma:

O paciente nervoso está no caminho da recuperação assim que tem a convicção de que vai ser curado; e está curado no dia em que acredita estar curado (Dubois, 1909, p. 210).

O médico deveria estar convencido dessa ideia, pois somente através de sua sinceridade ele poderia implantá-la no paciente e ajudá-lo. Dubois afirmou que, embora a sugestão e a persuasão sejam idênticas em sua ação, a sugestão seria baseada na fé cega e manteria o paciente em uma posição dependente, enquanto a persuasão seria baseada na razão clara e lógica, encorajando o paciente a ser autônomo. Além disso, ele acrescentou:

A melhor precaução contra esta escravidão psíquica seria a confiança imperturbável em sua independência, e uma razão calma que detecta o segredo desta influência enfraquecedora (Dubois, 1909, p. 220).

Seu método procurava imunizar o paciente de toda influência sugestiva, apelando para sua consciência individual no mais alto sentido, tornando sua mente crítica e dando-lhe um senso claro de independência. O médico poderia consegui-lo através da educação do intelecto (Dubois, 1909, p. 221-222).

Jung conhecia o trabalho de Dubois e tinha alguns de seus livros em sua biblioteca. Entre eles, os dois volumes de *The psychic treatment of nervous disorders – The psychoneuroses and their moral treatment,* de 1905 e 1910, e uma coleção de textos impressos de Dubois. Em um deles, "Pathogenesis of the neurasthenic condition" [Patogênese da condição neurastênica], de 1909, há uma nota dedicatória de Dubois. Ele comentou sobre o método de Dubois em diferentes trabalhos, por exemplo, em 1908, quando escreveu que a psicanálise poderia ser chamada de método educativo, pois o paciente aprende uma atitude independente em relação a seus complexos e, neste respeito, se assemelhava ao método educativo de Dubois (OC 4, § 41).

Além disso, em seu texto originalmente escrito em 1913, *A Teoria da Psicanálise,* ele afirmou que conhecia bem a sugestão hipnótica e o método de persuasão de Dubois, mas não os utilizava por serem comparativamente ineficazes (OC 4, § 414). E também em 1913, em um trabalho chamado "Aspectos Gerais da Psicanálise", ele contrariou a crítica de que a psicanálise seria um método sugestivo, no qual uma teoria sistemática era incutida no paciente. Ele afirmou que o método psicanalítico estava em contraste direto com a terapia pela sugestão e refutou que a psicanálise era comparável ao método de Dubois, pois esse era essencialmente um procedimento racional (OC 4, § 523ss.).

Uma importante abordagem psicoterapêutica contemporânea que não foi mencionada por Jung em seus escritos foi a de Joseph Jules Dejerine (1849-1917), que utilizou um método que tinha paralelos com o de Dubois. Ele era um neurologista

Dois casos da prática clínica de Jung

francês que se interessou pela psicologia, particularmente o estudo das emoções. Ele também aplicou o método de Weir Mitchell e considerou que a causa da neurastenia e da histeria se encontrava fora dos sintomas orgânicos, ou seja, na mente dos pacientes. Dejerine foi o diretor do hospital Salpêtrière em Paris após 1910 e se opôs a métodos baseados em hipnotismo e sugestão (Ellenberger, 1970, p. 343). Em 1913, ele publicou *As Psiconeuroses e seu Tratamento pela Psicoterapia* em colaboração com um de seus antigos assistentes, Edouard Gauckler (Dejerine & Gauckler, 1913, p. iv).

Para Dejerine e Gauckler, a psicoterapia era uma pedagogia mental e, embora utilizassem o isolamento, um elemento do método de Weir Mitchell, eles consideravam que ele não era obrigatório em todos os casos. Postularam que a psicoterapia só poderia ser eficaz se o paciente tivesse absoluta confiança no médico, o que era a base para que o paciente contasse toda a sua vida a ele. Para Dejerine e Gauckler, o raciocínio e sua aceitação, ou seja, apenas o conteúdo ideacional, não teria efeito suficiente, a menos que fosse complementada por um apelo emocional, o que levaria à convicção. Eles consideraram que a razão dependia dos sentimentos e emoções presentes na relação terapêutica (Dejerine & Gauckler, 1913, p. viii).

Quanto aos procedimentos terapêuticos, eles não apoiavam o uso de medicamentos para psiconeuroses, pois postulavam que seus efeitos terapêuticos eram causados pela sugestão e todas as formas de sugestão eram um truque médico. Portanto, tratamentos baseados em sugestão direta ou indireta não deveriam ser utilizados. Eles criticavam o hipnotismo, que acreditavam suprimir o livre arbítrio do paciente, tornando-os indefesos. Eles consideravam isso um ataque direto e prejudicial à personalidade do paciente (Dejerine & Gauckler, 1913, p. 274-178). Para eles, o único tratamento adequado era por persuasão. Descreveram o método da seguinte forma:

> Consiste em explicar ao paciente a verdadeira razão de sua condição e as diferentes manifestações funcionais que ela apresenta. Consiste, por outro lado e mais do que tudo, e por assim falar quase totalmente, em estabelecer a confiança do paciente em si mesmo e despertar os diferentes elementos de sua personalidade capazes de se tornarem o ponto de partida do esforço que lhe permitirá reconquistar seu autocontrole. A razão exata dos fenômenos que ele apresenta deve ser compreendida pelo paciente por meio de seu próprio raciocínio. [...] O papel que o médico desempenha é o de lembrar, despertar e dirigir. Isso não tem nada a ver com sugestões. [...] Quando o médico mostra ao paciente de que forma ele errou, quais são as falhas de seu caráter, da sua condição moral e de seu raciocínio, que são as causas da gênese de seus afetos, ele não exige que o paciente aceite o que lhe foi dito como um relato de fé: o médico pede apenas uma coisa, – que ele deva se esforçar para refletir e compreender (Dejerine & Gauckler, 1913, p. 283).

Além disso, observaram as condições para o uso bem-sucedido do método e descreveram que o médico, na primeira consulta, deveria alcançar uma simpatia recíproca com o paciente, ganhando sua confiança durante o exame e o questionamento. O médico deveria adquirir, tanto quanto possível, o quadro mais completo sobre a condição do paciente e o mecanismo de seus sintomas antes de iniciar o processo de debate, pesando cuidadosamente suas palavras. Depois de ter conquistado a confiança, o médico deve conhecer toda a história da vida do paciente e demonstrar uma simpatia bondosa, provando ao

Dois casos da prática clínica de Jung

paciente que ele (o médico) está pronto para lhe dar um pouco de afeição e um pouco de si. Isso permite ao paciente contar ao médico a causa emocional do distúrbio e toda sua história, permitindo ao médico formar um quadro completo e coerente de sua condição mental e moral.

A ação terapêutica era basicamente fortalecer as emoções, ou seja, apoiar toda atividade emocional que levasse ao senso de reorientação da personalidade. A terapia consistia em abordar esses sentimentos e raramente apenas a razão pura. O terapeuta devia reforçar os eventos que confirmassem essas emoções com confiança. Esse estímulo emocional exerceria uma ação sintética de orientação na personalidade do paciente (Dejerine & Gauckler, 1913, p. 295-297). Dependendo do diagnóstico, por exemplo, em casos de histeria, eles propunham ao médico uma intervenção afirmativa e com autoridade, ao contrário da experiência de impotência do paciente (por exemplo, mandar o paciente mover seu braço paralisado). Os pacientes que não mostrassem melhora deviam ser punidos de alguma forma (por exemplo, não recebiam mais cartas), mas para aqueles que mostrassem melhora, eles deviam ser recompensados (por exemplo, podiam sair para passear). O método consistia em fazê-lo com absoluta firmeza, com o paciente sabendo que o médico tinha no coração o melhor interesse pelo paciente (Dejerine & Gauckler, 1913, p. 371-372).

Finalmente, é importante considerar dois métodos de investigação do inconsciente que foram contemporâneos e que podem ser relacionados com o autoexperimento de Jung.

O primeiro método importante a ser mencionado foi o proposto por Herbert Silberer (1882-1923). Silberer era participante ativo do movimento psicanalítico de Freud e fazia parte da Sociedade Psicanalítica Vienense. Em suas investigações, ele chegou à conclusão de que certas figuras em sonhos eram representações simbólicas do sonhador, e que certas imagens em estados hipnagógicos eram representações simbólicas da condição mental ou física da pessoa, que estava entre os estados vígil e onírico (Ellenberger, 1970, p. 719, 729, 834).

Ele apresentou seu método para explorar esses fenômenos em 1909 no *Jahrbuch für Psychoanalytische und Psychopathologische Forschung* [*Anuário de Pesquisa Psicanalítica e Psicopatológica*] em um artigo intitulado "Bericht über eine Methode, gewisse symbolische Halluzinations-Erscheinungen hervorzurufen und zu beobachten" [Relato sobre o método para invocar e observar visões simbólicas alucinógenas] (Silberer, 1909). Ele conta que decidiu investigar o fenômeno após uma ocorrência espontânea curiosa: estava em um estado sonolento em seu sofá, pensando sobre conceitos de Kant e Schopenhauer quando quis lembrar de algumas das ideias de Kant, mas não conseguiu. De repente, como em um sonho, de olhos fechados, teve a vívida impressão de uma secretária que negava seus serviços. Chocado com a vivacidade dessa imagem, ele decidiu investigar como acessar tais experiências voluntariamente.

Ele mencionou duas condições para o uso de seu método, a saber, um estado de sonolência e clareza no pensamento. Estas duas condições opostas devem estar em equilíbrio, ou seja, nenhuma das duas deve dominar a atividade mental, que então estaria em estado hipnagógico. Ambas caracterizariam a condição para visões alucinatórias, marcadas pela ativação de um símbolo apropriado para o sentimento ou ideia específica do momento. Ele se referiu a isso como "fenômeno autossimbólico". O objetivo de Silberer era pesquisar esses elementos ligados às postulações de Freud sobre a formação de sonhos.

Analisando as visões em estados hipnagógicos, Silberer identificou três categorias desses fenômenos, classificando as visões por seu conteúdo (quando expressa elementos presentes em um processo ideacional); por seu elemento funcional (quando expressa o estado atual da consciência, ou seja, como ela está funcionando no momento), e por seu elemento somático (quando expressa as sensações corporais externas e internas percebidas). Ele observou que essas categorias estavam frequentemente misturadas entre si e concluiu seu trabalho com exemplos, dando interpretações para o símbolo ocorrido.

Inicialmente ele abordou os fenômenos usando o conceito de regressão de Freud. Entretanto, revisou isso mais tarde, em 1914, em seu livro *Problems of Mysticism and Its Symbolism* [Problemas do misticismo e seu simbolismo] usando o conceito de introversão de Jung. Ele acrescentou que a introspecção era uma condição importante tanto nas práticas religiosas quanto do misticismo (Silberer, 1917, p. 233s.). Ele também mencionou as experiências "mágicas" feitas por Staudenmaier (um autor que veremos a seguir), apontando para os resultados interessantes dos efeitos de uma introversão intensa (Silberer, 1917, p. 272). Em várias passagens, Silberer referiu-se ao trabalho de Jung com símbolos e o conceito dos tipos elementares de Silberer tem semelhanças com o conceito de arquétipos de Jung, como demonstra a seguinte passagem:

> Entendemos apenas a metade dos impulsos psíquicos, de fato faríamos o mesmo sobre todo o desenvolvimento espiritual, se olharmos apenas para a raiz. Temos que considerar não apenas de onde viemos, mas também para onde vamos. Pois o desenvolvimento da psique somente pode ser compreendido, tanto ontogenética quanto filogenicamente, de acordo com um esquema dinâmico,

por assim dizer. [...] A solução do enigma é encontrada no momento em que consideramos estas imagens como típicas para algumas forças fundamentais da alma, com as quais todos somos dotados, e cujos símbolos típicos são por essa razão de aplicabilidade geral (por isso os chamarei de tipos elementares humanos) (Silberer, 1917, p. 251-252).

Ele acrescentou que o processo de intro-determinação (basicamente um processo de determinação psíquica vinda do interior) e seus símbolos representariam uma coleção de nossos potenciais espirituais, e deles vêm a força para nosso desenvolvimento futuro (Silberer, 1917, p. 254-255).

Pelo material apresentado até agora, pode-se constatar que as definições de Silberer, seu método para explorar imagens inconscientes e sua noção de um desenvolvimento espiritual expresso em símbolos têm paralelos com o autoexperimento de Jung com imagens do inconsciente, com o conceito do processo de individuação e com o postulado sobre os arquétipos. Jung mostrava interesse no trabalho de Silberer e em suas experiências com estados hipnagógicos, e as comentou em 1912, em *Transformações e Símbolos da Libido*, apontando para o fato de que, ao lidar com as fantasias, é necessária uma prontidão para lidar com elas, para perceber a experiência interior. Jung observou também a importância de uma atitude atenta ao fluxo da libido que leva ao interior da psique e que, para ele, seguiriam para um objetivo desconhecido (OC 5, § 253).

Jung citou, em outras passagens, as ideias de Silberer, por exemplo, analisando uma das visões da Sra. Miller a respeito de um "enxame de pessoas". Jung observou que ele seguiu a postulação de Silberer e considerou a visão como funcional (OC 5, § 302), e concordou com Silberer que o simbolismo mitológico é equivalente a um processo de cognição a um nível mitológico (OC 5, § 659n). Ele mencionou o trabalho de Silberer relacionado ao simbolismo mitológico em outros trabalhos, tais como *Aspectos Gerais da Psicanálise* de 1913 (OC 4, § 478). No mesmo ano, ele apoiou a postulação de Silberer sobre um nível mitológico da cognição que lidaria com os conteúdos psíquicos de forma simbólica (OC 18, § 1061).

Finalmente, um autor contemporâneo que é importante considerar neste contexto e que desenvolveu um método para investigar o inconsciente é Ludwig Staudenmaier (1865-1933). Ele era teólogo e professor de química na Universidade de Munique, e misticismo e magia estavam entre seus interesses. Em 1912, ele escreveu um livro intitulado *Die Magie als Experimentelle Naturwissenschaft* [Magia como ciência experimental], baseado em autoexperimentos que ele realizou. Ele experimentou com estados alterados da consciência e alucinações intencionais. Ele forneceu instruções para realizar experiências práticas com a mente consciente e inconsciente e decidiu chamá-las de magia, porque tais fenômenos eram conhecidos desde a Antiguidade por esse nome (Staudenmaier, 2003, p. 39). Jung tinha o livro de Staudenmaier em sua biblioteca, mas não mencionou essa obra em seus escritos. Segundo Shamdasani, o autoexperimento de Jung se assemelha ao procedimento de Staudenmaier (Shamdasani, 2010, p. 200).

Em seu livro, depois de dar uma breve visão geral da história da magia, Staudenmaier descreveu como decidiu estudar diferentes estados de consciência via autoexperimento após ter passado por fenômenos espiritualistas. Ele deu exemplos desses fenômenos citando a escrita automática, alucinações acústicas, visuais e sensoriais, com fantasmas ao seu redor. Ele experimentou com esses fenômenos, durante vários anos, com o objetivo de explorar e postular as leis psíquicas por trás deles. Comentou que sabia que grande parte do que observava vinha dele mesmo e não da ação de fantasmas (Staudenmaier, 2003, p. 28-29). Os "fantasmas psíquicos" de Staudenmaier foram personificados em diferentes figuras como uma criança, um imperador, um tolo, um ser divino ou demoníaco. As exigências opostas que vinham dessas figuras levavam à confusão psíquica e reconheceu que se tratava de uma condição patológica. Mas concluiu que isso era um indicativo que a mente humana é uma unidade psíquica, ou seja, que todas essas figuras faziam parte de um todo, que eram partes dele mesmo (Staudenmaier, 2003, p. 37).

Quanto ao seu método, Staudenmaier escreveu que se baseava nos conceitos de alucinação e do subconsciente. Com relação às alucinações, ele sugeriu exercícios para produzi-las conscientemente, por exemplo, focando-se atentamente em um objeto (inicialmente em imagens simples como um círculo ou uma vela, depois com imagens mais complexas) e depois intensificando e melhorando sua visualização através da concentração e imaginação, até que a imagem se tornasse mais distinta e clara. O mesmo procedimento podia ser usado para desenvolver qualquer impressão sensorial.

Staudenmaier postulou que algumas pessoas poderiam até mesmo produzir uma imagem real fora de si mesmas e que essas seriam visíveis para outras pessoas, e afirmou também que telepatia era possível. Ele descreveu uma série de exercícios práticos para desenvolver tal habilidade para todos os sentidos e acrescentou que, embora em si mesma simples, essas técnicas poderiam desencadear problemas como a fragmentação ou o

Dois casos da prática clínica de Jung 77

exagero das imagens, causados por uma irritação dos nervos (Staudenmaier, 2003, p. 40-61).

Staudenmaier citou os estudos de Morton Prince sobre a dissociação da personalidade, observando que Prince usou o termo personalidades para as partes cindidas de seus pacientes, enquanto ele usou o termo personificações. Ele escreveu que, em um dos pacientes de Prince, uma parte assumiu o controle da maior parte das funções da consciência, o que justificaria a Prince tê-la chamado de "personalidade". Entretanto, Staudenmaier contestou que, em suas experiências com personificações, ele teria passado pelo mesmo processo que os pacientes de Prince. Explicou que seria difícil para alguns personagens, como a criança ou a menina, caberem na sua aparência física real e, caso isso ocorresse, seu ego consciente assumiria novamente o controle, a menos que ele sofresse verdadeiramente de uma doença psíquica.

Ele considerava os casos de dupla personalidade como uma espécie de disputa entre dois inimigos para tomar o controle da mente. Já nos casos das personificações, ele postulou que essas tinham a ver com o uso excessivo de funções cotidianas, tais como comer, beber e caminhar. Para ele, nos casos citados por Prince, a doença psíquica não teria sido causada pelo aparecimento das personificações, mas principalmente por um estilo de vida errôneo e por uma extrapolação mental. Ele observou, entretanto, que personificações poderiam aumentar os danos psíquicos (Staudenmaier, 2003, p. 87).

Os experimentos de Staudenmaier se assemelham aos de Jung (Shamdasani, 2010, p. 200), se considerarmos as personificações de e as interações com elementos psíquicos. Entretanto, existem diferenças importantes que devem ser observadas.

Staudenmaier treinou a intensificação consciente de alucinações, enquanto Jung sugeriu uma condição de transe para acessar as imagens do inconsciente. Além disso, Staudenmaier considerou que as figuras internas estavam principalmente interessadas nos elementos funcionais da vida cotidiana, enquanto Jung considerou que a interação com as figuras internas tinha um aspecto teleológico. Por fim, as interações de Jung com as figuras interiores aconteciam como um tipo de drama ocorrendo na imaginação, enquanto as de Staudenmaier não tinham esse caráter.

Com os dados históricos apresentados anteriormente fica claro que, no início do século XX, havia uma variedade de abordagens de tratamentos psicológicos e de maneiras de explorar as manifestações do inconsciente. Era uma época em que o autoexperimento e introspecção eram métodos comuns nas pesquisas em medicina e psicologia (Shamdasani, 2010, p. 199; Swan, 2008). Jung estava familiarizado com essas diferentes abordagens e aplicou técnicas psicoterápicas de diferentes autores contemporâneos como Freud, Adler, Janet, Bleuler, Bezzola, Prince, Forel, Staudenmaier e Silberer. Jung conhecia e usava as diferentes abordagens daqueles dias em seus tratamentos e as relacionava com os resultados de suas próprias pesquisas e ideias. Em 1935, em "Princípios básicos da prática da psicoterapia", Jung escreveu:

> Quanto mais profundamente penetramos na natureza da psique, mais cresce em nós a convicção de que a diversidade, a multidimensionalidade da natureza humana requer a maior variedade de pontos de vista e métodos a fim de satisfazer a variedade de disposições psíquicas (OC 16, § 11, trad. mod.).

Ele também afirmou que a teoria desenvolvida por alguém, incluindo a desenvolvida por ele próprio, era uma espécie de confissão subjetiva e baseada nas suposições pessoais de seu autor (OC 18, § 275). Em um artigo chamado "The Realities of Practical Psychotherapy" [As realidades da psicoterapia prática], de 1937, Jung considerou a importância de um método não apenas em relação ao médico que o aplica, mas também ao paciente que interage com o médico. A história de caso utilizada como exemplo nesse artigo será apresentada mais adiante neste livro.

Foi no turbilhão de disputas teóricas e políticas, de questões pessoais e metodológicas, que Jung iniciou seu autoexperimento. A partir de sua experiência pessoal, ele desenvolveu o que mais tarde chamou de técnica da imaginação ativa, que é um método usado tanto para explorar o inconsciente quanto para tratar da psique. Seu método estava inserido em um contexto histórico e tinha semelhanças com as práticas contemporâneas aqui mencionadas. Como veremos, esses elementos estão presentes no tratamento dos casos de Mischa Epper e Maggy Reichstein.

4   O Autoexperimento

No outono de 1913 Jung, em retrospectiva, mencionou que sentiu uma sensação de opressão, como se algo estivesse para acontecer. Ele se referiu a isso não apenas como se fosse resultado de uma condição psíquica, mas algo que também viesse da realidade concreta. À medida que esse sentimento foi se intensificando, Jung descreveu uma visão avassaladora que foi envolvendo toda a Europa. Ele descreveu:

> Aconteceu em outubro de 1913, quando estava sozinho numa viagem, que fui de repente surpreendido em pleno dia por uma visão: vi um dilúvio gigantesco que encobriu todos os países nórdicos e baixos entre o Mar do Norte e os Alpes. Estendia-se da Inglaterra até a Rússia, das costas do Mar do Norte até quase os Alpes. Eu via as ondas amarelas, os destroços flutuando e a morte de incontáveis milhares.
>
> Essa visão durou duas horas, ela me desconcertou e me fez mal. Não fui capaz de interpretá-la. Passaram-se duas semanas e então a visão voltou mais impetuosa do que antes, e uma voz interior falou: "Observa bem, é totalmente real e assim será. Não podes desesperar por isto". Eu lutei novamente por duas horas com essa visão, mas ela me manteve preso. Isso me deixou esgotado e perturbado. E pensei que meu espírito havia ficado doente (*LV*, p. 231).

No entanto, ele decidiu realizar uma experiência com suas fantasias. A partir de dezembro de 1913, as evocou delibera-damente em estado de vigília, como uma espécie de drama em sua imaginação (Shamdasani, 2010, p. 200). Além disso, ele mencionou a necessidade de encontrar um critério para entender as fantasias que tinha, de encontrar uma referência para lidar com elas. Ele disse:

> Eu me perguntei se essas visões apontavam para uma revolução, mas não conseguia imaginar nada do tipo. E assim cheguei à conclusão de que elas tinham a ver comigo e decidi que eu mesmo estava ameaçado por uma psicose. A ideia de guerra não me ocorreu de modo algum (Jung, 2019, p. 176, trad. mod.)[15].

Ele visualizou imagens intrapsíquicas que estavam por trás das emoções e notou que, se não o tivesse feito, poderia ter caído em uma neurose e teria sido dilacerado pelas emoções. Logo depois, Jung teve uma sequência de sonhos que não entendeu. No verão do ano seguinte, ele descreveu:

> Em 1914, no começo e no fim de junho e no início de julho tive, por três vezes, o mesmo sonho: eu estava num país estranho e, de repente, durante a noite, e bem no meio do verão, sobreveio do universo um frio inexplicável e terrível: todos os mares e rios ficaram congelados, todo o verde morreu queimado pelo frio.
>
> O segundo sonho foi bem semelhante a esse. O terceiro, no início do mês de julho, foi assim:
>
> Eu estava num país de língua inglesa. Era preciso que eu voltasse ao meu país o mais rápido possível num navio bem veloz. Cheguei rapidamente à casa. Em casa deparei-me

---

15. Nos protocolos, ele acrescentou nessa passagem que a possibilidade de uma guerra não teria surpreendido apenas a ele, mas a todos.

com o fato de que, em pleno verão, havia irrompido um frio tremendo que havia descido do espaço sideral, que congelou todo ser vivo. Havia ali uma árvore carregada de folhas, mas sem frutos; as folhas se haviam transformado, pela ação do gelo, em doces bagos de uva, cheios de suco medicinal. Colhi as uvas e as dei de presente a uma grande multidão que aguardava (*LV*, p. 231).

Ao lembrar desses eventos nas entrevistas com Jaffé, Jung comentou que trabalhou o material da forma como foi dado pelo inconsciente e afirmou que essa foi a abordagem correta.

Entretanto, os comentários anteriores de Jung de que ele não podia imaginar uma revolução ou que a ideia de uma guerra era inesperada devem ser considerados criticamente. Levando em consideração os acontecimentos da época, havia muitos sinais indicando que as tensões entre nações na Europa aumentavam e um conflito armado entre elas era uma ameaça tangível. As diferentes ambições e rivalidades políticas entre os maiores países europeus os levaram a investir uma quantidade considerável de seus recursos em gastos militares e, com isto, o risco de uma guerra no início do século XX aumentara consideravelmente. Por volta de 1910, o investimento de muitas nações europeias em sua força militar havia atingido um aumento sem precedentes e despesas militares estavam consumindo mais de um terço dos orçamentos nacionais de alguns países (Blom, 2008, p. 163).

Apesar disso, os anos anteriores a 1914 foram marcados por fortes movimentos pacifistas. Um dos movimentos mais ativos ocorreu na Alemanha, com protestos contra a linha dura do governo. Em setembro de 1911, uma marcha reuniu em Berlim mais de 250 mil participantes para manifestar contra a guerra.

Na Suíça, antes de 1914, também houve movimentos importantes que visavam prevenir uma guerra. O mais significativo foi a Segunda Reunião Internacional do Movimento Socialista realizada em Basileia, em novembro de 1912. Os participantes lançaram um "Manifesto contra a guerra" observando que "*os governos não devem esquecer que não poderiam iniciar uma guerra sem riscos para si mesmos*" (Kreis, 2014, p. 22). A nível político, houve reuniões em maio de 1913 entre os membros dos parlamentos francês e alemão em Berna, Suíça, numa tentativa de reduzir os gastos com armamentos e buscar um acordo de arbitragem entre os conflitos, mas o encontro terminou sem resultados. Todos esses eventos foram amplamente divulgados na imprensa suíça.

É importante mencionar que Jung não era o único a ter visões sobre a ameaça de um grande conflito na Europa. Muitas pessoas diziam ter premonições sobre uma catástrofe iminente. Pouco antes da guerra o imaginário apocalíptico era comum nas artes e na literatura por toda Europa, no trabalho de artistas como Wassily Kandinsky e Ludwig Meidner. Particularmente no trabalho de autores e pessoas ligadas ao espiritualismo, como Leonora Piper e Arthur Conan Doyle, havia um senso de alerta profético sobre uma guerra (Shamdasani, 2010, p. 199). Para muitos contemporâneos, a eclosão da guerra foi uma ocorrência inevitável após uma longa série de conflitos locais, ameaças e disputas nacionais, e que acabou servindo como uma válvula de escape para uma grande tensão que existia na Europa (Ellenberger, 1970, p. 822).

Jung estava em Aberdeen, Escócia, em julho de 1914. A convite da Associação Médica Britânica ele apresentou em um congresso a palestra "On the importance of the unconscious in psychopathology" [Sobre a importância do inconsciente na psicopatologia]. Nessa época Jung estava intensamente envolvido com seus sonhos e visões e, como mencionado anteriormente, ele os interpretou inicialmente como se esses se referissem a sua própria condição psíquica. Entretanto, com o início da guerra, Jung comentou mais tarde que ninguém estava mais feliz do que ele, pois pensou que finalmente era capaz de compreender seus sonhos e visões. Ele concluiu que eles eram prospectivos, que anteciparam a guerra e que aquilo a que seus sonhos e visões se referiam eram os eventos reais por vir sobre a Europa. A conclusão de Jung de que suas fantasias eram prospectivas pode ser considerada como um dos eventos que o levaram à elaboração do conceito de sincronicidade e, como veremos mais adiante, o caso de Reichstein foi particularmente marcante para ele no que diz respeito a este conceito.

Outra ocorrência importante relacionada a essa fase foi mencionada por Jung em um seminário de 1925. Lá ele observou que, como inicialmente não sabia o que fazer com essas fantasias, decidiu escrevê-las na forma como surgiam. Ao se perguntar se o que estava fazendo era ciência, a voz interior de uma mulher disse que aquilo era arte. Ele descreveu o ocorrido da seguinte maneira:

> Bem, eu disse muito enfaticamente a essa voz que o que eu estava fazendo não era arte, e senti uma grande resistência crescendo dentro de mim. Depois ouvi novamente como da primeira vez: "Isso é arte". Desta vez eu a peguei e disse: "Não, não é", e senti como se uma discussão surgisse. Pensei, bem, ela não tem os centros de fala que eu tenho, então lhe disse para usar o meu, e ela o fez, e veio com uma longa declaração. Essa é a origem da técnica que desenvolvi para lidar diretamente com os conteúdos inconscientes (Jung, 1990, p. 22-23).

Como mencionado anteriormente, a conversa de Jung com uma figura interior se assemelha às técnicas de Staudenmaier e Silberer para explorar conteúdos inconscientes. Jung chamaria mais tarde sua técnica de imaginação ativa, e o caso de Mischa Epper, que apresento neste livro, esclarecerá seu desenvolvimento. Também é importante notar que o editor do seminário de 1925 especulou que a voz da mulher na fantasia de Jung era a de Sabina Spielrein, enquanto Shamdasani argumentou que era a voz de Maria Moltzer, uma colaboradora próxima de Jung naqueles dias e que, como veremos, desempenhará um papel importante no tratamento da Epper (Shamdasani, 2010, p. 199).

Até 1914, Jung tinha desenvolvido e articulado muitos dos conceitos em sua psicologia. Ele tinha a) descrito sua teoria sobre os complexos emocionalmente carregados baseado em seu experimento de associação de palavras; b) diferenciado seu conceito de libido do de Freud, postulando-a neutra e não apenas sexual; c) a ideia de um inconsciente filogenicamente adquirido e expresso em imagens míticas; d) apresentado uma tipologia geral com a libido extrovertida e introvertida; e) descrito sua compreensão dos sonhos como dotada de uma função prospectiva e compensatória; e f) considerado fantasias e sonhos dentro uma abordagem sintética e analítica. Os processos pelos quais ele passou durante seu autoexperimento acrescentaram um novo método, que mais tarde ele chamaria de imaginação ativa, e um novo elemento a seus conceitos e teorias, principalmente ligado ao que Jung chamaria mais tarde de processo de individuação. Esse novo conceito acrescenta em sua teoria a noção de que a personalidade se desenvolve ao longo do tempo para um estado superior, expresso em mudanças simbólicas, que têm paralelos na mitologia e nas religiões (Shamdasani, 2012b, p. 366-367).

Em 1950, no prefácio da quarta edição do seu livro *Símbolos da transformação*, ele reviu esses dias do seu autoexperimento da seguinte forma:

> Eu não sabia que estava vivendo um mito, e mesmo que o tivesse conhecido, não teria sabido que tipo de mito estava comandando minha vida sem o meu conhecimento. Assim, da maneira mais natural, assumi para mim a tarefa de conhecer "meu" mito, e considerei isso como a tarefa de tarefas, pois – falei para mim mesmo – como eu poderia, ao tratar meus pacientes, dar a devida consideração ao meu fator pessoal, a minha equação pessoal, que é tão necessária para o conhecimento de uma outra pessoa, se eu estivesse inconsciente disso? Essa determinação me levou a dedicar muitos anos de minha vida a investigar os conteúdos subjetivos que são produtos de processos inconscientes e a elaborar métodos que nos permitissem, ou de qualquer forma nos ajudassem, a explorar as manifestações do inconsciente (OC 5, p. xxv).

5 Na busca de uma linguagem científica

Como já foi mencionado anteriormente, Ellenberger postulou as maneiras possíveis de como experiências pessoais de um cientista podem afetar sua teorização. A primeira possibilidade é a auto-observação, ou seja, quando o pesquisador observa a si mesmo como uma fonte de informação; a segunda é uma espécie de objetivação, ou seja, através da intelectualização de uma experiência psicológica dolorosa pessoal; e a terceira é uma "enfermidade criativa" em plena escala, ou seja, um período de angústia com sintomas neuróticos ou até psicóticos, do qual ele emerge com uma nova visão ou teoria (Micale & Ellenberger, 1993, p. 71-72). Pode-se encontrar esses aspectos no trabalho teórico e prático de Jung, que ocorreu durante e após o período de autoexperimento.

Shamdasani, no entanto, nota os problemas ao considerar o autoexperimento de Jung apenas como uma "doença". Ele criticou interpretações errôneas de alguns autores que especulavam sobre Jung supostamente ter episódios psicóticos aparentemente devido a sua 'traumática' ruptura com Freud. Ele também cita autores que não reduziram as experiências de Jung apenas a critérios psicopatológicos e apontaram paralelos na história do esoterismo cristão, como na "viagem noturna pelo mar", ou seja, o experimento de Jung também pode ser considerado como uma experiência religiosa (Shamdasani, 2005, p. 69-86).

No *Liber Novus*, Jung se referiu à influência do espírito da época e do espírito das profundezas, e descreveu como foi forçado a considerar o irracional. O sentido maior viria da "fusão" de ambos: do racional e do irracional. Ele escreveu:

> Eu aprendi que, além do espírito dessa época, ainda está em ação outro espírito, isto é, aquele que governa a profundeza de todo o presente. O espírito dessa época gostaria de ouvir sobre lucros e valor. Também eu pensava assim e meu humano ainda pensa assim. Mas aquele outro espírito me força a falar apesar disto para além da justificação, de lucros e de sentido. Cheio de vaidade humana e cego pelo ousado espírito dessa época, procurei por muito tempo manter afastado de mim aquele outro espírito. [...] O espírito da profundeza tomou minha razão e todos os meus conhecimentos e os colocou a serviço do inexplicável e do absurdo. Ele me roubou fala e escrita sobre tudo que não estivesse a serviço disto, isto é, da interfusão de sentido e absurdo, que produz o sentido supremo. Mas o sentido supremo é o trilho, o caminho e a ponte para o porvir (*LV*, p. 229).

Na passagem anterior, Jung relata ter tido a impressão de ter sido "roubado" da sua crença na ciência e de sua alegria em explicar e ordenar as coisas, ou seja, do seu mundo racional. Ele se sentiu obrigado a considerar o irracional devido ao espírito das profundezas, e uma sensação de que a racionalidade por si só não era suficiente para captar a plenitude da vida. Como mencionado anteriormente, ele acrescentou comentários às fantasias em uma tentativa de interpretar o material de seu autoexperimento[16], mas fica claro que os comentários e interpretações que ele adicionou não foram suficientes. Jung precisava encontrar uma maneira adequada de expressar suas ideias em uma linguagem científica.

Uma hipótese sobre as razões de Jung procurar uma linguagem científica para descrever suas descobertas a partir de seu autoexperimento pode ser extraída de alguns de seus escritos e apresentações posteriores. Em um seminário dado em 1925, Jung apresentou o processo pelo qual passou para desenvolver seus principais conceitos. Ele disse que um homem quer apresentar ao público o produto final de seu pensamento como se fosse produzido por sua mente livre de fraquezas, sem erros ou imprecisões (Jung, 2014b, p. 32). Jung acrescentou:

> Assim é um homem sobre seus livros. Ele não quer contar sobre as associações secretas, sobre os erros cometidos por sua mente. Isto é o que faz a maioria das autobiografias serem mentiras [...]. E assim como uma mulher ergue seu bastião de poder em sua sexualidade e não revelará nenhum dos segredos de seu lado frágil, um homem centraliza seu poder em seu pensamento e se proporá a mantê-lo como uma frente sólida diante do público, particularmente diante de outros homens. Ele acha que se disser a verdade nesse campo é equivalente a entregar as chaves de sua cidadela ao inimigo (Jung, 2014b, p. 32-33 trad. mod.)

Embora na passagem anterior Jung descrevesse sua opinião a respeito do seu livro sobre tipologia e as diferenças entre Freud, Adler e suas próprias opiniões, sua argumentação, de maneira geral, também pode ser aplicada à apresentação de suas ideias referente ao seu autoexperimento.

---

16. Shamdasani nomeou os comentários de Jung no Livro Vermelho como camada [2].

Outra razão possível para a busca de Jung por uma linguagem científica para descrever suas descobertas foi a ligação entre suas fantasias e as fantasias da Sra. Miller, que ele analisou no livro que publicou em 1912 (OC 5). Ele mencionou posteriormente em 1925 que, enquanto analisava as fantasias dela, as quais ele considerava semimórbidas, também estava analisando a função que gera fantasias dentro dele mesmo. Jung admitiu que a Sra. Miller, nesse contexto, servia como uma descrição do que ele achava inadequado no seu próprio pensamento. Ele acrescentou que elaborou a morbidez que via nas fantasias da Sra. Miller de uma forma mitológica, que foi a forma satisfatória para ele, e com isso assimilou o lado Miller de si mesmo (Jung, 2014b, p. 31).

É importante notar que Jung não considerou suas fantasias pessoais como a única base para suas teorias e conceitos. Como mencionado anteriormente, ele estava interessado em traçar paralelos históricos entre suas experiências interiores e materiais simbólicos presentes nos mitos, religiões e a psicologia dos povos ditos primitivos. A esse respeito, seus estudos sobre alquimia eram vitais. Em retrospectiva, ele disse:

> Quando minha vida entrou em sua segunda metade, eu já estava embarcado no confronto com o conteúdo do inconsciente. Meu trabalho nesse tema foi extremamente longo, e só depois de cerca de 20 anos é que alcancei algum grau de compreensão de minhas fantasias. Primeiro tive que encontrar indícios para a construção da historicidade de minhas experiências interiores. Ou seja, eu tinha que me perguntar: "Onde minhas premissas particulares já ocorreram na história?". Se eu não tivesse conseguido encontrar tais provas, nunca teria sido capaz de fundamentar minhas ideias. Portanto, meu encontro com a

> alquimia foi decisivo para mim, pois me proporcionou a base histórica que me faltava até então. A psicologia analítica é fundamentalmente uma ciência natural, mas está sujeita, muito mais do que qualquer outra ciência, ao viés pessoal do observador. O psicólogo deve basear-se, portanto, no mais alto grau, em paralelos históricos e literários se deseja excluir pelo menos os erros mais grosseiros de julgamento (Jung, 2019, p. 200).

Além disso, ele ressaltou os paralelos entre suas ideias, os estudos e experimentos de outros cientistas em psicologia e áreas relacionadas. No entanto, é claro que seu autoexperimento lhe deu a direção para o desenvolvimento de suas teorias. Seu autoexperimento também mudou o tratamento que oferecia a seus pacientes, porque aplicou a eles os procedimentos que ele mesmo havia experimentado, o que, por sua vez, o levou ao desenvolvimento da técnica da imaginação ativa. Também é importante notar que a maneira de Jung trabalhar foi se alterando à medida que ele desenvolvia seu método.

Nas notas de Jung no *Livro Vermelho*, Shamdasani identificou duas camadas diferentes no texto. A primeira é indicada com [1] e, nessas notas, Jung escreveu o que aconteceu com ele sem questionar ou interpretar o material que estava experimentando, principalmente visões e fantasias em estado vígil. Essa primeira parte de sua experiência foi conduzida durante os anos de 1913 e 1914. Em retrospectiva, Jung lembrou sua atitude em relação ao seu autoexperimento, abordando-o como se fosse uma pesquisa científica. Ele a descreveu como se segue:

> Desde o início eu tinha concebido meu confronto voluntário com o inconsciente como uma experiência científica que eu mesmo estava conduzindo e em cujo resultado eu

estava vitalmente interessado. [...]. Estava me submeten-do voluntariamente a emoções que não podia realmente aprovar, e estava escrevendo fantasias que muitas vezes me pareciam bobagens, e às quais eu tinha fortes resistências. Enquanto não compreendermos seu significado, tais fanta-sias são uma mistura diabólica do sublime com o ridículo. [...]. Um motivo contundente para minha tentativa foi a convicção de que não podia esperar de meus pacientes algo que eu mesmo não ousava fazer. A desculpa de que um ajudante estaria ao seu lado não seria convincente, pois eu estava bem ciente de que o chamado ajudante, ou seja, eu mesmo, não poderia ajudá-los a menos que conhecesse suas próprias fantasias a partir de uma experiência direta, e que, sem isso, tudo o que ele possuía de fato eram alguns preconceitos teóricos de valor duvidoso. Essa ideia, de que eu estava me comprometendo com um empreendimento perigoso não só para mim, mas também para o bem de meus pacientes, me ajudou ao longo de várias fases críticas (Jung, 2019, p. 178-179, trad. mod.).

Portanto, no início de sua experiência, Jung não interpretou suas fantasias. Ele tomou notas das imagens, e se posicionou passivamente diante delas. Em suas observações retrospectivas, fica claro que ele não entendia as imagens, mas quis verificar se tinham um significado ou não. Outro objetivo, não menos importante, era obter uma melhor compreensão para o bem de seus pacientes.

Após julho de 1914, Jung começou um rascunho do que viria a ser o *Liber Novus*, transcrevendo as fantasias dos livros negros e explicando cada episódio, acrescentando uma elabo-ração lírica (Shamdasani, 2010, p. 202). A segunda camada de textos adicionadas às fantasias foram identificados com um [2] por Shamdasani, que os considerou a primeira grande tentativa

Dois casos da prática clínica de Jung

de desenvolver um novo método construtivo e uma interpretação que o próprio Jung deu ao material (Shamdasani, 2010, p. 203).

Até esse ponto a abordagem de Jung foi, em primeiro lugar, observar e registrar as fantasias e, em segundo lugar, elaborar o material com amplificações e interpretações. Portanto, pode-se dizer que Jung tinha o protótipo de um método, baseado em seu autoexperimento que depois viria a aplicar com seus pacientes.

Um desenvolvimento adicional no procedimento ocorreu em 1915, quando Jung começou a desenhar imagens para acompanhar seu texto. Essas imagens podem ser consideradas como imaginações ativas por si mesmas. Jung transcreveu as fantasias para *O Livro Vermelho*, alterou os títulos e editou o material, mas apenas na segunda camada; as fantasias originais foram mantidas praticamente inalteradas (Shamdasani, 2010).

Ao resumir o desenvolvimento do método de Jung, podemos ver que ele vivenciou pela primeira vez as fantasias por volta do fim de 1913. Até esse ponto, ele teve visões e conversas com as figuras internas. Em seguida começou a elaborar essas experiências explicando o significado de cada episódio e adicionando interpretações líricas. Depois de 1915, ele começou a expressar o conteúdo de forma visual através de suas pinturas.

Em 1916, Jung escreveu "A função transcendente" na qual ele tentou conceitualizar seu procedimento e transformá-lo em um método psicoterapêutico replicável. Entretanto, ele não apresentou seus estudos ao público naquela época, porque não estava satisfeito com o texto. Apenas muito mais tarde, em 1958, nas notas preliminares do texto que tinha sido revisado e editado, Jung escreveu sobre suas limitações e que "*o ensaio pode, portanto, ser considerado, com todas as suas imperfeições, um documento histórico*" (OC 8/2, p. 11-12). Ele destacou a questão: o que a pessoa deve fazer para lidar com o inconsciente? (OC 8/2). Sua descrição do método nesse texto é a seguinte:

> Ele (o paciente) deve se tornar o mais consciente possível do seu estado de espírito, afundando-se nele sem reservas e anotando no papel todas as fantasias e associações que surgem. Deve ser dado à fantasia o desenvolvimento mais livre possível, mas não de tal forma que esta deixe a órbita de seu objeto, ou seja, o afeto, desencadeando uma espécie de "reação em cadeia" no processo de associação. Todo o procedimento é uma espécie de enriquecimento e esclarecimento do afeto, em que o afeto e seu conteúdo se aproximam mais da consciência, tornando-o, ao mesmo tempo, mais marcante e mais compreensível (OC 8/2, § 167, trad. mod.).

O comentário anterior de Jung sobre o procedimento indica a diferença entre seu método e o método de livre associação de Freud, ou seja, que as associações devem permanecer relacionadas com o afeto inicial e não o deixar. Jung foi mais longe, apontando o fato de que esse procedimento requer um treinamento específico, a saber, a eliminação da atenção crítica, produzindo uma espécie de vácuo na consciência (OC 8/2, § 155).

Ele acrescentou ainda que, como o método ativa as fantasias que estão logo abaixo da superfície, não se estava isento de perigos, pois o conteúdo intensificado poderia irromper espontaneamente na mente consciente (OC 8/2, p. 12). Como veremos mais adiante, esse cuidado foi aplicado ao caso de Mischa Epper. Jung continuou desenvolvendo a técnica especificando algumas de suas características como podemos ver em seu seminário do ano 1930, em sua apresentação do caso de Christiana Morgan, que será apresentado brevemente nas próximas seções deste livro.

6   A visão crítica de Jung sobre métodos rígidos de tratamento

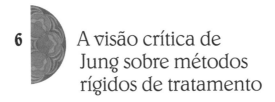

Na entrevista com Helene Hörni-Jung ela afirmou que seu pai geralmente dizia que "não tinha método nenhum". Essa afirmação intrigante, no entanto, deve ser elucidada. Em 1937, Jung afirmou que a análise deve considerar a individualidade do paciente e para os pacientes aos quais a análise foi indicada, métodos rígidos podem causar danos. Ele disse:

> Os distúrbios psicogênicos, ao contrário das doenças orgânicas, são atípicos e individuais. Com experiência crescente, um profissional se encontra até perdido ao fazer um diagnóstico. As neuroses, por exemplo, variam tanto de indivíduo para indivíduo que não significa quase nada quando diagnosticamos 'histeria'. [...] O que foi dito sobre diagnóstico também se aplica à terapia, à medida que esta assume a forma de uma análise individual. É impossível tanto descrever um curso típico de tratamento quanto fazer um diagnóstico específico. Essa afirmação radical, para não dizer niilista, naturalmente não se aplica aos casos em que um método é empregado por uma questão de princípio (OC 16, § 540-541, trad. mod.).

Ele ressaltou que uma abordagem que considerasse apenas aspectos gerais poderia causar danos consideráveis à personalidade do paciente. Portanto, Jung criticava uma aplicação cega de métodos.

96 Coleção Reflexões Junguianas

Um método poderia funcionar bem desde que as condições psíquicas pessoais do paciente coincidissem com as do método proposto. Nesses casos, métodos claramente definidos poderiam ser aplicados. Nem todos os casos, porém, se enquadrariam nessa categoria descrita anteriormente. Para Jung, era imperativo que os pacientes não fossem reduzidos aos limites de um método, e que a singularidade da personalidade do paciente fosse considerada. Ele reconheceu, entretanto, a importância da existência de vários métodos, como o método Adleriano e Freudiano, apontando a importância de abordagens diferentes para atender as especificidades de cada paciente. Sobre sua maneira pessoal de trabalhar com os pacientes, disse ele na palestra de 1937:

> Falando por mim mesmo, devo confessar que a experiência me ensinou a me afastar tanto dos "métodos" terapêuticos quanto dos diagnósticos. A enorme variação entre os indivíduos e suas neuroses me levou ao ideal de abordar cada caso com um mínimo de suposições prévias. O ideal seria, naturalmente, não ter suposição nenhuma, mas isso é impossível mesmo que se exerça a mais rigorosa autocrítica, pois nós mesmos somos a maior de todas as suposições, e a que tem as mais graves consequências. Por mais que tentemos não ter suposições e não usar métodos prontos, a suposição que eu mesmo sou determinará meu método: como eu sou, assim procederei (OC 16, § 543, trad. mod.).

Além disso, em uma carta ao Dr. Karl Srnertz de 19 de dezembro de 1942, ele declarou que toda postulação sobre a psique deve ser considerada, e que toda teoria psicológica é uma afirmação subjetiva. No entanto, quando alguém apresenta um novo ponto de vista, se tem a impressão errada de que aquilo

Dois casos da prática clínica de Jung 97

que se aplicava anteriormente se tornou obsoleto. Para ele, essa conclusão é equivocada. Em alguns casos, o método mais primitivo poderia alcançar melhores resultados que os mais sofisticados. Além disso, Jung considerava que algumas conquistas científicas não teriam valor psicoterapêutico nenhum se fossem apenas palavras vazias sem nenhuma conexão com a vida real (Jaffé, 1973, vol. 1, p. 401).

A abordagem de Jung também foi singular de outra maneira: ele considerava que o tratamento com certos pacientes poderia evoluir para um processo dialético. Para ele, as *semelhanças* psicológicas entre o analista e o paciente estabeleceriam as bases da compreensão mútua, mas as *diferenças* exigiriam uma nova abordagem, e nenhum método geral baseado em premissas gerais poderia ser de ajuda aqui. Jung se referiu à análise como um processo dialético dentro da própria psique. Ele escreveu o seguinte:

> Há no processo analítico, ou seja, na discussão dialética entre a mente consciente e o inconsciente, um desenvolvimento ou um avanço em direção a algum objetivo ou fim, cuja natureza desconcertante tem despertado minha atenção por muitos anos (OC 12, § 3, trad. mod.).

A opinião de Jung era que o processo dialético interno conduziria ao desenvolvimento do processo de individuação. Além disso, ele observou que outro processo dialético também ocorria durante a análise, ou seja, o processo dialético entre o analista e o paciente. Ele postulou que o encontro entre as diferenças qualitativas do paciente, ou seja, sua individualidade e a individualidade do analista exigiam uma abordagem específica. Um método geral seria inapropriado nesse contexto. Ele comentou:

Se alguém quiser dar um nome ao processo de chegar às claras com isso, poderíamos chamá-lo de um procedimento dialético – o que significa não mais do que um encontro entre minhas premissas e as do paciente (OC 12, § 544, trad. mod.).

Em um texto de 1953, ele assumiu que o paciente em análise poderia continuar esse processo sozinho, na forma de um diálogo interno, e que "o diálogo dialético com o inconsciente ainda continua e segue o mesmo rumo que segue com aqueles que não desistiram de seu trabalho com o médico" (OC 12, § 4, trad. mod.).

Podemos observar que Jung desenvolveu essa abordagem a partir de seu autoexperimento e que a utilizou mais tarde com os pacientes em análise, pois havia experienciado a interação e o diálogo interior com as figuras das suas fantasias. Além disso, ele expressou essa interação em seus escritos, pinturas e esculturas, usando sua compreensão crítica para assimilar o conteúdo.

Portanto, em relação à abordagem de Jung, pode-se concluir que após 1914 ele a desenvolveu principalmente a partir dos procedimentos que havia utilizado em suas experiências pessoais, o que evidentemente teve impacto no desenvolvimento das suas teorias e do seu modo de trabalhar. Pode ser postulado que o comentário que Jung fez à sua filha (que ele não teria nenhum método) era referente às suas críticas do uso de métodos sem considerar a individualidade do paciente.

7 Pacientes importantes já conhecidos na literatura

Em seus livros e apresentações, Jung frequentemente se referiu ao material de seus pacientes para ilustrar suas teorias e suposições. Pode-se mesmo postular que alguns casos poderiam ter afetado a forma de Jung elaborar suas teorias. Embora Jung não tenha revelado a identidade de seus pacientes em seus escritos, alguns deles foram identificados mais tarde[17]. As histórias de casos publicadas certamente aumentaram a compreensão do modo de trabalho de Jung para profissionais e pesquisadores da psicologia junguiana. É importante notar, entretanto, que as informações adicionais em alguns aspectos apoiaram e em outros questionaram a apresentação e compreensão de Jung sobre o caso. O que segue é o material disponível na literatura. Os casos apresentados foram escolhidos por sua importância na carreira de Jung ou por sua conexão com os conceitos relacionados à minha pesquisa.

---

17. Para uma maior clareza de informação: Preiswerk e Miller não eram pacientes de Jung, mas sim estudos de caso apresentados em seus escritos.

A paciente "paradigmática"

Em sua dissertação de 1902 "Sobre a psicologia e patologia dos chamados fenômenos ocultos", Jung discutiu o que se poderia chamar hoje de estados alterados de consciência e os relacionou com os chamados fenômenos ocultos. Para ilustrar sua tese, ele discutiu principalmente o caso de uma jovem médium. Jung deu um relato relativamente extenso de seu sonambulismo e das suas manifestações espiritualistas, e notou que a família dela tinha apresentado sintomas de excentricidade e distúrbios de personalidade. A jovem era reservada e suscetível a mudanças de humor. Entretanto, diferentemente da própria médium, os espíritos que falavam através dela eram altamente eloquentes e maduros, citavam passagens bíblicas e teorias elaboradas.

Com o passar do tempo, os eventos mediúnicos se tornaram menos frequentes e menos intensos, e Jung parou seus estudos sobre as sessões quando a flagrou mentindo e fingindo manifestações de espíritos. Jung postulou então que, no início das sessões, os espíritos que falavam através dela eram partes cindidas da personalidade da médium.

A jovem médium que Jung chamou de 'S.W.' era, de fato, sua prima Helene Preiswerk. Em 1975, foram publicados dados biográficos sobre o caso dela por sua sobrinha, Stefanie Zumstein-Preiswerk, que consultou documentos e entrevistou Emmy Zinsstag, uma grande amiga de Preiswerk (Zumstein-Preiswerk, 1975). Anos mais tarde, Ellenberger escreveu um artigo acrescentando informações à história de Preiswerk, mencionando a rivalidade entre a família Jung (pai de C.G. Jung) e a família Preiswerk (mãe de C.G. Jung) e a constelação sociocultural

Dois casos da prática clínica de Jung 101

na cidade de Basileia, onde moravam (Ellenberger, 1991). Ele também descreveu brevemente a influência da religião protestante e judaica na Basileia e o interesse geral no espiritismo naquela época. Ellenberger, que baseou seus escritos no texto de Zumstein-Preiswerk, apontou várias diferenças em relação ao que Jung apresentou em sua dissertação, por exemplo, na cronologia dos eventos e na fase conclusiva dos experimentos. Ellenberger observou:

> Hoje, em retrospectiva, somos levados a considerar outra faceta da relação de Carl Gustav com Helene Preiswerk. A princípio, parece que ele não estava muito interessado em sua personalidade; ela era objeto de uma investigação intelectual. Gradualmente, se aborreceu com ela, ainda mais quando percebeu que ela estava apaixonada por ele. A imagem que ele passou dela em sua dissertação é regida pelo desprezo. Mais tarde, quando a viu em Paris, percebeu que ela tinha uma personalidade sensível e encantadora. Ele se sentia atraído por ela, mas ela se mostrara reservada. Isso é claramente afirmado por Emmy Zinsstag: "os papéis foram invertidos" (Ellenberger, 1991, p. 52).

Ellenberger acrescentou que Jung escreveu sobre a morte precoce de Helene Preiswerk por tuberculose em 1911, que ela estaria em uma condição de desintegração mental, enquanto sua sobrinha a descreveu como alguém dotada de uma mente completamente clara. Jung, portanto, teria mudado elementos em sua apresentação do caso para apoiar suas suposições. Como veremos, críticas semelhantes podem ser formuladas em relação aos paralelos que Jung traçou no caso de Maggy Reichstein, relacionando seus sintomas à ioga kundalini, o que será discutida posteriormente neste livro.

Os pacientes relacionados ao conceito de transferência e contratransferência

Em 1904, no Hospital Psiquiátrico Burghözli, Jung teve uma paciente, uma jovem mulher russa, a quem tratou usando o experimento de associação de palavras e interpretações psicanalíticas até 1905 ou possivelmente até 1906 (Carotenuto, 1982, p. 140). Ele mencionou o tratamento dela no artigo "A teoria freudiana da histeria" (Jung, 1908b, § 52ss.), um relato do trabalho que ele apresentou no Primeiro Congresso Internacional de Psiquiatria e Neurologia, em Amsterdã em setembro de 1907.

Em seu trabalho, Jung mencionou que o diagnóstico dado por ele era de uma histeria psicótica e que os primeiros sintomas apareceram na idade precoce de três ou quatro anos, quando a paciente desenvolveu problemas para defecar, segurando as fezes até que a dor a obrigasse a evacuar. Aos sete anos de idade os sintomas estavam relacionados à masturbação, e a paciente se sentia sexualmente excitada quando seu pai lhe dava uma palmada nas nádegas. Na puberdade, os sintomas se tornaram obsessivos e a paciente não podia comer sem pensar em defecar e não podia evitar ficar excitada ao olhar para as mãos de seu pai. O impulso natural nessa época para ter um relacionamento foi comprometido por seus problemas. Aos 18 anos, ela ficou deprimida, chorando e gritando com ataques de gargalhadas. Jung apresentou o caso como um exemplo concreto das ideias de Freud sobre sexualidade infantil e discutiu o caso com Freud na correspondência entre eles (Freud & Jung, 1974, p. 228).

A paciente foi identificada como Sabina Spielrein. Em 1977, Aldo Carotenuto, um analista junguiano italiano, recebeu as cartas e diários de Spielrein do Instituto de Psicologia de

Genebra e mais tarde publicou suas descobertas (Carotenuto, 1982, p. xv); Spielrein foi o caso em que Jung testou a técnica psicanalítica, no qual aplicou pela primeira vez o tratamento proposto por Freud. Importante notar que o conhecimento de Jung sobre psicanálise até esse ponto de sua carreira vinha apenas de suas leituras (Lothane, 1999, p. 1189-1204). O caso entre Freud, Jung e Spielrein foi motivo de muita especulação e controvérsia. Com base nos documentos encontrados após a publicação do livro de Carotenuto, alguns autores afirmaram que Jung e Spielrein tinham um caso erótico; enquanto outros apontaram que a natureza da relação era romântica, mas não necessariamente sexual (Lothane, 1999, p. 1197 e 1201). Muitos estudos foram publicados analisando o relacionamento entre eles, e essa repercussão tornou esse caso, provavelmente, o mais "popular" e romantizado da literatura psicanalítica[18].

O caso levou a um debate sobre os limites do tratamento psicanalítico e foi importante para o desenvolvimento futuro da psicanálise. Ele desencadeou a discussão sobre o efeito que um paciente pode ter sobre o médico e levou Freud a cunhar o termo contratransferência (Freud & Jung, 1974, p. 231). Como veremos, o caso de Reichstein, apresentado posteriormente nesta pesquisa, também teve um impacto no entendimento de Jung sobre a contratransferência, mas está relacionado a outros aspectos que não os limites éticos na relação analítica.

---

18. Após o livro de Carotenuto (1982), outros autores escreveram sobre o tema, tais como Kerr (1993); artigos de Skea (2006), Hoffer (2001), Fusar--Poli (2012), Heuer (2012); e como os filmes *Ich heiss Sabina Spielrein* [Meu nome era Sabina Spielrein] de 2002 e *A dangerous method* [Um método perigoso] de 2011.

Além do caso Spielrein, outro caso relevante relacionado ao conceito de contratransferência envolvendo Freud e Jung aconteceu por volta de 1908. Jung tratou brevemente uma paciente que estava anteriormente em análise com Freud e que retornou a Freud depois de ver Jung. Esse caso foi relevante porque, como Spielrein, afetou a relação entre Freud e Jung e também o desenvolvimento do conceito de contratransferência. O tratamento ocorreu próximo à época do tratamento de Spielrein com Jung e a paciente foi identificada como Elfriede Hirschfeld.

Falzeder, em seu artigo sobre o caso Hirschfeld, mostra a importância desta paciente para Freud, e notou que ele (Freud) a apresentou com nomes diferentes em pelo menos seis de seus trabalhos (Falzeder, 1994). Embora fosse um caso importante, permaneceu despercebido na literatura psicanalítica por muito tempo. Hirschfeld foi tratada por importantes psiquiatras, psicoterapeutas e psicanalistas da época, como Pierre Janet, O. Pfister, L. Binswanger e E. Bleuler (Falzeder, 1994, p. 302). Seu tratamento mais longo, porém, foi com Freud, entre 1908 e 1914 (quase sete anos, mas com interrupções). Todos os tratamentos pelos quais ela passou fracassaram no fim. Segundo Freud, o motivo do seu transtorno psíquico foi um problema em seu casamento. Após oito anos, seu marido confessou-lhe que era infértil e a doença de Hirschfeld começou depois que ela foi informada disso. Ela sofria inicialmente sob "histeria de ansiedade" e, mais tarde, sua ansiedade transformou-se em uma neurose obsessiva grave. Durante e após o tratamento do caso de Hirschfeld, Freud escreveu, entre 1911 e 1915, artigos definindo mais claramente o método psicanalítico.

Dois casos da prática clínica de Jung

Aparentemente, Freud tinha uma atitude ambivalente em relação ao caso de Hirschfeld. Por um lado, preocupava-se e era próximo a ela (às vezes a chamava pelo primeiro nome; uma forma muito pessoal de se referir a uma paciente naqueles dias) e, às vezes, se referia a ela em suas cartas como sua "Grande paciente". Por outro lado, as dificuldades do caso e a falta de desenvolvimento levaram Freud a chamá-la também de seu "Maior tormento". O tratamento foi discutido principalmente nas cartas entre Freud, Jung e Pfister, e, como Falzeder assinalou, foi um caso importante, pois mostrou as diferenças na postura de Freud diante do paciente, ou seja, no processo de contratransferência.

Em 31 de dezembro de 1911, em sua resposta a uma carta de Jung (carta que não foi encontrada nos arquivos e na qual Jung supostamente criticava o tratamento do caso por Freud), Freud chamou Hirschfeld de Sra. C. e respondeu que tanto Jung quanto Pfister não tinham experiência suficiente com a técnica e que o analista deveria permanecer inalcançável para a paciente. Freud também alertou Jung sobre a influência de Hirschfeld e sobre o uso de seu caso para expressar qualquer ressentimento em relação a ele (Freud & Jung, 1974, p. 475-476).

Em sua resposta de 2 de janeiro de 1912, Jung observou que tudo o que Hirschfeld queria era um pouco de simpatia, frente a qual Freud foi reticente. Jung, no entanto, não se opôs e estava contente em oferecer esse tipo de simpatia (Freud & Jung, 1974, p. 476-477). A resposta de Freud, em sua carta de 10 de janeiro de 1912, sugeria que Jung modificasse um pouco sua técnica e fosse mais reservado frente a paciente (Freud & Jung, 1974, p. 479).

Falzeder, no entanto, aponta que Freud, embora sugerisse que ele (Jung) tivesse que trabalhar em sua técnica, não admitiu que ele mesmo (Freud) estivesse envolvido, e que tivesse sentimentos em relação a Hirschfeld. Jung observou que a paciente aparentemente percebeu isso, mas não comentou mais, porque não sabia o que havia acontecido. Freud, por sua vez, apenas apontou a falta de experiência de Jung e Pfister. Falzeder escreve:

> Dada a afeição de Freud pela Sra. Hirschfeld, torna-se evidente que ele estava alertando não apenas Jung, mas também a ele mesmo contra os perigos inerentes de um envolvimento emocional excessivo. Na teoria, essa era a posição de Freud; na prática, porém, vemos ele vacilar entre uma empatia sensível e simpática, por um lado, e um comportamento distante e, às vezes, rude e cruel (Falzeder, 1994, p. 311).

A pergunta apresentada foi principalmente: quanto sentimento em relação ao paciente o médico pode ter e mostrar? Freud, em seus últimos trabalhos, aconselha os praticantes de psicanálise basicamente a permanecerem opacos ao paciente, certamente considerando os problemas que Jung tinha tido com Spielrein. No entanto, no texto de Falzeder fica claro que Freud, em sua prática, não tinha uma posição segura na época do tratamento de Hirschfeld. Neste caso, é possível observar as dificuldades entre Jung e Freud, a saber, a questão de como lidar com a contratransferência e os riscos relacionados a ela, assim como as dúvidas pessoais entre eles.

Os casos de Spielrein e Hirschfeld tiveram consequências para o treinamento de futuros psicanalistas. Por volta de 1911, Jung tratou um hipnotizador holandês chamado Van Renter-

Dois casos da prática clínica de Jung

ghem por cerca de dois meses. Van Renterghem mencionou que a razão para seu tratamento era seu interesse em experimentar a psicanálise. Mais tarde, em 1913, Van Renterghem escreveu um artigo apresentando dois casos que Jung lhe contou durante sua análise como exemplos do método psicanalítico de tratamento. Não se sabe exatamente quando Jung tratou os dois pacientes mencionados no texto de Van Renterghem, mas as inferências do texto sugerem uma época por volta de 1910 (Shamdasani, 1992, p. 39). Os casos foram denominados "Análise e cura de um caso de prostrações nervosas" e "Análise de um caso de insônia", e dão uma breve visão do uso da técnica psicanalítica por Jung naquela época, ou seja, os sonhos como autorrepresentações na psique, assim como as interpretações de Jung sobre a transferência.

É importante citar o caso de Van Renterghem nesse contexto, pois foi um dos primeiros casos conhecidos de análise didata (Shamdasani, 1992, p. 38-43). A análise didata veio a ser mais tarde um dos pilares nos procedimentos para se tornar um psicanalista e surgiu como uma tentativa de reduzir possíveis problemas na relação entre paciente e médico, ou seja, no processo de transferência e contratransferência, como observado nos casos de Spielrein e Hirschfeld.

A paciente relacionada com o conceito das ideias primordiais

Em 1912, Jung publicou a segunda parte de *Transformações e Símbolos da Libido*, na qual interpretou ensaios escritos por uma mulher, a Sra. Frank Miller. Ele considerava os ensaios da Sra. Miller como sinais de uma esquizofrenia iminente e os relacionou ao conceito de imagens primordiais, um termo que mais tarde ele referiria como simbolismo arquetípico. Embora tais ensaios não fossem o resultado de um tratamento psicológico, Jung os interpretou da mesma forma que trabalharia com material clínico durante uma análise (Shamdasani, 1990, p. 44).

Jung considerou que ela não estava consciente do impacto erótico de seu encontro com um oficial italiano e, mencionando os comentários disponíveis de Miller sobre o episódio, usou paralelos mitológicos para interpretar seu poema. Ele observou que o texto era um produto de uma libido introvertida, expressa de uma forma religiosa e poética. Essa libido estaria em conexão com a *imago* do pai e as histórias no texto aparecem como um substituto para o problema erótico da Sra. Miller (OC 5, § 64-90). Além disso, ele interpretou as fantasias de Miller como indicando que ela não era capaz de lidar com seus sentimentos e instintos e que sua mente consciente ainda não estava pronta para tomar suas próprias decisões (OC 5, § 463-463). Jung concluiu que Miller não tinha a compreensão consciente para lidar e assimilar as imagens primordiais que o inconsciente produzia, as quais eram compensatórias para sua atitude consciente (OC 5, § 468).

Segundo Shamdasani, toda vez que Jung reviu esse livro, ele adaptou sua apresentação de forma a confirmar os aspectos teleológicos que havia visto nos escritos da Sra. Miller. Shamdasani conclui que, ao fazer isso, a intenção de Jung era endossar sua interpretação do caso, confirmando a opinião de que o poema de Miller era uma indicação de uma esquizofrenia iminente (Shamdasani, 1990, p. 41). Além disso, ele aponta que no modelo de Jung de 1912, a presença de material arcaico ou mitológico era suficiente para indicar uma condição patológica, mas essa visão mudou em seus escritos posteriores quando Jung considerou que a atitude da mente consciente é que seria decisiva para um conteúdo do inconsciente se tornar patológico ou não (Shamdasani, 1990, p. 51). Como veremos mais tarde, os problemas na relação com a *imago* paterna e na relação com a realidade, ou seja, a atitude da mente consciente, também foi um elemento central no entendimento de Jung sobre o caso de Mischa Epper.

A paciente de Jung ao começar a usar seu novo método

Em 1915, ainda durante a fase principal de seu autoexperimento, Jung tratou uma mulher suíça que apresentava sintomas de ansiedade. Seu nome era Tina Keller-Jenny. O trabalho com Jung durou até 1924 e ela também estava em análise com a colaboradora de Jung, Toni Wolff. Em 2011, Swan publicou as memórias de Keller-Jenny apresentando seu engajamento com a psicologia de Jung, algo que Keller-Jenny fez por toda a vida. Suas notas nos fornecem uma visão interessante de seu tratamento com Jung em um período em que ele havia começado a aplicar as ideias de seu autoexperimento com seus pacientes. O tratamento de Keller-Jenny foi, portanto, contemporâneo aos tratamentos de Mischa Epper e Maggy Reichstein. Como será apresentado mais tarde, ambas as mulheres, à semelhança de Keller-Jenny, desenvolveram uma conexão com Jung e suas ideias por toda a vida.

Além de suas impressões da época e de suas experiências como filha, esposa e mãe, Keller-Jenny descreveu em suas memórias uma série de técnicas que Jung aplicou durante sua análise. Jung solicitou dela uma atitude particular em relação ao material que ela obteve de seu inconsciente. Ela escreveu:

> Lembro-me do Dr. Jung me dizer: "siga o que está vivo em você". Ele achava que isso levaria a Deus, mesmo que a princípio parecesse levar a uma outra direção. Ele acreditava que tudo o que fosse um interesse ou necessidade vital era legítimo e deveria ser considerado, ou pelo menos examinado cuidadosamente (Swan, 2011, p. 22).

A nota anterior é particularmente interessante, pois indica que, por volta de 1915, Jung sugeriu diretamente não apenas que ela observasse cuidadosamente o que sua psique produzia, mas também lhe disse o que esperar. Além disso, Jung a aconselhou a desenvolver uma *"higiene mental, cedendo às necessidades internas, como sono extra e relaxamento"* (Swan, 2011, p. 22), e, como veremos, isso também foi sugerido no tratamento de Mischa Epper. Outro paralelo na abordagem de Jung entre Keller-Jenny e Epper foi a sugestão de Jung sobre *"pintar um quadro ou escrever de forma espontânea"* (Swan, 2011, p. 22). Jung solicitou que ela se preparasse para as sessões, escrevendo seus sonhos e as associações para cada um dos elementos envolvidos (Swan, 2011, p. 23), para que ela aprendesse a trabalhar com o material sozinha.

Keller-Jenny apontou, entretanto, que a técnica mais importante que aprendeu com Jung foi *"escrever do inconsciente"* e disse que, numa fase inicial de sua análise, Jung lhe disse o seguinte:

> Você deve começar desde já a se preparar para o momento em que não virá mais falar comigo. Toda vez, ao sair, mesmo ao descer as escadas, você poderá ter mais perguntas. Escreva-as como se fossem cartas para mim. Você não precisa enviar essas cartas. Quando você faz

uma pergunta, na medida em que realmente quer uma resposta e não tem medo dela, há uma resposta no fundo de sua mente. Deixe que ela surja (Swan, 2011, p. 24).

Keller-Jenny descreveu que, após dificuldades iniciais, ela gradualmente aprendeu a acessar essa resposta interior, e mencionou que a técnica era de grande ajuda para ela. Desenvolveu diálogos internos e permitiu que se tornassem um entrelaçamento de elementos racionais e irracionais como um *continuum* (Swan, 2011, p. 24). Como veremos mais adiante, encontramos elementos similares na terapia de Epper, na qual sua analista, M. Moltzer, muito provavelmente sob a orientação de Jung, apoiou Epper para ter diálogos com figuras internas. O comentário anterior de Jung também indica um aspecto de como Jung lidou em sua prática com o processo de transferência em 1915. Sugerindo que Keller-Jenny escrevesse cartas para ele, Jung preparou a paciente para o tempo depois que a análise fosse concluída. Isso indica que Jung ensinou seus pacientes a se concentrarem em um elemento da psique que lhes daria respostas e os ajudaria quando não estivessem mais em tratamento.

A paciente relacionada à imaginação ativa

Em 1926, Jung tratou uma mulher americana que teve um grande número de fantasias visuais usando o processo da imaginação ativa. Mais tarde, entre 1931 e 1934, Jung deu seminários sobre suas visões. Ele comentou extensivamente sobre essas fantasias durante os seminários, que são conhecidos na literatura junguiana como os seminários das visões (Jung, 1997). Seu nome era Christiana Morgan. Jung pensou que ela era naturalmente dotada para visualizar imagens usando a imaginação ativa. Ele apontou que sua racionalidade a separava das pessoas e que ela ficara bloqueada na vida, sem ligação com os outros.

É interessante notar que tanto no caso de Morgan como no caso de Reichstein, Jung acreditava que as dificuldades delas eram em parte devidas ao exagero da racionalidade. E em relação ao trabalho de Jung com imaginações, o caso de Epper acrescentará informações valiosas para entender o desenvolvimento de sua prática clínica.

Na técnica da imaginação ativa, os pacientes eram treinados a deixar as imagens seguirem seu próprio caminho. Para Jung, a mente consciente deve observar e interagir, mas não definir o que acontece na sequência da fantasia. Isso exige que os pacientes renunciem ao controle das imagens, ou seja, as imagens devem fluir por conta própria e não de acordo com a intenção consciente dos pacientes.

Mas há uma diferença importante que sugere que Jung mudou seu uso da técnica entre o caso de Epper por volta de 1918 e o caso de Morgan em 1926. Nas notas de Morgan, sobre a hora analítica com Jung em 2 de julho de 1926, há uma passagem inédita quando Jung lhe falou sobre o uso da força de vontade e da determinação. Nesse processo, ele disse a ela para desistir da vontade de controlar as pessoas e de tentar impor sua vontade. Se ela impusesse sua vontade, estaria tirando algo das outras pessoas. Ela os machucaria e assim machucaria a si mesma. A sugestão de Jung foi que ela deveria fazer a sua força de vontade, a sua determinação, voltar para si mesma, para conhecer o que está dentro dela. Ele acrescentou que antes tinha o desejo de curar seus pacientes, mas não teria mais esse

Dois casos da prática clínica de Jung

desejo, pois, ao fazê-lo, estaria tirando algo de seus pacientes e nada se desenvolveria. Seu desejo de curar poderia matar a vida nele mesmo e nos pacientes[19].

As notas de Morgan podem indicar uma mudança no uso da técnica. Como veremos, a forma como a colaboradora de Jung, Maria Moltzer, aplicou a técnica no tratamento de Epper em 1918 foi diferente do uso de Jung em 1926 com Morgan.

Resumindo, em 1918 o foco era orientar o paciente *a seguir as imagens de acordo com a interpretação dada pelo analista*, enquanto em 1926 o foco era *permitir que o paciente tivesse sua própria experiência com o material produzido pelo inconsciente*. Não está claro, entretanto, se essa mudança se deu principalmente ao desenvolvimento da técnica por parte de Jung ou se teria a ver com o uso que Moltzer fez dela.

Os pacientes relacionados ao conceito de individuação

Em 1928 Jung analisou o caso de uma mulher cujos sonhos e fantasias ele relacionava com processos alquímicos e com seu conceito de individuação. Jung apresentou esse caso em uma palestra que proferiu na Conferência de Eranos, em 1933. Ele descreveu que por volta de 1920 conheceu uma mulher nos Estados Unidos a quem chamou de Sra. X.

Jung analisou seu caso traçando paralelos entre o simbolismo em seus desenhos e a alquimia. Ela pintou mandalas durante toda sua análise e continuou a fazer desenhos até sua

---

19. Notas do diário de Cristiana Morgan na biblioteca de Medicina Francis A. Countway, Boston, EUA. Há uma cópia feita à mão dessa passagem escrita pela própria Morgan no arquivo de imagens do Instituto Jung em Zurique, com pequenas diferenças em relação às notas aqui mencionadas.

morte em 1945. Jung revisou e publicou esse caso em 1950 em seu artigo "Estudo empírico do processo de individuação" (OC 9/1). Ele relacionou o desenvolvimento dos mandalas da paciente à sua compreensão do processo de individuação.

James Webb, em seu livro *The occult establishment* de 1976, escreve sobre a história do chamado ocultismo e observou que Jung estava interessado nesse tema desde sua dissertação publicada em 1902. Webb identificou a paciente de Jung como Kristine Mann (Webb, 1976, p. 388). Ele ressaltou que Jung já estava interessado em alquimia desde antes de seu encontro com Richard Wilhelm em 1928, e o comentário de Jung de que a paciente era filha de um pai notável o levou a mencionar a possível influência de Charles H. Mann, o pai de Kristine Mann, a respeito do interesse dela em alquimia. Charles Mann era *swedenborgiano*[20] e estava profundamente envolvido com a literatura alquímica. Webb ressaltou ainda que a afirmação de Jung de que os desenhos da paciente eram expressões espontâneas de um material arquetípico que ela desconhecia deve ser contestada, pois poderiam ser expressões de seu conhecimento consciente sobre o tema.

Em 2015, em um artigo sobre Kristine Mann escrito por Darlington é mencionado que, através de seu pai, as ideias *swedenborgianas* influenciaram Mann desde sua juventude e que a semelhança entre essas ideias e as postulações de Jung *"provavelmente fortaleceram a afinidade que a atraiu para o trabalho de Jung mais tarde em sua vida"* (Darlington, 2015, p. 374). Darlington notou ainda que foi o simbolismo alquímico no material de Mann que chamou a atenção de Jung e que

---

20. Emanuel Swedenborg, 1688-1772, era um cientista, místico e teosofista sueco.

Dois casos da prática clínica de Jung

1928, o ano do tratamento de Mann, foi o mesmo ano em que ele recebeu a tradução alemã do texto taoísta *O Segredo da Flor de Ouro* de Richard Wilhelm. No entanto, Darlington concorda com Webb que, ao contrário da afirmação de Jung de que Mann não sabia de alquimia, ela provavelmente tinha conhecimento de alquimia através de seu pai (Darlington, 2015, p. 385). Além disso, ela escreveu:

> Significativamente, na conclusão da revisão de 1939 de sua palestra de Eranos sobre o material do caso de Mann, Jung afirma categoricamente que quando ela chegou até ele, ele não tinha conhecimento de alquimia e que "esse mesmo caso [...] o levou ao estudo da alquimia". Jung omitiu essa declaração na publicação de 1959, e James Webb ressalta que Jung tinha, de fato, encontrado conceitos alquímicos muito antes ao ler o trabalho de Silberer (Darlington, 2015, p. 384-385).

O caso de Mann nos dá um exemplo de como Jung usou o material de seus pacientes para apoiar suas postulações. Observaremos também a forma como Jung moldou o material de caso na história de Reichstein.

Além de Kristine Mann, há um segundo caso relevante no que diz respeito ao simbolismo alquímico. É o caso de um jovem cujo simbolismo presente em seus sonhos, de acordo com Jung, estava ligado a processos alquímicos. O paciente foi identificado como Wolfgang Pauli, que ganhou o Prêmio Nobel de Física em 1945. No caso, Jung analisou que as imagens arquetípicas irracionais que apareciam em seus sonhos eram contrárias à mente racional e ao trabalho analítico de Pauli. Para Jung, o simbolismo que apareceu na forma de mandalas seria uma tentativa de equilibrar a oposição racional-irracional e de levá-lo a uma maior consciência espiritual (Lindorff,

2004, p. 27-28). Como veremos, o mandala também é um dos elementos que será discutido no caso de Reichstein.

Outro aspecto importante do encontro entre Jung e Pauli foi a colaboração entre eles postulando uma ligação científica entre física quântica e psicologia na discussão do conceito de sincronicidade, um conceito relevante no caso de Reichstein e que será apresentado mais adiante com mais detalhes.

A paciente relacionada com os estágios de desenvolvimento da personalidade propostos por Jung

Em 1929, Jung tratou uma jovem americana que tomou notas de suas sessões com ele durante 25 anos. Seu nome era Catharine Rush Cabot e foram problemas com seu complexo de inferioridade, ansiedade e depressão que a levaram à análise. Ao longo de sua vida ela participou do grupo próximo a Jung em Zurique. Em uma nota de 1932 ela escreveu sobre um comentário de Jung de que faltava a ela uma "visão global" (*Weltanschauung*). Ela descreveu: *"eu não tinha uma filosofia de vida própria, na qual eu poderia me apegar de maneira sincera em meio às tempestades e aos estresses da vida"* (Reid, 2001, p. 61). Os temas, na análise dela, estavam relacionados às relações de Cabot e às personalidades em torno de Jung no grupo de Zurique. Os conselhos e interpretações de Jung indicam que ela precisaria se ajustar para além do seu modo de vida frívolo. Em 1935, descrevendo uma reação depressiva depois que alguém havia lhe dito que *"ela era vazia"*, Jung apontou para a necessidade de confrontar sua sombra (Reid, 2001, p. 91). Mais tarde naquele ano, ela descreveu o confronto com seu *animus* e a interpretação de Jung de que ela estaria separada de seu *animus* a ajudou (Reid, 2001, p. 102). Logo após essa interpretação, Cabot escreveu sobre os comentários de Jung sobre a missão muito difícil de *"entrar em si mesma"* e mencionou que Jung amplificou seus sonhos com analogias mitológicas. Além de sua atitude naturalmente extravertida, Cabot desenvolveu um lado introvertido durante sua análise, que ela chamava de capitão marítimo. Reid resumiu da seguinte forma o resultado da análise de sua mãe com Jung:

> Jung fez muito por ela durante as três décadas em que trabalhou com ele. Ela acabou se livrando da maioria dos pânicos e da claustrofobia, e seu desejo de brilhar na sociedade diminuiu. Mas o núcleo de seu complexo paterno, um fator que bloqueou seu crescimento, continuou a se revelar esquivo, deixando-a no escuro sobre sua neurose e que impediu seu desenvolvimento para além da mentalidade dos 18 anos. Apesar da ajuda de Jung, ela permaneceu uma adolescente, satisfeita durante toda sua vida com uma juventude que a manteve psíquica e mentalmente menos rígida do que seus contemporâneos (Reid, 2001, p. 182).

A sequência dos temas relatados na análise de Cabot é interessante, pois é próxima do esquema de desenvolvimento a ser encontrado em análise proposto por Jung: complexos pessoais, aspectos da transferência, confronto com a sombra, confronto com o *animus/anima*, e as dificuldades na realização do *Self* (Si-mesmo). Como veremos mais tarde, Reichstein também esteve próxima de Jung no círculo de Zurique, mas principalmente relacionada a discussões acadêmicas.

Os casos de Jung apresentados anteriormente poderiam ser resumidos da seguinte forma: Helene Preiswerk, embora não tenha sido paciente de Jung, foi considerada por Ellenberger sua "paciente paradigmática" (Ellenberger, 1991), e esse caso nos dá uma ideia da forma que Jung usava material de seus pacientes em suas apresentações. Sabina Spielrein foi o caso em que Jung testou a técnica da psicanálise e abriu a discussão sobre o conceito de transferência-contratransferência, uma discussão que também foi observada no caso de Hirschfeld. Ambos os casos tiveram impacto e possivelmente mudaram os requisitos na formação de futuros psicanalistas, como se vê na análise didata de Van Renterghem. O caso de Frank Miller, que como Preiswerk não era paciente de Jung, foi usado por Jung para apresentar seu conceito das ideias primordiais, discutindo sua postulação sobre uma camada simbólico-mitológica no inconsciente. Com Tina Keller-Jenny, temos um tratamento que aconteceu durante o autoexperimento de Jung, com quem ele começou a usar suas descobertas. E Christiana Morgan foi um exemplo de seu uso posterior da técnica da imaginação ativa. O caso de Kristine Mann está relacionado às ideias de Jung sobre alquimia, que ele analisou usando seus mandalas, e também ao conceito de individuação. Já o caso de Wolfgang Pauli, também estava relacionado à alquimia, mas em particular ao desenvolvimento posterior de Jung do conceito de sincronicidade. E, finalmente, Catherine Rush Cabot participou do círculo íntimo de Jung em Zurique e seu caso segue aproximadamente as fases de desenvolvimento do processo analítico que Jung postulou.

O material e os casos relatados neste capítulo nos dão uma visão geral da evolução da prática psicoterapêutica de Jung, seus métodos, conceitos e ideias, suas considerações sobre diferentes abordagens de tratamentos e também sua forma de apresentar o material de seus pacientes. Como veremos, todos esses elementos nos dão a base para entender melhor os tratamentos de Mischa Epper e Maggy Reichstein, que serão apresentados a seguir.

PARTE II

Mischa Epper

8   A história de Mischa Epper e Maggy Reichstein

Em fevereiro de 1929, Jung enviou uma carta a Maggy Reichstein mencionando o progresso na análise de sua segunda irmã, Henriette Louise Quarles van Ufford-Reichstein, que estava em tratamento com ele. Ele mencionou que sua condição estava melhorando e escreveu:

> É inacreditável o peso familiar sobre as filhas de Quarles. Mas aprendi muito com você, o que beneficiará outras pessoas. É por isso que sempre penso em você com gratidão.
>
> Atenciosamente
>
> C.G. Jung[21]

As frases acima indicam que a história familiar das irmãs Quarles van Ufford impressionou a Jung. Mais notável, porém, é o comentário de que ele aprendeu muito com ela (Reichstein). Isto indica a importância de seu caso. Para a apresentação adequada do material é importante conhecer a história de Mischa Epper e Maggy Reichstein. Mischa Epper teve um distúrbio psíquico e essa foi a razão pela qual as irmãs vieram a Zurique. Como veremos, as vidas e os tratamentos de Reichstein e Epper estão intimamente interligados.

---

21. PA – Documento n. 8, Correspondência Jung – Reichstein.

Como mencionado anteriormente, Jung não escreveu informações detalhadas sobre a história pessoal de seus pacientes em seus livros. Em geral, pode-se dizer que ele reduzia ao mínimo as informações relacionadas aos aspectos pessoais e focava cuidadosamente sua análise nas imagens e fantasias do paciente. Uma possível razão para sua atitude pode ser encontrada em um comentário que fez na década de 1930. Ele escreveu:

> Eu omito intencionalmente detalhes pessoais, porque eles importam pouco para mim. Estamos todos fascinados por circunstâncias externas e estas fazem com que nossas mentes se desviem do real, que é o fato de que nós mesmos estamos divididos por dentro. A aparência nos cega e não podemos ver o verdadeiro problema (Jung, 1997, p. 7).

O principal interesse de Jung nas suas apresentações de caso era focado nos complexos que ele considerava relevantes e no fundo arquetípico que observava. Ele amplificava as imagens de sonhos e imaginações ativas, por exemplo, com mitologia comparativa e motivos religiosos. Informações detalhadas sobre a história pessoal de seus pacientes ficaram disponíveis em alguns casos na literatura complementar em psicologia junguiana, como nos livros e artigos apresentados anteriormente. No entanto, com as informações adicionais sobre os casos, torna-se evidente que a história do paciente nos permite uma melhor compreensão do trabalho de Jung, assim como aspectos de como Jung os elaborou, incluindo alguns vieses e omissões.

Madeleine Reichstein-Quarles van Ufford, que era muitas vezes referida nos documentos por seu apelido, Maggy[22], nasceu em Batávia (Indonésia) em 15 de maio de 1894, em uma família bem situada. Embora ela tenha nascido na Ásia, toda

---

22. SA – Documento PA 979a B5-3 2.

Dois casos da prática clínica de Jung   125

sua família era europeia. De acordo com as notas de Epper, as raízes da família do lado paterno podem ser traçadas até a Idade Média. A família viveu nas Ilhas Britânicas até o século XVII, particularmente na Inglaterra e na Escócia. Alguns membros da família faziam parte da corte real e um de seus antepassados foi o vice-rei da Irlanda.

Seu primo foi presidente da Federação Equestre Internacional (FEI) entre 1927 e 1929 e, portanto, nessa posição, antecessor do Príncipe Bernhard da Holanda e do Príncipe Phillip do Reino Unido. Seu avô, Hendrik Quarles van Ufford, era dono de uma plantação de índigo na Índia e era muito rico, mas morreu na idade precoce de 32 anos, devido à tuberculose. Porém, essa nota nos arquivos da Basileia contrasta com a idade da morte do avô de Reichstein que está no registro oficial da família na Holanda, e indica que ele nasceu em 1822 e sua morte foi registrada em 1868, o que significaria que ele morreu aos 46 anos de idade.

Sua avó, Anne Madelaine Quarles van Ufford (nascida Scheltema), viveu na Índia até os 17 anos de idade e casou-se com essa idade. Após a morte do avô, a família teve problemas financeiros e ela cuidou sozinha de quatro filhos. Aos 25 anos, em 1868, Anne Madelaine decidiu voltar para a Holanda com seus quatro filhos. Pouco tempo depois, ela foi para a Suíça por razões de saúde. O tipo de tratamento que ela procurou na Suíça não foi mencionado, mas, considerando a morte do marido por tuberculose, é possível que ela tenha tido um problema de saúde semelhante. A Suíça teve muitos sanatórios para o tratamento dessa doença na virada do século XIX para o século XX e, naquela época, os médicos acreditavam que o ar puro das montanhas era um dos melhores tratamentos para a tuberculose. Ela conseguiu oferecer a seus filhos uma boa educação e foi cautelosa em manter a educação de seus filhos em conexão com o sistema escolar holandês, embora a família naqueles dias vivesse em condições mais humildes. A descrição anterior indica que a família de Reichstein tinha conexões com a Suíça mesmo antes do nascimento dela.

Um dos quatro filhos de Anne Madeleine era o pai de Reichstein, Charles Gerard Quarles van Ufford, nascido em 1865 em Klaten, na região de Surakarta, na Indonésia. Ele começou sua vida profissional modestamente e se tornou um homem muito bem-sucedido, pois era conhecido como um excelente administrador e negociante na bolsa de valores. Ele foi um oficial de alto escalão do Corpo de Fuzileiros Navais da Holanda, fundador e diretor de um porto em Sabang, no norte de Sumatra, onde fez fortuna e se tornou muito rico com seus negócios. Ele se viu confrontado com problemas financeiros somente após a Segunda Guerra Mundial, quando a economia holandesa estava em uma situação difícil e perdeu uma grande quantia de dinheiro. No entanto, ajudou financeiramente suas três filhas durante a vida delas.

A mãe de Reichstein, Hermine Marie Elisabeth Didok van Heel (fig. 8.1), nascida em 1868, era conhecida como uma mulher de bom coração. Casou-se com Charles Quarles von Ufford em 1891 e Reichstein foi a primeira filha do casal Charles e Hermine.

Por volta de 1897, Reichstein adoeceu com malária e a família decidiu voltar para a Holanda. Eles viviam em Bloemendaal, uma pequena cidade perto de Amsterdã. Em 1898, durante o nascimento de sua segunda filha, Henriette Louise, Hermine Marie ficou muito doente, após ter tido complicações graves durante o parto. Ela sofreu um prolapso, o que significa que parte do órgão interno saiu durante o parto e não havia tratamento adequado para seu problema na época. Embora o médico de família a tenha desaconselhado de uma terceira gravidez por considerá-la um risco para sua vida, ela ficou grávida novamente.

A terceira filha de Charles Gerald e Hermine Marie foi Maria Catharina Quarles van Ufford, (mais tarde ela será conhecida como Mischa Epper), nascida em Bloemendaal, Holanda, no dia 18 de agosto de 1901[23]. Devido à condição frágil da mãe, a família esperava o nascimento de Epper com preocupação e temores. De fato, o nascimento foi difícil e sua mãe nunca se recuperou devidamente do parto de Epper.

Figura 8.1 - Hermine Marie Quarles van Ufford com suas três filhas, por volta de 1903

---
23. NH – Registros.

Charles Quarles van Ufford criticou severamente o médico que havia assistido sua esposa, culpou-o pela deterioração de sua condição e o acusou de matá-la. Epper escreveu em suas notas que a negligência do médico foi inegável e a saúde de sua mãe foi gravemente prejudicada pelo parto. Com o passar do tempo, a saúde da mãe se deteriorou ainda mais e sua condição exigiu um tratamento intensivo. A família decidiu que ela deveria ir a um hospital para ser tratada adequadamente. Isto aconteceu dois anos após o nascimento de Epper, em 1903. Hermine Quarles van Ufford não deixaria mais o hospital até sua morte em 1908.

Epper descreveu sua mãe como uma pessoa extremamente tolerante, cristã no melhor sentido, amável, ocultando seu próprio sofrimento e tentando evitar que as pessoas ao seu redor se aborrecessem. Ela não tinha lembranças de sua mãe em casa, pois era muito pequena quando a mãe foi hospitalizada para tratamento. Em suas notas sobre sua mãe, Epper a considerava como alguém que consolava as pessoas mesmo quando ela mesma sofria. As lembranças mais claras de sua mãe foram as poucas vezes no ano em que Epper pôde deixar a escola para visitá-la no hospital. De acordo com sua narrativa, toda a atmosfera era séria e ela não se sentia bem, pois não conseguia expressar sua alegria natural, sentindo medo das circunstâncias em que se encontrava. No quarto escuro do hospital com sua mãe, ela se recordava do cheiro de seus cabelos e de como falava calmamente sobre as atividades na escola. Epper gostava de sua mãe, mas vivenciava as visitas ao hospital como se fossem uma mistura entre solenidade e medo. Depois de um tempo, ela ficava feliz quando podia sair do quarto e ir para o sol ao ar livre, onde poderia ser uma criança feliz novamente.

Dois casos da prática clínica de Jung

Enquanto a mãe ainda estava viva, as três crianças foram educadas por uma babá em casa, a quem chamavam de Juf. Epper descreveu a babá como uma mulher insatisfeita e descontente, e retrospectivamente considerou sua babá como alguém distorcida pelo calvinismo. A babá era geralmente mal-humorada e severa na maneira como tratava as crianças, mas Epper, com seu caráter natural e alegre, ignorava seus humores e não era perturbada por sua irritação. Entretanto, sua segunda irmã, Henriette Reichstein, que era conhecida na família pelo apelido de "Lissy", foi mais afetada pelas dificuldades causadas por Juf, porque Lissy não foi capaz de se proteger do mau feitio da babá.

Com relação a Charles Quarles van Ufford, Epper descreveu sua relação com seu pai durante sua infância como muito próxima. Escreveu que realmente gostava dele e considerava que, entre suas irmãs, era a que mais se assemelhava a ele em caráter. Estava sempre brincando com ele e podia facilmente levá-lo a fazer as suas vontades. Descreveu como sua alegria natural ajudou seu pai a passar pela tristeza da perda de sua esposa, que morreu quando Mischa Epper tinha cerca de sete anos de idade.

Além das dificuldades em casa, o pai de Epper tinha exigências consideráveis em seu trabalho. Em 1897, quando a família voltou para a Holanda, ele era o proprietário e diretor de uma empresa comercial. Apesar das dificuldades causadas pela doença de sua esposa, que se estenderam por um longo tempo, ele prosseguiu com seus negócios e os manteve funcionando bem. Epper o considerava um homem trabalhador, sério e plenamente consciente de seus deveres. Ele era bem-sucedido, mas durante o tempo em que sua esposa esteve no hospital estava sob intensa pressão para ganhar dinheiro, pois tinha que cobrir os altos custos de quase cinco anos de cuidados intensivos para ela no hospital. Em suas considerações sobre o pai, Epper notou o quanto ela o apreciava apesar de suas incoerências, por um lado, racional e generoso, por outro, explosivo e irado. Sabia que seu pai estava sofrendo sob a opressão causada pela doença prolongada, depois pela perda de sua esposa e pelas exigências de sua empresa.

Em casa, ele tinha explosões emocionais quando as coisas não corriam como ele queria, mesmo que se arrependesse de seu comportamento depois. Mas, apesar de seu arrependimento, Epper observou que ele nunca considerava que pudesse ser a causa dos problemas ao seu redor e muitas vezes culpava os outros por seus erros.

Em suas anotações, lembrava-se de que ele havia batido nela apenas uma vez por suas travessuras. Epper acreditava que sua própria suscetibilidade a explosões emocionais e comportamentos irracionais ocasionais eram herdados de seu pai. Ao recordar sua infância, Epper não considerava seu pai como uma figura de autoridade, mas mais como um companheiro. Em geral, ela considerava fácil lidar com seu ambiente. Quando Charles van Ufford estava em uma condição calma e controlada, ele tinha uma mente clara, capaz de considerar as coisas de uma perspectiva mais ampla do que o resto da família. Nesses casos, ele era tolerante e generoso em suas ações. Epper mencionou que, para apoiar seu pai na superação da perda de sua esposa, ela o convenceu a passar as férias na Suíça. Isso os levou depois a passar as férias lá todos os anos.

Mischa Epper tornou-se mais tarde uma artista, e suas obras de arte e as de seu marido estão entre as mais importantes dos impressionistas suíços. Ela desenhava e esculpia, e algumas das inspirações de suas obras vieram de sua infância. A figura 8.2 é um exemplo de um de seus desenhos que se refere a essa época com seu pai.

Figura 8.2 – Filha e pai em Bloemendaal (Mischa Epper, 1922)

Museu Epper, Ascona, Suíça.

Entretanto, se Epper descreveu que na sua infância convivia bem com seu pai, a relação entre sua irmã, Maggy Reichstein, e o pai era quase o oposto. Epper observou que o contato entre sua irmã e seu pai era muito diferente e muito mais tenso em quase todos os aspectos. Reichstein era uma criança difícil e sombria, extremamente inteligente e exigente.

Uma história era contada na família como um exemplo do humor sombrio de sua irmã. A Epper foi relatado que, quando Reichstein tinha cinco anos, ou seja, antes dos problemas de saúde da mãe, ela caminhava com seus pais na floresta e viu lagartas em uma folha de carvalho que formavam uma camada branca sobre ela. Para Reichstein aquilo era um sinal do fim do mundo e causou-lhe uma profunda impressão. Isso desencadeou nela sentimentos de extrema tristeza e tinha a mesma impressão todos os anos na primavera. De acordo com Epper, esse tipo de tristeza tornou-se o padrão da visão do mundo de Reichstein desde sua infância (ME – *Kindheistgeschichte Mischa Epper*, p. 18). Além disso, ela era determinada e "demoníaca", com traços fortes de caráter. Adorava sua mãe e se agonizava com a extrema paciência que sua mãe demonstrava para com o pai. Mesmo quando criança, Reichstein tentava proteger sua mãe das explosões emocionais do pai e ela o provocava ao extremo, até o ponto em que ele batesse nela. Mas ela reagia a esses açoites com uma indiferença fria. Na opinião de Epper, o pai começou a evitar o confronto com Reichstein, porque sabia inconscientemente que ela tinha uma maneira de golpeá-lo emocionalmente, fazendo-o sentir-se culpado por suas reações mal-humoradas em relação à mãe.

Epper considerava que sua irmã via no pai uma espécie de rival pelo amor da mãe. Além disso, em sua descrição da irmã, ela observou que Reichstein era egocêntrica desde pequena, tinha uma originalidade e uma intensidade de uma força estranha, que nem o pai nem a mãe podiam controlar. Reichstein tinha uma abordagem racional e esclarecida da vida, mas sua maneira habitual de pensar continha uma nota sombria. Na opinião de Epper, sua irmã teria sido influenciada por seu nascimento na Indonésia e isso a teria colocado em desarmonia com as formas convencionais de criação na Holanda.

Epper mencionou que as três irmãs responderam de maneiras diferentes à situação emocional difícil causada pela doença prolongada, pela ausência e, finalmente, pela perda de sua mãe. A tensão entre os membros da família aumentou ainda mais quando Juf, a babá, foi dispensada após a morte da mãe, no fim

Dois casos da prática clínica de Jung

de 1908. Isso foi quando a avó paterna, Anne Quarles van Ufford, a quem as crianças chamavam Mia, assumiu a responsabilidade por sua criação.

Charles Quarles van Ufford considerava sua mãe como uma mulher sensata, e julgava as decisões que ela tomava como sábias e racionais. Ele admirava sua mãe, pois após a morte prematura de seu marido, ela criou seus quatro filhos sozinha, em condições muito difíceis. Havia educado a ele e seus irmãos com disciplina, sobriedade, asseio e também uma espécie de puritanismo. No entanto, lhes dava certa liberdade, particularmente no esporte. Epper recordava que seu pai lhe dizia se lembrar de sua própria adolescência como um momento feliz em sua vida. Já naqueles dias, quando Charles Quarles van Ufford era jovem, ele e seus irmãos estavam cientes das condições exigentes que sua mãe enfrentava para lhes proporcionar uma educação adequada e eles a admiravam por isso. Seu objetivo era que seus filhos fossem educados a fim de restabelecer a riqueza da família e, nesse aspecto, Charles Quarles van Ufford foi muito bem-sucedido.

No entanto, Epper acreditava que faltaram alguns aspectos na educação que Anne Quarles van Ufford forneceu a seus filhos, como a falta de temas espirituais e religiosos e uma sensibilidade estética para as artes e a música. A razão e a racionalidade foram os valores mais importantes em sua educação. Na percepção de Epper, sua avó tornou-se masculina e autoritária, também esperava respeito absoluto e veneração de seus netos.

À medida que a avó assumiu a responsabilidade pela educação das crianças, Reichstein começou a confrontá-la vigorosamente. Ela costumava ignorar a avó e demonstrar ódio por ela. Com o passar do tempo, o conflito entre Reichstein e o

134 Coleção Reflexões Junguianas

pai também aumentou consideravelmente. Os poucos momentos que a aproximaram um pouco mais do pai foram quando, duas vezes ao ano, a família visitava o túmulo da mãe no cemitério.

Além da descrição de Epper sobre a situação de sua família, ela também escreveu sobre as condições do ambiente onde a família vivia. Em retrospectiva, Epper considerava que as meninas eram basicamente educadas para a maternidade e para atender adequadamente às expectativas e exigências que a sociedade impunha às mulheres naquela época. A sexualidade não era um tema a ser discutido, e qualquer pergunta sobre o assunto era reprimida. Havia muito luxo nas mansões com muitos empregados e todas as crianças eram mimadas. A descrição de Epper da maneira como as crianças deveriam aprender a satisfazer as expectativas do ambiente é a seguinte:

> Éramos educados para nos adaptarmos a uma mediocridade vazia, a convenções sem vida, [...] em que alguém fazia elogios com um falsete artificial, de meticulosa cordialidade sentimental, irreal e hipócrita, de doce otimismo e nobreza desonesta. Os homens se reuniam separadamente na sala de fumantes ou nos clubes, onde as mulheres nunca eram permitidas, e lá o rude mundo dos negócios era discutido sem afeto, de forma real e concreta, entre cigarros e bebidas. Ali e nos escritórios, eram os lugares onde as duras discussões aconteciam. [...] Todo o estilo de vida convencional e social das mulheres era infantil e sem nível (ME – *Kindheistgeschichte Mischa Epper*, p. 9).

Nas notas que se seguiram em sua biografia, Epper comentou também sobre seu passado aristocrático[24]. Ela conta que a

---

24. Em vez de *aristocracia*, o termo *"proprietários rurais"* (landed gentry - uma classe social britânica com a tradição de serem proprietários de terras), para se referir à família de Charles Gerard Quarles van Ufford seria mais

Dois casos da prática clínica de Jung 135

família do pai (Quarles van Ufford) tinha quase sempre pertencido à sociedade de classe alta. A família veio principalmente da Inglaterra e da Escócia, e suas raízes podiam ser traçadas até o século XII. Parte da família Quarles van Ufford imigrou para a Holanda no século XVII.

Do lado de sua mãe (van Heel), a família também pertencia à classe alta da Holanda (o avô era diretor de uma empresa de açúcar). Ela o descreveu como um homem imponente, autoritário, mas justo para com seus funcionários. Na opinião de Epper, entretanto, seu avô tratava sua esposa como se ela fosse uma criança. De acordo com Epper, essa foi possivelmente a razão pela qual sua própria mãe, seguindo o exemplo de sua avó, era tão paciente para com seu marido. Epper descreveu a relação entre Reichstein e seu avô materno sendo como muito próxima, pois ela não tinha nada de infantil em sua atitude e ambos gostavam de música.

Como já mencionado, do outro lado da família (Quarles van Ufford) a apreciação de Reichstein pela música era malvista, pois não era considerada adequada em uma educação apropriada. Epper criticou essa parte de sua família e os considerava como uma antiga família de classe alta, com sinais de decadência e paralisia emocional, na qual o sentido da realidade havia sido perdido. Ela descreveu um perfil psicológico do lado paterno da família como pessoas com tendência à efusividade, nervosismo e rigidez. Muitos apresentavam sintomas nervosos e suas opiniões eram unilaterais, a ponto de persistirem na teimosia. A família

---

apropriado, pois eles eram muito ricos, tinham ligações com a nobreza holandesa, mas a família não tinha título de nobreza. No entanto, como Jung e as irmãs usaram o termo aristocracia, este foi mantido no texto. Sou grato a Graham Richards por esta informação.

tinha ideais nobres, mas com um otimismo infundado, sem qualquer razão sólida. Na opinião de Epper, alguns membros da família enlouqueceram por causa dessas características. Ela acreditava que a família inteira estava presa a uma condição neurótica, causada pelas convenções, pelos conflitos internos e pela preservação de seu prestígio.

Nenhuma das três irmãs foi bem-sucedida na escola e, na opinião de Epper, isso ocorreu porque ela e suas irmãs padeceram sob as pesadas condições emocionais causadas pelo sofrimento na família. O resultado foi que nenhuma das irmãs chegou ao ensino superior e tiveram apenas a escolaridade básica. Aos 18 anos, Reichstein foi para Leipzig, na Alemanha, para estudar. Ela aprendeu a tocar piano e era talentosa. Também estava muito interessada em artes e gostava de copiar as obras dos artistas holandeses famosos. Gostava de filosofia e estudou a obra de Eduard von Hartmann, Kant e Schopenhauer.

Epper, até esse momento, considerava que não tinha nenhum distúrbio psíquico significativo. Ela observava à distância que as dificuldades entre Reichstein e a família estavam crescendo, mas por causa de sua alegria natural ela se mantinha afastada da maioria dos conflitos. Entretanto, Epper escreveu que, em sua puberdade, sentia falta de ter ao seu lado uma pessoa com uma relação saudável com os instintos e uma razão crítica normal. Caso tivesse tido tal apoio, ela provavelmente não teria reagido com uma neurose, que começou quando ela tinha por volta de 13 anos de idade.

Entre 1913 e 1914, a tensão na família aumentou à medida que Reichstein, agora com aproximadamente 19 anos, começou a ter discussões ainda mais sérias com a avó. Epper agora considerava os sermões morais de sua avó meramente enfadonhos e questionava todos os tipos de figuras de autoridade. A este respeito, a opinião de Reichstein de que a avó era uma hipócrita foi apenas um ponto adicional. Epper descreveu, entretanto, que sua neurose começou naquela idade, porque ela perdeu a noção de como se comportar. Ela considerava que seu pai, sua avó, assim como seus outros parentes, não eram exemplos de comportamento saudável e sentia as convenções ao seu redor como sufocantes.

Ela acreditava que o gatilho para sua neurose foi quando se apaixonou pelo médico da família, um homem de 40 anos, que era responsável por seus tratamentos quando ficava enferma. Mencionou que tinha o desejo de estar doente, pois então poderia estar perto de seu médico. De repente, sua alegria e frescor naturais cessaram e isso preocupou toda a família. Sua tristeza piorou quando ela adoeceu com apendicite e foi enviada para cirurgia no mesmo hospital em que a mãe havia estado.

Epper conta em suas memórias que naquela fase seu comportamento mudou totalmente. Ela, que até então tinha sua própria personalidade e não percebia muito das brigas de Reichstein com o pai e a avó, rapidamente adotou sem críticas a posição e as opiniões de Reichstein em relação ao resto da família. Entretanto, considerou posteriormente que a emancipação de Reichstein através da anarquia também não era um modelo adequado de como se comportar. Epper descreveu sua mudança da seguinte forma:

> Foi uma transformação de todo o meu caráter: de uma [pessoa] esportiva, ousada, ativa, apaixonada por crianças e positiva me tornei sombria, séria, distante da vida, melancólica e negativa, mas principalmente hipocondríaca. Após minha cirurgia de apendicite, fui para o mesmo hospital onde minha mãe foi tratada, a enfermeira que me

atendeu foi a mesma que atendeu Maatje (sua mãe) e me contou histórias sobre ela. Eu buscava uma experiência de mistério e de grande solenidade, de retirada silenciosa e de introversão, mas para isso, infelizmente, tive que ficar doente (ME – *Kindheistgeschichte Mischa Epper*, p. 11.).

A doença de Epper desencadeou um grave conflito entre Reichstein e o resto da família. Eles discutiam sobre a melhor maneira de tratá-la e, enquanto a família discutia sobre sua doença, Epper ficava passiva frente a todas as brigas ao seu redor, era mimada e cuidada todo o tempo e permanecia na cama durante a maior parte do dia[25]. Epper comentou retrospectivamente que não tinha nenhuma doença somática, mas que era neurótica e totalmente passiva, que toda sua energia psíquica havia desaparecido e que tudo havia se tornado cinza e indiferente. Ela também escreveu em suas memórias como se sentia maliciosa e desprezível naquela época, pois usava o enorme interesse da família em sua condição para ser mimada, respondendo às tentativas de ajuda da família com uma oposição passiva.

Reichstein fez um esforço significativo para tirar Epper de sua passividade e para protegê-la da influência da família, particularmente contra a influência da avó. Epper observou que sua irmã, que tinha lido Freud e Jung, entendeu corretamente que sua doença era causada por uma condição psíquica, enquanto o resto da família acreditava que boa alimentação e atenção seriam suficientes para sua cura. Reichstein visitava sua irmã diariamente, e tentava apoiar a melhoria de Epper

---

25. Interessante notar que o amparo da família Epper se assemelhava ao método de tratamento proposto por Weir Mitchell.

usando argumentos psicológicos. Reichstein escrevia cartas para sua irmã e a convidava para caminhar pelas dunas na praia.

Lembrando-se daqueles dias, Epper considerava que o que causava sua neurose eram 3 fatores: a sua atitude infantil, ou seja, a vida deveria ser apenas divertida e agradável; a atmosfera de repressão da sexualidade e, por fim, a desonestidade na ética e na educação. Acima de tudo, porém, ela via a causa de sua doença na ausência de uma vida instintiva. Epper viu que Reichstein, que tinha uma compreensão psicológica para sua condição, procurou um tratamento psicológico para ajudar. Epper mencionou que sua irmã estava sob a influência de um rapaz chamado Vic, um jovem judeu extremamente inteligente, um profundo estudante de filosofia, boêmio, totalmente incivilizado e excepcionalmente decadente, que, ao invés de uma ética desonesta e vazia, escolheu viver sem qualquer ética ou moral.

A disputa sobre a melhor maneira de ajudá-la era basicamente causada por dois entendimentos opostos dentro da família: de um lado estava Mia, a avó, que teve uma vida difícil após a perda de seu marido e das plantações na Índia, que criou seus filhos sozinha com asseio e disciplina, que se concentrou em lhes proporcionar uma boa educação e esperava deles que trabalhassem com negócios e comércio para restabelecer a riqueza da família, que tinha um senso moral extremamente restrito e para quem os princípios fundamentais para a educação das crianças deveriam ser a ascese e a parcimônia e, finalmente, que não tinha interesse algum por uma filosofia espiritual e religiosidade, desprezando a estética, a beleza e a cultura. Portanto, ela acreditava que o tratamento para a doença de sua neta tinha que seguir essas linhas.

Por outro lado, estava sua irmã, Reichstein, que lutava pelo que considerava as partes omissas de sua educação, que estudou filosofia na Alemanha, que aprendeu a tocar piano, que leu Freud e Jung, que apreciava as artes e tinha um belo senso de estética. Epper observou que sua irmã decorou seu quarto com xales e tapetes indianos, totalmente diferente do resto da casa. Reichstein sabia que sua irmã tinha um problema psicológico e precisava de um tratamento psicológico. Em sua disputa com a avó sobre a melhor maneira de tratar Epper, suas críticas em relação à avó tornaram-se insolentes e impiedosas.

As ideias de Reichstein sobre a doença de Epper serem de natureza psíquica não foram levadas a sério pelo pai, que não queria saber nada sobre psicanálise. As diferenças na família forçaram Reichstein a se mudar para uma pequena acomodação em Amsterdã. Ela fazia suas refeições na *Volksküche*, que literalmente significa "cozinha do povo" ou "cozinha popular", um lugar, onde comida era oferecida para pessoas menos privilegiadas da sociedade. Naquela época, isso era considerado por Epper como revolucionário e uma afronta ao resto da família. Tal comportamento não era comum para pessoas da alta sociedade e visto como inaceitável, pois a discrepância entre eles e o resto da população era enorme.

Da perspectiva do pai e da avó, o comportamento de Reichstein era insuportável e eles a consideravam uma figura destrutiva. Segundo Epper, essa visão da família era compreensível, pois a emancipação de Reichstein também era visível em uma masculinização repulsiva em sua aparência, que excluía qualquer tipo de encanto e graça feminina em uma extrema contradição com a postura de sua mãe. Caso sua mãe estivesse viva, Epper acreditava que ela teria tido um efeito compensatório

Dois casos da prática clínica de Jung

sobre Reichstein. Na ausência da mãe, no entanto, faltava-lhe equilíbrio. Ela se vestia de maneira estranha, andava com os cabelos e as unhas sujas e geralmente tinha o rosto sombrio. Tinha uma tosse nervosa e fortes dores, que ocasionalmente a faziam desmaiar.

Nas notas de Epper, Reichstein desenvolveu uma espécie de influência "sugestiva mágica" sobre seu pai, suas irmãs e sua avó. Ela aparecia como uma figura revolucionária, uma das poucas mulheres que vestia calças em Amsterdã, algo excepcional naqueles dias[26]. Aos olhos de Epper, sua irmã era realmente uma mulher revolucionária e sua vitalidade tinha tenacidade, perseverança e uma força penetrante. E essas características influenciavam toda a família.

Epper acreditava que seu pai não tinha autoconfiança e tinha medo de Reichstein, pois ele nunca a confrontava. Como veremos mais tarde, quando ela decidiu trazer Epper para ser tratada em Zurique, ele as deixou ir, embora fosse contra sua própria vontade. Epper reconhecia que seu pai cuidava de suas filhas e, mesmo que ele não estivesse de acordo com suas opiniões, ele as apoiava em todos os casos.

Epper escreveu em suas memórias uma importante passagem sobre a forma como acreditava que a reação de Reichstein deveria ser compreendida naqueles dias. Ela descreve da seguinte maneira:

> Para compreender Maggy com suas razões e seus valores positivos é necessário, em primeiro lugar, ter uma visão completa [dela] na qual os opostos ocupam seus lugares, opostos que não se despedaçam, mas que se encontram

---

26. Essa informação foi dada por V. Lunin durante uma das entrevistas com o autor.

em uma polaridade significativa. Como na visão racional da família, por exemplo, a interpretação dos sonhos de Freud é considerada "excremento de macaco" [...] e do conjunto das histórias bíblicas, apenas algumas tendências morais [são consideradas] e o senso do simbólico é negado, então o que é necessário para o desenvolvimento cultural já está destruído e atrofiado; e por isso Maggy, que sentia falta [disso], foi necessariamente levada a uma posição de luta. E para a luta é necessário ter atributos masculinos: energia bruta, consequência e perseverança. [...] Mesmo sob a orientação de Maatje [sua mãe], a missão de Maggy teria sido a mesma: trazer o aspecto cultural perdido para a família, e para esta missão, o estilo feminino de Maatje não teria sido suficiente (ME – *Kindheistgeschichte Mischa Epper*, p. 14.).

Epper reconhecia os valores de seu pai, como a valorização do trabalho duro, a racionalidade e o sucesso nos negócios, mas via problemas em sua atitude unilateral. Em sua opinião, Reichstein o estaria compensando com seu confronto aberto.

Charles Quarles van Ufford tentou cuidar de Epper, e a trouxe para seu lado, transformando-a em uma espécie de companheira. Ele explicou a ela seu trabalho e planejou uma viagem de negócios para a Índia com ela. A viagem, entretanto, foi cancelada por causa da guerra, que começou em 1914. Depois disso, começou uma disputa feroz entre Reichstein e seu pai pela influência sobre Epper. Por sua vez, Epper observou que sem nenhuma razão e sob a influência de Reichstein ela adotou a opinião de sua irmã e, posteriormente, se voltou também contra seu pai. Epper reconheceu mais tarde, entretanto, que a conexão com sua irmã era exagerada. Ela escreveu que a influência de Reichstein sobre ela naquela época era como mágica, hipnótica, misteriosa e irracional, mesmo quando Reichstein usava da racionalidade para justificar suas críticas gélidas sobre sua família.

De acordo com Epper, a feminilidade de Reichstein tinha sido destruída. Ela desprezava tanto o ser mulher quanto a ideia de maternidade e era grosseira e agressiva em sua discussão com os homens. Para Epper, Reichstein era um exemplo terrível, mas a seguiu mesmo assim, pois ela trouxe revolução e movimento a um mundo paralisado. À medida que a condição psíquica de Epper se deteriorou ainda mais, Reichstein tomou a iniciativa, e no inverno entre 1916 e 1917, contra a vontade de toda a família e durante a Primeira Guerra Mundial, trouxe Epper para a Suíça para tratamento pela primeira vez.

9 O tratamento de Mischa Epper com Thomas Hämmerli

Em 1917, Reichstein trouxe Epper para a Suíça pela primeira vez para ser tratada por Thomas Hämmerli. Ele era médico e chefe de uma clínica em Zuoz, no cantão de Grisões, na Suíça. Embora Hämmerli conhecesse Jung em 1917, não se sabe se Jung participou do tratamento de Epper. Entretanto, é interessante notar uma passagem publicada que relaciona Hämmerli com Jung. A passagem se refere à visão que Jung teve após ter sofrido um ataque cardíaco em 1944. Hämmerli foi o médico que o ajudou na sua recuperação. Jung descreveu como ele se viu flutuando no espaço e, olhando para baixo, viu partes do planeta Terra. Ele sentiu que estava sendo removido de tudo em sua vida, um processo doloroso. A única coisa que lhe restava era sua história, tudo o que tinha vivido e feito. Estava prestes a entrar em um templo de pedra no espaço quando viu algo vindo em sua direção. Ele descreveu:

> De baixo, da direção da Europa, uma imagem flutuava para cima. Era meu médico, Dr. H. ou melhor, sua imagem emoldurada por uma corrente dourada ou uma coroa de louros dourada. Eu soube imediatamente: "Aha, este é meu médico, é claro, aquele que tem me tratado. Mas agora ele está chegando em sua forma primordial, como um basileu de Kos. Em vida ele foi um avatar desse ba-

Dois casos da prática clínica de Jung

sileu, a encarnação temporal de uma forma primordial, que existe desde o início. Agora ele está aparecendo nessa forma primeva" (Jung, 2019, p. 292)[27].

Jung estava com raiva de Hämmerli, pois ele o trouxe de volta à vida após um doloroso processo de libertação, mas ao mesmo tempo estava preocupado com ele. Jung acreditava que Hämmerli corria o risco de morrer, porque o tinha visto em sua forma primordial. Ele tentou falar com Hämmerli sobre isso, que ele deveria ter cuidado, mas Hämmerli não o compreendeu e não o levou a sério. Jung continuou:

> Na verdade, eu fui seu último paciente. Em 4 de abril de 1944, ainda me lembro da data exata em que permitiram me sentar na beira da minha cama pela primeira vez desde o início da minha doença; e nesse mesmo dia o Dr. H. foi para sua cama e não a deixou novamente. Ouvi dizer que ele estava tendo ataques intermitentes de febre. Logo em seguida, morreu de uma septicemia. Ele era um bom médico; havia algo de genial nele. Caso contrário, ele não teria aparecido para mim como um príncipe de Kos (Jung, 2019, p. 293).

Regressando ao tratamento de Epper, Hämmerli não teve sucesso em sua tentativa de ajudá-la. Ela descreveu o tratamento com ele da seguinte forma:

> Naturalmente me apaixonei perdidamente por Hämmerli, o que não foi correspondido. Ele deu o melhor de si, falando de uma maneira amigável e gentil comigo, ele tinha uma bela alma e um bom senso de estética, mas nenhuma ideia do meu lado "demoníaco". Ele não era um analista e tinha uma atitude negativa em relação ao tratamento

---

27. Nos protocolos das entrevistas com Jaffé, Jung mencionou o nome de Hämmerli.

do inconsciente (muito feio e constrangedor para um esteta). Seu diagnóstico de minha condição: sexualmente anormal e incurável, porque eu tinha desenvolvido uma forte transferência para ele. Na viagem de volta à parte ocidental da Suíça, eu estava em um quarto no hotel ao lado do dele e tive um devaneio horrível: "um homem desconhecido acariciou meu rosto com uma mão perfumada e me deixou entorpecida", então acordei com um grito e afirmei que não se tratava de um sonho, mas de uma realidade! Quase não conseguia me separar de H. e ele tinha uma voz muito doce e "encantadora", todas as mulheres ficavam impressionadas e encantadas por ele, e ele era muito vaidoso e narcisista (ME – *Kindheistgeschichte Mischa Epper*, p. 17).

Naquela época, Epper se via como uma pessoa maliciosa, desafiadora e insatisfeita. Ela acreditava que Hämmerli não sabia como tratar seu caso e que ele a considerava uma neurótica incurável. Simbolicamente, seu tratamento foi descrito por ela como semelhante a um perfume agradável, entorpecente e aterrorizante. Outro comentário em suas notas sobre o tratamento de Hämmerli foi que ele não considerou, ou lidou com a tensão e os problemas entre Reichstein, o pai e a avó, e não viu como esses aspectos afetavam a condição de Epper.

Enquanto as irmãs estavam na Suíça, outro evento importante ocorreu na família. Depois que Epper tomou o partido de Reichstein, Mia, sua avó, ficou profundamente desapontada e reagiu de maneira acusativa em relação a Reichstein. Mas então ocorreu algo trágico: Mia adoeceu com câncer de laringe. Ela tornou-se melancólica, reclamava que mal podia ver o sol e sua atitude em relação à vida ficou sombria. Tinha medo de estar ficando louca. Quando o sofrimento se tornou insuportável, ela saiu de casa uma manhã e, na ausência de suas netas, calmamente e sem chamar a atenção, foi para um lago perto de sua casa onde cometeu suicídio se afogando em 1917 (fig. 9.1).

Figura 9.1 – Mia em depressão profunda e atormentada por fantasmas (Mischa Epper, 1927).

Museu Epper, Ascona, Suíça.

As irmãs retornaram à Holanda após o fracasso do primeiro tratamento na Suíça e, ao saberem da notícia do suicídio da avó, as três irmãs reagiram de maneiras diferentes: Reichstein a elogiou como um ato ousado de força interior; Henriette Reichstein reagiu de forma disfórica, rindo nervosamente quando ouvia falar dela; e Epper sentiu pena de sua avó.

Após a morte de Mia, as tensões na família não diminuíram de forma considerável. Reichstein continuou com seu comportamento emancipado, inventando histórias para contar a seu pai, encontrando seu namorado em segredo e confrontando os valores tradicionais de seu ambiente. Epper descreveu como ela seguia os passos de sua irmã, abandonou os aspectos positivos que tinha visto no mundo de seu pai e copiou o comportamento de Reichstein sem críticas e sem questionar, como se esse comportamento também lhe conviesse.

Com o passar do tempo, as condições de Epper foram se deteriorando ainda mais. Seu desempenho na escola piorou, ela se tornou extremamente maliciosa, e ainda mais melancólica e passiva. Isolou-se dos outros e costumava andar sozinha nas dunas das praias próximas. Ela teve uma visão que relacionou com a experiência do divino e com a ideia de cometer suicídio:

> Sentei-me à janela e vi como partículas de poeira brilhavam com a luz do sol e desapareciam pouco tempo depois, para sempre. [...] Pensava muito sobre a morte e considerava que a vida não merecia ser vivida. Não via saída. Eu tinha uma maneira estranha e perturbadora de andar, usava óculos escuros e uma bengala, uma decadência horrível (ME – *Kindheistgeschichte Mischa Epper*, p. 17).

Reichstein então tomou novamente a iniciativa e trouxe Epper para tratamento na Suíça pela segunda vez, sendo em Zurique, onde se hospedaram em uma pensão no mesmo quarto. Epper descreveu que entrou em conflito com sua irmã, rebelando-se, e teve sentimentos de vingança em relação a ela. Chegando em Zurique, Epper começou o tratamento com a colaboradora de Jung, Maria Moltzer.

10 O tratamento de Epper com Maria Moltzer

Epper mencionou que tinha dezesseis anos e meio quando começou sua análise com Maria Moltzer (1874-1944). Como mencionado anteriormente, ela tomou notas da análise com Moltzer em um diário, no qual escreveu seus pensamentos, sonhos e fantasias durante o tratamento. Na capa de seu diário, que foi feita com um papel diferente do próprio caderno, há uma nota em alemão escrita por Epper. Essa nota foi adicionada muito mais tarde do que as notas em holandês dentro do caderno. Ela escreveu:

> Tratamento com Moltzer. Análise Moltzer de março de 1918 até março de 1919[28].

As características das notas em alemão no diário são particularmente importantes: foram escritas em caneta azul enquanto as passagens em holandês foram escritas a lápis. Os comentários em alemão também aparecem em outras passagens e, como veremos, indicam uma reconsideração e uma nova interpretação do conteúdo feitas posteriormente. Na maioria dessas notas em alemão, Epper critica a abordagem e influência de Moltzer e, em retrospectiva, ela considerou o tratamento de Moltzer de

---

28. ME – Notas de Mischa Epper de sua análise, capa da frente.

150 Coleção Reflexões Junguianas

forma diferente de quando era adolescente. Ela escreveu que as notas e novas interpretações foram feitas com a ajuda de seu marido entre 1952 e 1957. Na capa, ela resumiu alguns dos conteúdos do diário, como a próxima passagem mostra:

> Período de transferência – ligação (emocional) com o pai, ligação (emocional) com Maggy. Ditadura de Moltzer e luta intensificada (dela) com Ignaz.

Ignaz Epper, como veremos mais tarde, foi crucial durante e após o tratamento. A partir das datas mencionadas, sabemos que os comentários em alemão foram feitos mais de 35 anos após o tratamento com Moltzer, quando Epper tinha cerca de 50 anos.

Maria Moltzer foi uma assistente próxima de Jung e se tornou uma analista sob sua orientação. Em uma carta entre Freud e Ferenczi, está escrito que Jung e Moltzer tiveram um caso (Shamdasani, 1998, p. 57). Ela foi a autora do texto "Coletividade Analítica", no qual apresentou sua própria visão da psicologia analítica, diferente das formulações de Jung. Foi uma época em que, para Jung e para seus colaboradores, conceitos importantes em psicologia analítica estavam em desenvolvimento. Por volta de 1915, Moltzer trabalhou próxima de Jung, como descrito em uma carta que Jung enviou a Smith Ely Jelliffe:

> Confiei os casos inteiramente a ela com a única condição de que em caso de dificuldades ela me consultaria, ou me enviaria o paciente para ser controlado por mim. Mas esse arranjo existiu apenas no início. Mais tarde, a Sra. M. trabalhou de forma bastante autônoma e eficiente. Financeiramente ela é independente, sendo paga diretamente por seus pacientes [...]. Eu organizava reuniões semanais com minha assistente, onde tudo era resolvido

cuidadosamente e em uma base analítica (Shamdasani, 1998, p. 57).

Moltzer interrompeu a cooperação com Jung em junho de 1918; portanto, seu trabalho com Epper foi possivelmente um dos últimos casos em que o trabalho de Jung e Moltzer esteve diretamente ligado. Epper descreveu Moltzer em sua "história de minha infância" como uma holandesa que foi uma assistente de Jung e se distanciou dele, possivelmente porque Moltzer era uma mulher ávida por dominar outras pessoas. De acordo com Epper, Moltzer considerava a intuição a função mais elevada. O uso da palavra "intuição" por Epper refere-se ao modelo de tipo psicológico que Jung desenvolveu e publicou em *Tipos psicológicos* em 1921 (OC 6). Jung deu o crédito da descoberta desta função a Moltzer (Shamdasani, 2003, p. 70-71). Entretanto, alguns aspectos das ideias de Moltzer sobre essa função, tais como um suposto elemento psicobiológico da gênese da intuição e sua relação com as funções pensamento e sentimento, foram descartados por Jung no desenvolvimento de sua tipologia. De acordo com Epper, a atitude de Moltzer era contrária à mente científica e orientada para a pesquisa de Jung.

Quando Epper veio à Suíça pela segunda vez para ser tratada por Moltzer, estava muito deprimida e mal falava. Como Epper gostava de desenhar, recebeu o conselho, possivelmente de Moltzer de que, se ela não pudesse falar, seria bom se pudesse ao menos fazer desenhos do que ela sentia (figs. 10.1 e 10.2)[29].

---

29. Essa informação foi dada ao autor em uma entrevista com D. Mirolo, diretora do Museu Epper em Ascona, Suíça.

Figura 10.1 – A introversão mais profunda: a dança com a máscara (Mischa Epper, 1917).

Museu Epper, Ascona, Suíça.

Figura 10.2 – Melancolia (Mischa Epper, 1917).

Museu Epper, Ascona, Suíça.

Na passagem seguinte de sua "história de minha infância", Epper forneceu um retrato seu e de sua irmã naqueles dias, o que nos dá uma ideia de como ela via a condição psicológica delas. Na opinião de Epper, Reichstein parecia muito decadente e se vestia de maneira bizarra. Sua irmã era muito ativa e intensa na discussão com as pessoas e sua atitude em relação aos outros era sempre agressiva. Epper se via como o oposto disto: era totalmente passiva, sem vontade e com os olhos vazios. Epper considerava a forma como ela e sua irmã estavam naqueles dias como o oposto da noção de feminilidade. Na mesma passagem, Epper escreveu sobre como ela experienciava a sua doença psíquica e a de sua irmã, e comentou sobre outro aspecto do distúrbio de Reichstein como segue abaixo:

> Na época em que Maggy me trouxe à Suíça, experimentei uma melancolia desoladora semelhante à sentida por Mia [a avó], e eu olhava para um vazio sem esperança. Minha libido foi totalmente reprimida na depressão e como diz Jung: então é preciso olhar para o que está em nosso interior. Em mim e em Maggy existe uma dinâmica interior perigosa, que poderia se expressar em uma loucura explosiva. Em Maggy, a loucura foi expressa mais tarde, antes de seu casamento, em um estado de ansiedade insuportável que durou dois meses, e que surgiu depois que A. [seu futuro marido] lhe contou inocentemente sobre o nascimento do filho de seu amigo. Maggy sentiu-se perseguida pela ideia da criança e não foi capaz de falar sobre isso com ninguém (ME – *Kindheistgeschichte Mischa Epper*, p. 18).

Em suas considerações posteriores, Epper acreditava que Reichstein, por volta de 1918, se protegeu de sua melancolia e de suas ideias compulsivas insanas construindo um sistema de pensamento metódico rígido, que não tinha nenhuma conexão com sua psique e sem uma relação fluida com o inconsciente. Considerações desse tipo, porém, não estavam presentes na época em que ela escreveu as notas de sua análise com Moltzer.

Em seu diário podemos encontrar anotações sobre sonhos e fantasias assim como suas associações e interpretações (ou dela mesma ou, possivelmente, de Moltzer). Algumas associações e interpretações têm um caráter telegráfico e suas conexões com as fantasias e sonhos nem sempre estão claras. Das notas em holandês podemos ver que o método Moltzer, usado no tratamento de Epper, foi o modo de interpretação de Jung das fantasias, associações e símbolos, como indicam as seguintes anotações de 1918:

> 2-3 maio – Sonho
>
> Hämmerli – o estranho desconhecido, o transcendente [ilegível] diz que tenho gripe, que meu intelecto está doente – e para curar tenho que cuspir um limo verde que se torna sólido e deve ser pulverizado.

> Influenza – pensar – dor de cabeça
> Limo verde – espinafre (fantasias)
> Sapo – esmeralda

> O limo adentra minhas fantasias e então eu crio a fantasia da esmeralda – isso mostra claramente que eu engulo a esmeralda ao invés de transformá-la em pó.
> Para resolver o problema do pensamento, as fantasias devem ser expulsas primeiro.

> **Fantasia da esmeralda**
>
> Uma princesa engole a esmeralda. Ao chegar em seu estômago, 7 príncipes se agarram à esmeralda; em seguida, deixam-na cair, e eles saem pelo umbigo. A esmeralda cai no estômago da princesa, então 7 princesas a cercam, a

Dois casos da prática clínica de Jung

deixam cair também e saem pelo umbigo. A esmeralda deixa o corpo através da vagina e é colorida de amarelo pela urina. Isto cria um anel dourado. Ela o usa ao redor do pescoço e espera até ela menstruar. A menstruação torna a esmeralda vermelha, de modo que ela se transforma em um rubi. Em seu seio direito, havia uma selenita. Em seu seio esquerdo havia um brilhante. Então surge um príncipe (os 7 se tornaram um), pega a selenita e a coloca em seu ânus. Em um ano tudo se transformou em uma grande e [ilegível] selenita. Uma princesa vem (as 7 se tornaram uma) e pega o brilhante que ela insere em sua vagina. Após um ano ela se tornou um grande brilhante em forma de estrela. A grande princesa agora toma a selenita em sua mão direita e o brilhante em sua mão esquerda. No início são tão pesadas que ela mal consegue carregá-las. Mas enquanto as carrega, elas se tornam mais leves, até que ela se mantém ereta e segura as duas pedras nas palmas de sua mão. Agora são tão grandes quanto o rubi. A selenita recebe uma luz vermelha do rubi e se transforma em uma opala. O brilhante adquire um brilho amarelo do ouro ao redor do rubi. Depois ela (a princesa) começa a girar em círculos com as três pedras, cada vez mais rápido.

7 príncipes – caranguejo – símbolo de introversão

7 princesas – estrelas do mar[30]

Urina – desenhos

Menstruação – Mar Vermelho, pelo qual os judeus, conduzidos por Moisés, caminhavam quando eram perseguidos pelos egípcios em direção à terra santa.

Não sou a princesa – estou acima da esmeralda – engoli-la rapidamente em vez de transformá-la no pó – para investigar...

---

30. Há uma seta em suas notas que aponta para a palavra *introversão*.

156 Coleção Reflexões Junguianas

A passagem em itálico acima tem ao lado um comentário em alemão que indica uma posterior revisão de Epper sobre suas fantasias e do tratamento com Moltzer. Ela escreveu: identificação (eu) desejava desempenhar o papel de princesa. As notas em holandês continuaram como a seguir:

> 7 príncipes – a função menstrual, eles devem ser expulsos primeiro – eles não podem segurar a pedra. Ainda não é uma função, ainda está no meu estômago, também não é arte, ambos nascerão mais tarde. Desenho de urina; judeus – materiais masculinos – egípcios – inconscientes coletivos – secos.
>
> Mar Vermelho – feminilidade, menstruação[31], o desenho se torna ali uma função masculina, ou seja, é transformado em algo material (ereção enquanto fazia o desenho) e isto seca na feminilidade – o [ilegível] 7 vem do inconsciente coletivo, é separado dele e se concretiza materialmente e fisicamente. Mas o que é o limo que eu tenho que cuspir porque agora também tenho que fazer isso – e a esmeralda, o que é? Preciso analisar isto (ME – Notas de Mischa Epper sobre sua análise, p. 3).

Nos comentários sobre os sete príncipes, além das palavras "nascidos mais tarde", há um comentário em alemão: *Unsinn* (em português: absurdo). Em outra parte de seu diário, ela escreveu uma passagem ao lado do texto que estava em alemão e também foi escrita em caneta azul. Desta vez Epper anotou a data de sua entrada posterior nas anotações de seu diário de adolescência e assim deixou claro quando fez esse comentário em alemão. Ela escreveu:

> Novembro de 1952: Análise com a ajuda de Ignaz. Tem a ver com o "fim do mundo" dentro de mim, uma ruptura

---

31. Aqui está o comentário escrito em caneta azul: *absurdo*.

Dois casos da prática clínica de Jung 157

dos elementos básicos causada pela saída da casa dos pais (17 anos de idade) e a condição já existente (do conflito) de Maggy com o ambiente tradicional e convencional, sem religião, onde apenas razão, racionalidade, vontade e ética (moralidade) eram válidas.

As últimas associações em holandês sobre o Mar Vermelho mencionadas anteriormente têm uma seta ligando-as a outro comentário em alemão. Mais uma vez Epper notou *Unsinn* – 'absurdo' – e escreveu outros comentários, que são os seguintes:

Crítica muito importante e essencial: em mim o inconsciente com suas infinitas associações e fantasias, girando em torno de amplas interpretações de príncipes, princesas, pedras preciosas; recorrente em uma mística autoaduladora fazedora de milagres, é o mais puro pólipo e mãe devoradora, que por minha falta de consciência atordoou minha relação com a realidade através do típico pensamento de fuga na masturbação (mental) – isto foi apoiado da pior maneira pela Sra. Moltzer (ME – Notas de Mischa Epper sobre sua análise, p. 3).

Os comentários anteriores em alemão mostram que Epper reviu mais tarde os problemas que teve em sua adolescência. Ela criticou claramente a maneira como Maria Moltzer interpretou suas fantasias. Suas críticas sobre o tratamento com Moltzer também podem ser encontradas em outros documentos. Epper entrou em análise com outra colaboradora de Jung, Marie-Louise von Franz, em 1956, e sua análise com Moltzer foi um tópico recorrente em sua longa correspondência com ela. Por exemplo, em 1957, em uma carta para von Franz, Epper escreveu sobre o tempo com Moltzer, como segue:

Durante a puberdade, eu estava sob uma espécie de feitiço [...], Eu estava totalmente sob a influência de Maggy e,

158　　　Coleção Reflexões Junguianas

como ela, rejeitava o pai e a família. Adotei sua atitude e afundei em completa apatia e melancolia. Somente através da atuação e energia de Maggy entrei em análise com Moltzer, mas isso significou um novo enfeitiçamento. Estava quase louca quando Ignaz veio e me tirou desse novo domínio. [...] Por minha irmã e Moltzer serem como deusas e feiticeiras (para mim), figuras-maternas negativas, estava impotente diante do inconsciente e totalmente absorvida. Fui completamente devorada pelo meu inconsciente[32].

E na sequência, Epper continuou suas críticas a Moltzer em uma passagem posterior da mesma carta:

É um inconsciente altamente mórbido, decadente, esmagador e sorrateiro, qualidades que Moltzer e as experiências que eu tive naqueles dias tinham muito (em comum). Minha irmã estava altamente infectada (por ele) e, em minha opinião, ela até agora não está consciente do quanto deveria ser grata pelo tratamento com Jung por ela ter sido capaz de se casar[33].

Mais tarde, em 1976, Epper observou o seguinte sobre o tratamento com Moltzer:

Eu não me esquecerei do que Maggy fez por mim quando eu tinha 17 anos e fui considerada incuravelmente neurótica. [...] Ela impôs sua convicção contra a vontade de nosso pai e da família porque estava convencida de que a cura era possível usando a teoria de Jung e me trouxe até Maria Moltzer, que realmente fez o inconsciente fluido,

---

32. SB – Documento PA 979a B 5-1 5, carta de Mischa Epper para M.L. von Franz de 21 de junho de 1957, p. 1.

33. SB – Documento PA 979a B 5-1 5, carta de Mischa Epper para M.L. von Franz de 21 de junho de 1957, p. 2.

Dois casos da prática clínica de Jung 159

mas cometeu o erro de dar demasiado poder à intuição, sem desenvolver suficientemente a função da realidade[34].

Na nota anterior, fica claro que, embora ela tenha criticado o tratamento com Maria Moltzer, Epper mais tarde também levou em consideração um aspecto positivo, a saber, como o tratamento dela tornou o inconsciente fluido. A técnica que Moltzer utilizou para "fazer o inconsciente fluido", como veremos a seguir, além da análise de sonhos e fantasias, foi também a técnica que Jung desenvolveu em seu autoexperimento, que mais tarde chamou de imaginação ativa.

Em outubro de 1918, Epper mencionou que ela começou a ter conversas com o inconsciente. O caso de Epper está provavelmente entre os primeiros casos conhecidos em que a técnica que Jung desenvolveu em seu autoexperimento foi utilizada por outro analista no tratamento de um paciente. É uma indicação de que Jung já estava ensinando seu novo método aos seus colaboradores mais próximos, como Moltzer, antes de 1918, quando seu autoexperimento ainda estava em andamento.

Mostra também que Epper continuou seu tratamento com Moltzer depois de junho de 1918, quando ela deixou o Clube Psicológico de Zurique e a colaboração com Jung. O motivo da ruptura entre Moltzer e Jung pode ser seguido nos protocolos das reuniões. Nos protocolos do Clube Psicológico de Zurique de 1º de junho de 1918, Emma Jung, a presidente do clube, leu a carta de Moltzer, na qual ela deu suas razões para deixar o clube.

A maioria dos membros lamentou sua partida. Jung também lamentou a saída de Moltzer, mas seus comentários mostram

---

34. SB – Documento PA 979a B 5-1 5, carta de Mischa Epper para M.L. von Franz de 21 de junho de 1957, p. 2.

que ele discordou das razões que ela deu, ou seja, que o clube estaria obcecado demais com as discussões sobre tipologia, o que ele considerava um problema teórico. Moltzer também criticou o que ela considerava o intelectualismo no clube. Jung contestou que o intelectualismo era um interesse vital para algumas pessoas. Ele admitiu que havia discussões intelectualizadas no clube, o que não precisaria ser o caso sempre, mas isso poderia ser melhorado. No entanto, era questionável que se deveria falar mais de amor no clube, porque essa era uma das razões pelas quais o clube foi fundado. Caso Moltzer tivesse percebido isso, ela não teria deixado o clube. Um membro do clube salientou que Moltzer foi influenciada por alguns de seus pacientes contra o clube. A esse comentário, Jung respondeu que era realmente possível que os pacientes tenham exercido certa influência sobre Moltzer, particularmente porque ela não estava muito presente nas reuniões. Voltando ao caso de Epper e suas conversas com o inconsciente, a primeira passagem em suas anotações é a seguinte:

> Primeira conversa com o inconsciente – Fantasia: Quarta-feira, 2 de outubro de 1918.
>
> Vou até [Ignaz] Epper e trago uma vela acesa para ele. Ele pega a vela em sua mão direita e a passa sobre sua cabeça três vezes, e faz o mesmo com sua mão esquerda. A partir disso eu saio da realidade e me identifico [ilegível] com o estranho desconhecido; a realidade se transforma em [ilegível]. Uma névoa azul e de cheiro doce se espalha na sala, como um incenso. Então ele apaga a vela e nós estamos sentados um ao lado do outro no escuro, na névoa azul, no sofá. Sua genitália começa a irradiar em vermelho, começa a queimar e emitir chamas amarelas. A sala é iluminada novamente pelo brilho que a vela tinha.

Quando o falo [vallus] é queimado, ele emite um vapor azul que chega à minha vagina. O ventre e todo o meu corpo estão envoltos em uma névoa púrpura, que paira ao meu redor como um manto. Fui completamente transformada em névoa púrpura, apenas minha cabeça ainda é cinza e sólida. Agora eu me levanto e olho para [Ignaz] Epper. Seu corpo inteiro está envolto em fumaça, mas ele permanece sólido. Seus olhos são de um amarelo brilhante. Ele é a morte, mas eu não tenho medo dele e vou falar com ele.

A esta passagem, Epper escreveu as seguintes associações:

Vela – Idade Média – misticismo/igrejas

Falo [vallus] – também vela.

Névoa purpúrea – veludo – cortinas no crematório [ilegível].

E Epper comentou sobre essas interpretações de sua fantasia da seguinte forma:

Tudo é uma transição do [Ignaz] Epper real para o Epper imaginário. Não tem nada a ver com ele mesmo, é o inconsciente que atua através da imagem de Epper e depois através da imagem da morte.

O diálogo com o inconsciente começou da seguinte maneira:

– O que devo fazer para ter meu corpo de volta?

Escrever um livro como o "Kleine Johannes"[35].

– Mas eu não consigo fazer isso.

– Sim, você consegue.

– Como devo começar então?

– Comigo, quando eu lhe aparecer como Epper.

– O que devo escrever sobre o Epper? Deve ser como o Kleine Johannes? Não é um livro sobre a transição de um

---

35. Famoso livro infantil holandês escrito pelo psicanalista Frederik van Eeden.

menino para a masculinidade colocado em uma forma fantasiosa?

– Você deve escrever sobre o desenvolvimento de seu relacionamento com Epper desde quando o conheceu até agora, na forma de uma fantasia.

– Isso é um absurdo, não consigo fazer isso. Como devo fazê-lo?

– Na forma de uma conversa, como a que você está tendo agora comigo.

– Com quem devo ter esse diálogo?

– Com a Srta. Moltzer.

– Como isso pode ser? Com a Srta. Moltzer na realidade ou com a Srta. Moltzer em pensamento?

– Em pensamento.

– Que forma ela deve tomar?

– A de uma esfinge.

– Eu não entendo. Devo fazer as perguntas para a esfinge?

– Não.

– O que devo fazer com a esfinge então?

– Nada, pense na esfinge e depois escreva sobre o Epper. Epper e você então se tornarão símbolos e assumirão uma forma nova e fantástica.

– Por que você tem olhos amarelos?

– Eu lhe trago luz.

– Por que você é a morte?

– Ainda não posso lhe dizer.

– Por que não? O que e quem é você?

– Eu sou uma forma fantástica e lhe trago luz.

– O que devo fazer agora para poder deixar este vazio?

– Escreva, como eu já lhe disse. Se você tiver alguma pergunta, pode sempre vir, eu lhe responderei na medida do possível.

Dois casos da prática clínica de Jung

163

– Eu simplesmente não entendo como você pode ser a morte e trazer luz ao mesmo tempo.

– É impossível para você compreender isso ainda, e não posso lhe dizer. Confiem em mim e façam o que eu lhe digo.

– Devo fazer mais do que escrever?

– Continue desenhando se necessário, e continue escrevendo.

– Posso ver Epper em pessoa?

– Sim, mas você não pode contar a ele sobre mim, você só pode contar a senhorita Moltzer sobre mim.

– Você virá sempre quando eu lhe chamar, e vai me dizer o que devo fazer?

– Sim. Caso você fizer o que eu lhe disser, e se você acreditar em mim.

– Eu ainda tenho um pouco de medo de você. Quem é você?

– Eu sou o inconsciente dentro de você.

– Você sempre me aparecerá na forma da morte com seus olhos amarelos? E com seu manto preto?

– Sim, no seu caso, eu aparecerei desta forma.

– Você aparece a outros?

– Depois eu lhe direi. Por enquanto, faça o que eu lhe digo e não tenha medo de não conseguir fazê-lo, *mas não fale com outras pessoas sobre isso. Apenas Moltzer. Nem mesmo com Epper*[36].

– Por que não posso contar ao Epper?

– Somente quando a fantasia de você e Epper tiver sido concluída.

– Então é isso que eu devo fazer primeiro?

– Sim, e sem reclamações (ME – Notas de Mischa Epper sobre sua análise, p. 4-7)!

---

36. Passagem sublinhada em lápis azul por Epper.

A passagem anterior em itálico (*"mas não fale com outras pessoas sobre isso. Somente Moltzer. Nem mesmo com Epper"*) tem uma nota acompanhante em alemão que foi acrescentada posteriormente da mesma forma mencionada na nota de novembro de 1952. A nota é a seguinte:

> A ditadura de Moltzer: horrível – através disso ela sempre adquiria mais poder sobre mim.

Críticas similares ao tratamento com Moltzer podem ser encontradas em outras partes das conversas de Epper com o inconsciente, como mostra a passagem seguinte:

> – Menina, por que você me evita?
>
> – Eu não sei. Estou assustada. Será que vou pegar a gripe?[37]
>
> – Claro que não. Seu medo da gripe é uma forma de me evitar.
>
> – Mas o que acontecerá comigo?
>
> – Você tem que começar por não ver Epper por um tempo. Eu sei que é difícil, mas você deve fazê-lo assim mesmo. Você não estará vazia, mas falará mais comigo. Eu me certificarei de que não haverá vazio. Você deve começar a dar mais atenção a mim e parar de me evitar.
>
> – Você também estava comigo na sexta-feira à noite, não estava?
>
> – Sim, eu estava.

Após esta passagem, Epper escreveu outro comentário em alemão. Ele decorre da seguinte maneira:

> O único contato com a realidade será proibido pela ditadura do inconsciente – Moltzer é uma mãe horripilante, devoradora e possessiva. Além disso – essa ditadura é insuportável! Um instinto saudável teria acabado com isto.

---

37. Essa foi a época em que a gripe espanhola estava causando muitas mortes na Europa.

Epper relatou que as fantasias vinham de tempos em tempos sob a forma de imagens avassaladoras do inconsciente. Elas apareceram como vozes; na imagem de um médico ou de um ditador com um ar profético (ME – *Kindheistgeschichte Mischa Epper*). Os personagens exigiam dela fantasiar situações específicas ou pintar imagens de certa maneira, como mostra a seguinte passagem:

Quarta-feira 9 de outubro

– O que eu devo fazer? O que eu fiz de errado?

– Você não quer pintar, nem escrever, nem fantasiar.

– O que devo fazer primeiro?

– Faça uma fantasia sobre Ascona[38].

Ela também teve diálogos internos discutindo o significado das fantasias com a figura interior. As fantasias e os diálogos parecem ter ocorrido muito frequentemente e a figura interior era muito exigente, como mostra o exemplo a seguir:

Segunda-feira à noite, 14 de outubro[39]

– Menina, você está me evitando novamente.

– Você finalmente chegou de novo?

– Sim, como você quer que eu venha se você está me evitando continuamente?

– Eu não entendo. Quando foi que eu evitei você?

– Ontem à tarde quando Epper esteve aqui, esta manhã, esta tarde e esta noite.

– Mas eu estava procurando por você e queria tanto lhe ver.

– Isso era o que você pensava: você temia o que eu tinha para lhe dizer.

– O que é isso então?

---

38. Ascona é uma cidade na parte italiana da Suíça. Mischa Epper e seu marido construíram uma casa ali na década de 1930.

39. 1918 – Próximo a essa data, há novamente a nota em alemão: *Ditadura*.

Terça-feira de manhã

– Antes de mais nada, faça uma fantasia sobre o lago vermelho que eu lhe mostrei ontem à noite.

– Sim, mas eu queria lhe perguntar algo antes.

– Não, primeiro a fantasia. Se você me perguntar algo agora, eu não responderei.

Outra nota em alemão segue essa passagem na qual Epper comentou mais tarde: A mais terrível ditadura de Moltzer. E ela também acrescentou em alemão:

Não se pode nem fazer perguntas sobre as fantasias que se tem – a ditadura do inconsciente.

A nota sobre a ditadura do inconsciente tem paralelo com a forma como ela descreveu o tratamento com Moltzer, que também percebeu como uma ditadura. Pode-se supor que Epper estabeleceu uma equivalência entre as figuras de suas fantasias e a maneira como Moltzer a tratava. As críticas posteriores de Epper apontam para uma questão importante relativa às teorias que trabalham com a psicologia do inconsciente, a saber, o processo de transferência. Como veremos mais tarde, essa questão central também foi importante no tratamento da irmã de Epper, Maggy Reichstein. A conversa de Epper com o inconsciente prosseguiu da seguinte forma:

– Ouça menina, se você vai se afastar sempre e está apenas procurando distração, então eu vou embora e você terá que encontrar seu próprio caminho. Estou ciente de que é muito difícil o que estou pedindo agora, mas você tem que aturar isso e quanto mais cedo melhor; quanto mais cedo, mais você será capaz de desenhar, pintar e escrever novamente.

– Sim, mas para que serve tudo isso, e onde está essa sua previsão?

Dois casos da prática clínica de Jung

– Você é plenamente capaz de saber isso por si mesma, mas você só acredita em mim pela metade. Você duvida de mim, e se você duvidar, eu só posso ajudá-la um pouco; e se não acreditar em mim, eu irei embora, e você pode ter certeza de que não encontrará seu caminho sozinha. E quando eu tiver partido, você não vai me encontrar facilmente novamente. Você certamente deve ficar comigo o dia todo amanhã.

– Sim, farei isso, é claro.

Aqui segue novamente um comentário posterior em alemão de Epper:

Dominância da crença cega na intuição com a crescente sensação de perda da realidade.

A passagem em alemão, mencionada anteriormente, indica a crítica de Epper à forma como Moltzer trabalhava. Epper reprovou o foco que Moltzer deu à intuição como principal instrumento de análise em detrimento da função da realidade. Na próxima passagem, há outro comentário em alemão sob a mesma data. Lê-se: *"Fantasia com uma saída – Processo de transformação alquímica"*! O comentário indica que Epper experimentou mudanças ao longo do processo. A partir de outras notas de seu diário, sabemos que foi o tempo em que Ignaz Epper aumentou suas críticas à maneira como Moltzer tratava Mischa Epper. A passagem é a seguinte:

Quarta-feira, 16 de outubro de 1918

Vejo uma montanha negra com uma cratera amarela. Subo a montanha e fico na borda da cratera. Então eu caio na cratera de frente e bato minha cabeça em uma abertura em forma de funil. Deslizo por um longo túnel marrom e escorregadio. O túnel se torna cada vez mais estreito e escuro e termina com uma parede fechada. Quero voltar, gritar e quase me engasgo por causa da falta de ar. Mas não posso me virar, giro meus braços e pernas, e, de repente a parede se move e entro em uma grande sala amarela. Lá há um colchão e eu estou cansada e vou dormir. Quando acordo, o quarto é de um vermelho ardente e escuro. Quase não consigo ver nada; toda a luz amarela desapareceu. Sinto-me oprimida e quero sair, mas fico em pé diante de paredes fechadas. Eu bato em todas as paredes e finalmente encontro uma porta oposta à que eu tinha entrado. Em seguida, passo por um corredor amarelo sinuoso e entro numa sala azul-esverdeada. Há uma água azul transparente na qual eu sigo nadando. A água está muito agitada e se transforma em um azul muito escuro (azul parisiense) e depois em violeta (azul parisiense misturado com cinábrio, sendo o azul como tom principal). Estou tendo problemas para me manter na superfície. De repente, uma parede se abre e a água escoa rapidamente. Em seguida, se torna azul escuro novamente. Ela segue por uma parede marrom, chega a uma sala vermelha em forma de oval, onde se espalha novamente e é forçada a passar por um canal muito estreito. Agora estou ao ar livre na praia, na minha frente o mar sem fim, azul escuro, e onde o sol vermelho se põe, lançando raios violeta sobre o mar. O céu é um amarelo pálido. Eu fico ali e adormeço.

Para a fantasia anterior Epper escreveu o seguinte comentário em alemão:

Essa fantasia leva ao exterior, a um mundo maior depois de fases de constrição do inconsciente.

As notas em holandês continuam no seguinte diálogo:

Quinta-feira

– O que fazer agora?

– Primeiro escreva Epper, é claro, eu já lhe disse isso

– Você realmente tem que falar comigo por escrito?

Após esta pergunta, há uma linha cruzando a página com um lápis, ou seja, foi feita quando Epper escreveu seu diário. Ela mostra uma espécie de separação do conteúdo anterior das linhas abaixo.

> – Que tipo de fantasia?
>
> – Nenhuma fantasia.
>
> – O que então?

Outro comentário alemão sobre esta passagem, acrescenta o seguinte:

> Fantasia de incesto – em luta com Maggy e com o pai.

A fantasia em holandês é a seguinte:

> Incesto – então eu vejo o Pa[40] deitado ao lado de Ma [literalmente: Maatje: mãezinha] em um quarto meio escuro. Pa já tinha tido relações sexuais com ela. Ela está deitada em silêncio [lit.: em silêncio mortal] e tão branca quanto um fantasma [lit.: cadáver]. *Ela morreu e de repente eu estou em seu lugar*[41]. Ela agora está deitada debaixo da cama e homens de negro vêm e a levam para longe. (Pinocchio – contos de fada – branca de neve, apendicite). Então Pa se levanta e estou sozinha. Agora sou uma criança nascida do umbigo de minha falecida mãe. Eu grito e a irmã Sedel[42] vem e me dá uma bebida, mas ela é rígida e feia, e eu a empurro para longe.
>
> Em seu lugar, está agora Mia [passagem ilegível] e me machuca e ela não tem leite [quer dizer, não tem como me amamentar]. Então Pa vem e põe sua mão no meu

---

40. Pai.

41. Sublinhado com caneta azul.

42. A identidade de *irmã Sedel* é desconhecida, mas pelas associações dadas (ex.: apendicite) pode-se supor que foi a enfermeira que atendeu a Epper e, possivelmente, a sua mãe quando ela estava internada.

pescoço de forma que eu quase me engasgo e sussurra no meu ouvido que ele se vingará mais tarde pelo que eu fiz. "Basta esperar até você ser mais velha", diz ele. Então Maggy vem e me leva ao seu quarto acolhedor e me dá uma bebida. Mas Maggy torna-se cada vez mais e mais magra e, no fim, torna-se um esqueleto e eu cresço, mais forte e adulta. Eu escondo Maggy no armário e espero na sala, assustada, até que Pa venha me buscar.

Nesse momento Pa entra, grande, vermelho e feio, e quer me pegar. Estou apavorada, mas digo com medo: "No armário há algo melhor para pegar, dê uma olhada". Pa abre o armário e eu o tranco dentro dele. Pa se vinga em Maggy que morre completamente agora. Agora ele se tornou tão forte que quebra o armário, ele me pega e me joga para dentro. Ele me tranca e me deixa lá sem comida ou bebida por 7 dias. Todas as noites ele vem e me diz que fiquei tão fraca que agora ele pode abusar de mim. Eu me torno muito fraca, mas me alimento do esqueleto da Maggy, o que me torna muito forte. Quando ele vem, eu estou muito magra, mas forte como metal. Isso o assusta e ele se afasta de mim. Eu o encontro e envolvo meus braços de aço em torno dele, então ele se engasga e se torna magro e pálido. Ele fica marrom-acinzentado e depois eu o solto. Tenho que analisar muito bem essa fantasia.

Essa fantasia poderia estar ligada à doença da mãe de Epper após o parto e sua morte. Mostra também uma fantasia na qual a relação com sua irmã (Reichstein) a tornava mais forte contra as exigências da figura paterna. Como veremos mais adiante, no tratamento com Jung, a fixação com a figura paterna foi um ponto crucial.

A próxima passagem tem uma qualidade diferente de outros escritos. Ela foi feita com uma caneta preta e não é idêntica às notas em caneta azul que Epper acrescentou mais tarde ao seu

Dois casos da prática clínica de Jung

diário. É também em holandês, o que poderia ser uma indicação que foi escrita ao mesmo tempo em torno das fantasias, ou seja, em 1918. Entretanto, a razão pela qual ela a escreveu de maneira diferente não é claramente conhecida. Ela segue assim:

> – NÃO LEIA: é uma previsão sobre minha arte no futuro que eu preferiria que você não lesse.
>
> – Menininha, você tem que confiar mais em mim. Tem sido muito bom da sua parte ficar comigo, mas apesar de acreditar em mim, você acredita muito pouco em meu poder. *Eu lhe darei um grande poder criativo*[43] *inédito, você entende?*[44] Você será capaz de fazer o que não pode sequer sonhar agora, (mas) você não tem como entender agora, é muito jovem para entender. Mas você deve confiar em meu poder, o poder criativo, e esperar e acreditar. Você já está rindo porque não consegue entender. É claro que não; você terá que entender muito mais sobre mim e sobre você, mas agora você deve acreditar em seus poderes. [...] Você ainda é meio criança e está cheia de muito desprezo desnecessário, também voltado para si mesma. No futuro, você perderá esse hábito. Não caia nesse extremo se você estiver indo muito bem, porque você [irá se sair muito bem] se ficar comigo. Muito mais acontecerá com você do que você pode esperar; graças a Deus você não é aquela que tem grandes expectativas em relação a si mesma. Talvez você nunca tenha isso; (tenha) apenas fé!!

Essa passagem está inteiramente sublinhada e há sinais de exclamação feitas em caneta azul, o que indica que Epper ficou particularmente impressionada com o que ela escreveu aqui durante sua análise com Moltzer. Acima dessa passagem, foi acrescentado o seguinte comentário em alemão:

---

43. Esta palavra está escrita em alemão: *Schöpferische*.
44. Sublinhado com caneta azul, ou seja, isso foi feito em sua revisão posterior do texto.

A voz da intuição promete o mesmo que a Igreja Católica ou qualquer outra fé um milagre. – Essa voz também me adula, pois diz que sou excessivamente "modesta", mas através da fé irei me dar muito bem!

E o texto em holandês segue:

– Você está satisfeita agora, minha criança, eu já lhe disse muita coisa esta noite. Virei a você com frequência, enquanto você permanecer em silêncio a meu respeito. Você pode sempre confiar na Srta. Moltzer sobre mim, e o mínimo possível em outras pessoas.

Essa passagem foi sublinhada com o seguinte comentário em alemão:

Ela cria a criança miraculosa com uma exorbitante megalomania.

O texto em holandês continuou da seguinte forma:

– E comece a escrever sobre as cores agora, as que surgiram hoje, e escreva o que você observou das pessoas. Continuarei tratando-a como uma criança por enquanto; em parte, você não é mais do que isso. Dar-lhe-ei ordens continuamente. Boa noite!

Sob essa passagem, há o seguinte comentário em alemão:

O *animus* criativo é realmente uma fonte de energia, mas é em detrimento de toda adaptação à realidade e gera uma grotesca megalomania e um senso de privilégio que são fatais para o caráter e levam à perda total da realidade. Ignaz foi uma projeção do que eu tenho em mim, meu próprio (lado) artístico-criativo sobre ele, mas a relação feminina natural foi perdida pela megalomania – além disso é catastrófico, porque (criação) não é trabalho, mas acontece através da intuição.

As fantasias de Epper continuaram no mesmo estilo. Em diálogos com suas figuras interiores, elas lhe falavam sobre a sequência que teria que seguir e como ela deveria se relacionar com elas para se sentir melhor: Uma passagem que demonstra isso segue assim:

> – Quando você tiver aceitado todas essas fantasias e as tiver analisado bem, seu medo de vomitar cessará e você poderá continuar com as fantasias posteriores sobre a menstruação e nascimento e relação sexual[45], em seus 13, 14 e 15 anos. Então você chegará às relações com Dr. van Veen[46], Api[47] e Hämmerli, sobre os quais que você também deve fantasiar e analisar e então você estará livre, e poderá desenhar, pintar e se concentrar em seu livro.

Entretanto, na segunda quinzena de outubro de 1918, aparentemente um distúrbio alterou o desenvolvimento da análise. Como veremos a seguir, um conflito entre Moltzer e Ignaz Epper causou o problema.

Sábado, 19 out.

– Pelo amor de Deus, o que eu fiz de tão errado?

– Muito.

– E agora, o que fazer?

– Antes de tudo, você tem que escrever para Epper imediatamente. Já falei o suficiente sobre o que você fez de errado lá. Faça-o agora.

– Tenho que enviar a carta?

– Sim, estúpida, claro! E imediatamente.

---

45. Epper escreveu a palavra em alemão: *sexualverkehr*.

46. Dr. van Veen era possivelmente o médico de 40 anos por quem ela se apaixonou aos 12.

47. A identidade de *Api* é desconhecida.

– Você sabe do que se trata? Você escreveu em sua primeira carta que você estava calma[48] porque vocês não se veriam quando saíssem para passear a cavalo. Mas você achou terrível não o ver quando saiu para cavalgar.

– Devo escrever isso para ele agora?

– Não, você não precisa. Você só o machucaria dessa maneira. Será o suficiente se você aceitar e pensar sobre isso.

Após essa passagem, há um comentário em holandês em caneta preta com a caligrafia de Mischa Epper, que é o seguinte:

Isso também não foi. Foi por causa de um conflito com Epper e uma carta – você não pode entendê-la sem a carta.

O motivo dessa nota diferente em seu diário é desconhecido e também não é conhecido quando ela escreveu esse comentário, se foi escrito em 1918 ou mais tarde, como os outros comentários de tinta azul. Os comentários holandeses em lápis continuaram:

– Agora você tem que colocar o problema com Epper de lado. Agora você sabe do que se trata. É por isso que se sente tão mal agora, porque esses dois problemas ameaçam confundir tudo, e isso levaria a um grande conflito, o que levaria a sua [ilegível] queda. Você deve desenhar o mínimo possível. Eu tenho lhe dito isso o tempo todo, mas você não tem me escutado, porque ainda não me entendeu.

– Pelo amor de Deus, faça essas 6 fantasias amanhã e leve-as a Srta. M.[49] É urgente. Agora você deve trabalhar duro e cuidadosamente, e desligar-se de tudo o mais. Em seguida, vá realmente até a porta e veja se não há nada de Epper lá. Eu lhe ordeno, tão severamente quanto posso lhe ordenar, deixe o problema do Epper em paz. Esqueça

---

48. Epper escreveu a palavra em alemão: *berühigt*.
49. Frl. M.: abreviação em alemão e *Fraulein Moltzer* – Senhorita Moltzer.

tudo sobre isso, e pense *apenas* em suas fantasias. Vai lhe custar muito agora conseguir associações para elas, mas você *tem* que conseguir. Você *precisa*!

O que segue agora é um importante comentário em alemão, pois apresenta de forma resumida a opinião posterior de Mischa Epper sobre si mesma e sua condição naqueles dias, a etiologia de seu sofrimento e a conexão entre a voz interior e Moltzer:

Realidade: uma adolescente – mandona, pretensiosa e teimosa, mas realmente talentosa artisticamente, [que] reprovou na escola por razões neuróticas, ela fugiu do confronto normal com o pai, avó e parentes e irmã e tornou-se apática, neurótica, melancólica, doente e sem base. [Ela] fica sozinha aos 17 anos em uma sala em Zurique isolada, sendo a irmã o único contato. A relação quase religiosa com a analista Sra. Moltzer e com o artista Ignaz Epper, [e ele] constitui a única ligação com a realidade humana: e até dele ela será cortada pela "voz" – através da Sra. Moltzer. A voz lhe promete ser "como uma eleita", se ela seguir completamente o que ela lhe designa, ou seja, o caminho direto para a loucura.

O comentário anterior indica que Mischa Epper considerou a voz interior em suas fantasias durante sua adolescência como uma expressão das opiniões de Moltzer sobre como ela deveria se comportar. É claro, entretanto, que durante o tratamento com Moltzer, Epper não fazia esse tipo de crítica. Ela continuou com as conversas e fantasias, muitas vezes com conteúdo sexual, que considerava como parte de seu distúrbio psicológico. Em outra passagem de seu diário, ela escreveu sobre sua lembrança de momentos de sua infância e adolescência, e descreveu como via o conflito em que vivia: por um lado, ela tinha as vantagens de estar doente; por outro, tinha o desejo de melhorar. Em tais passagens, ela reconhecia o esforço de sua irmã para apoiá-la em sua recuperação.

No fim do outono de 1918, um desentendimento entre Moltzer e Ignaz Epper levou Mischa Epper a interromper sua análise. Em uma nota na capa de seu diário, Mischa Epper mencionou que em 10 de novembro de 1918 houve fortes discussões entre Moltzer e Ignaz Epper sobre seu tratamento. Como mencionado anteriormente, Ignaz Epper foi uma pessoa central e desempenhou um papel decisivo na recuperação de Mischa Epper. Ela escreve que, enquanto enfrentava a insanidade, Ignaz veio e a livrou daquela condição.

Mischa Epper conheceu Ignaz Epper (1892- 1969) em abril de 1918 quando ela tinha aproximadamente 17 anos de idade e já estava em tratamento com Moltzer. Ele foi seu professor de técnicas de desenho e lhe deu o apoio emocional mais importante durante sua doença e ao longo de toda sua vida[50]. Ela descreveu que antes de conhecer Ignaz Epper, andava usando uma bengala com ponta prateada e foi Ignaz Epper quem jogou a bengala no lago dizendo que ela era muito jovem para usar tal coisa. Em retrospectiva, ela mencionou que ele a ajudou contra a invasão do inconsciente, contra a influência de outras pessoas e deu apoio moral quando ela estava doente.

Em uma das cartas não datadas para Marie-Louise von Franz[51], ela descreveu como, por volta de 1917, estava comple-

---

50. Essa informação foi dada ao autor pela Sra. Margrit Orsoni, que viveu com Mischa Epper em sua casa em Ascona por cerca de três anos, de 1969 a 1972. Ela foi uma amiga de Mischa Epper após a morte de Ignaz Epper em 1969.

51. Epper observou "possivelmente por volta de 1955", indicando que ela verificou novamente essa carta.

tamente exausta psicologicamente, insensata e incapaz de lidar com a vida, hipnotizada por seu inconsciente. Então Reichstein a trouxe para ser analisada por Moltzer e, nesse tratamento, o inconsciente produziu imensamente, mas a análise perdeu qualquer tipo de senso comum e pensamento crítico, até o ponto de insanidade. Então Ignaz veio como um salvador, que a ajudou a sair dessa condição. Com sua ajuda, seus sentimentos de raiva contra sua família e Reichstein desapareceram; a relação com sua irmã tornou-se normal e amigável[52].Segundo a Sra. Orsoni, Mischa Epper considerava que Ignaz Epper era mais importante para sua recuperação do que Jung ou Moltzer. Eles se casaram em setembro de 1919 e, mais tarde, no mesmo ano, o pai de Epper se casou pela segunda vez.

Pouco antes do fim de sua análise com Moltzer, em março de 1919, Epper anotou em seu diário o quanto valorizava seu desenvolvimento e a necessidade de assumir a responsabilidade por sua própria vida, independente da influência de outros. A passagem é a seguinte:

7 de fevereiro [de 1959] – Sem sonho

Eu e somente eu sou responsável por minha vida e ninguém mais. Além disso: eu não estou viva, estou vivendo uma espécie de vida vegetativa e se continuar assim, não tenho justificativa para viver[53]. Devo pensar nisto: até agora, eu entreguei a responsabilidade pela minha vida para Maggy, Miss Moltzer, Jung, Ignaz. Todos eles me ajudaram, e me ensinaram muita coisa útil.

---

52. SB – Documento PA 979a B 5-1 5, carta de Mischa Epper para M.L. von Franz de 1955, p. 2.

53. A nota original em alemão 'Lebensberechtigung'.

178   Coleção Reflexões Junguianas

A menção do nome de Jung na lista de pessoas às quais Mischa Epper dera responsabilidade por sua própria vida e a ajudara com suas dificuldades sugere que Mischa Epper pode ter tido contato com Jung durante a análise com Moltzer. A passagem continuou da seguinte maneira:

> E, no entanto, nenhuma outra pessoa carrega a responsabilidade a não ser eu mesma. Se eu fizer da minha vida uma vida vegetal, então não tenho o direito de viver, e não viverei por muito tempo. Mas ninguém tem responsabilidade por isso, a não ser eu e somente eu. A questão agora é esta: como chegar o mais rápido possível ao "stokkingspunt"[54]? Como chegar a esse ponto em que o problema reside, e que me faz viver uma existência vegetativa? Minha grande passividade repousa em muito sobre isso: que continuo esperando que uma pessoa influente venha de fora. Não, eu mesmo devo ser essa pessoa influente. Não tenho que ter medo de enfrentar os outros. Também não devo, pelo menos uma vez, orientar minhas ações para o exterior, mas aplicá-las a mim mesma.

Como acaba de ser apresentado, Epper considerava a análise com Moltzer como uma ditadura e, de acordo com sua opinião, a falta de contato com a realidade a aproximava da insanidade. Em suas considerações posteriores sobre o tratamento de Moltzer, Epper mencionou também que o tratamento a ajudou a entender a razão pela qual adotou a atitude de Reichstein contra a família sem questionar. Além disso, ela percebeu que não desenvolveu uma atitude própria no conflito familiar. Acreditava que o conflito era causado pelo estilo de vida mimado que ela tinha tido em sua infância, sempre fugindo quando surgiam

---

54. O significado da palavra 'stokkingspunt' não está claro. No entanto, poderia significar "ponto de adesão (à vida)".

Dois casos da prática clínica de Jung

problemas sérios. Para ela, em sua adolescência, a vida deveria ser sempre ensolarada, bela e agradável, e conquistas deveriam vir sem esforço. Epper escreveu que, na educação que havia recebido, qualquer aspecto sombrio da vida tinha sido mantido à distância, e não lhe foi mostrado que ela deveria enfrentar suas próprias dificuldades o melhor possível e corajosamente. Ela sentia falta de ter aprendido em sua educação uma atitude que lhe permitisse lidar com os golpes do destino.

11 Tratamento de Epper com C.G. Jung

Após um ano em análise com Moltzer, Mischa Epper escreveu a Jung para iniciar uma análise com ele. Em uma carta para von Franz de 1976, Epper escreveu que foi seu marido quem a convenceu a deixar sua análise com Moltzer e começar o tratamento com Jung[55]. Era uma condição que Ignaz Epper exigiu para se casar com ela. Na coleção do Museu Epper há fragmentos de um documento escrito por Epper, que parece ser a reprodução dessa carta que ela escreveu a Jung pedindo o tratamento. A data do documento é desconhecida. Entretanto, Epper observou no alto do documento: *carta ao Dr. Jung pedindo tratamento em abril/maio de 1919*. O texto parece ser sua lembrança da carta que ela escreveu a Jung e tem uma nota à margem do papel com a observação "essencialmente". O texto tem partes em alemão e partes em holandês. A parte em alemão é a seguinte:

> Prezado Dr. Jung,
>
> Sou paciente da Sra. Moltzer. Tirei férias de dois meses nas montanhas e, durante esse tempo, os problemas em mim se tornaram muito ativos. Eu os reprimi por muito

---

55. SB – Documento PA 979a B 5-1 5, carta de Mischa Epper a von Franz, 13 de junho de 1976, p. 2.

Dois casos da prática clínica de Jung 181

tempo até o ponto em que, de repente, explodi. Tive um sonho no qual fui operada cirurgicamente por um homem. Depois disso, tive uma fantasia na qual um homem parou um cavalo branco galopante e insano (símbolo do meu inconsciente), colocou-o sob controle e começou a cavalgá-lo. Em ambas as vezes considerei que você era esse homem. Quando não presto atenção a mim mesma, me sinto pior. Agora me encontro em uma situação crítica. Tenho todo o material preparado, mas não posso e não devo analisá-lo. Tenho um inconsciente que se expressa muito claramente, que reage muito nitidamente. Quando não o sigo, me sinto incrivelmente mal. Sempre segui inevitavelmente o caminho que ele me mostrou. Caso contrário, sou imediatamente atacada por sintomas mais graves. É assim que estou agora. Acho que devo necessariamente ir até você para análise e gostaria de pedir-lhe que me escreva dizendo se tem tempo para isso. Acho que não preciso de um tratamento longo. Parece-me que um mês seria o mais demorado (e deve ser suficiente).

Tenho 17½ anos de idade e estive desde março do ano passado em análise com a Sra. Moltzer[56].

O texto para abruptamente e não está assinado. No fim do documento há uma nota em holandês. A passagem é a seguinte:

Sim, menina, esta é uma luta difícil. O pior é quando você imagina a injustiça ao ponto que a faz perder o contato com a realidade e comigo, é claro. Isso torna sua situação muito perigosa. Você deve aceitar que terá que ceder a ele agora. Se ele bater à sua porta agora, você não poderá fechá-la.

O comentário anterior, escrito em holandês, não parece estar relacionado com a carta que ela escreveu a Jung e está escrito com a caligrafia de Epper. Embora a razão pela qual ela

---

56. ME – Fragmentos na coleção sem identificação.

o tenha escrito dessa maneira não seja claramente conhecida, pode-se supor que foi um processo semelhante ao que ela experimentou em suas conversas com o inconsciente, no qual uma figura interna fala com ela, possibilitando uma espécie de diálogo interior. O fragmento mostra outro exemplo de como as fantasias de Epper afetavam seu comportamento.

Epper esteve em tratamento com Jung por um tempo muito curto, apenas nove sessões. Notas ou documentos sobre esse tratamento não foram encontrados e, portanto, pouco se sabe sobre a forma como Jung trabalhou com ela. Em uma entrevista da Sra. Orsoni com o autor, ela relata que Mischa Epper lhe disse que enquanto estava em terapia com Jung ele lhe pediu para desenhar e lhe contar seus sonhos. Além disso, em uma carta a Aniela Jaffé de 18 de julho de 1977, Mischa Epper escreveu brevemente sobre sua análise com Jung de 1919. Ela escreveu a Jaffé sobre a história de seu marido e como ela o conheceu. A passagem é a seguinte:

> Depois vi sua xilogravura (de Ignaz Epeer) e fiquei entusiasmada com ela, eu tinha 17 anos. Conheci-o, nos apaixonamos e comecei a fazer desenhos sob sua orientação. Mas eu estava muito caótica (sofria de depressão, a razão pela qual estava em tratamento com Maria Moltzer). Ele me recomendou ir em tratamento com Jung. Depois de apenas 9 horas, Jung disse: "Case-se". Agora a vida começa!, tipicamente Jung[57].

Ao fim do tratamento, após aproximadamente três meses, Epper escreveu a Jung a seguinte carta:

---

57. SB – Documento PA 979a B 5-1 4, carta de Mischa Epper para A. Jaffé, 18 de julho de1977.

Dois casos da prática clínica de Jung

20 de maio de 1919

Prezado Dr. Jung,

Devo escrever-lhe para dizer o quanto lhe sou profundamente grata por ter me ajudado tão cuidadosamente. Sinto-me feliz por finalmente ter me tornado uma pessoa totalmente normal e saudável. E sei que devo agradecer principalmente a você e à análise. Caso contrário, ainda estaria andando por aí como um demônio repulsivo. Poderia simplesmente gritar e rir de pura felicidade. Espero poder permanecer tão genuína e espontânea, mas caso não consiga isto, só preciso pensar no quanto a última hora com você desencadeou em mim.

Sinceramente, Epper Quarles.

Embora não tenham sido encontradas notas referentes ao tratamento de Epper com Jung, há um registro nos protocolos das reuniões do Clube Psicológico em Zurique que nos oferece algumas dicas sobre como Jung possivelmente entendeu seu caso. Nas notas da reunião de 17 de março de 1922, na qual Jung esteve presente, houve uma discussão sobre temas relacionados a questões teóricas, tais como persona, *anima* e a função Intuição. Enquanto o grupo discutia a *imago* paterna, Jung fez comentários usando exemplos de um caso que, muito provavelmente, se refere a Mischa Epper. As notas têm um caráter telegráfico e o significado das sentenças nem sempre é claro. A passagem é a seguinte:

A *imago* paterna pode ser dissolvida, e [ainda assim] a fixação pode seguir presente. O que fica então na transferência? (Homem, mesmo sexo, humanidade, coletividade, Deus). Tais casos têm uma relação com as profundidades da natureza [humana] e são determinados por um destino misterioso, tal transferência se torna um evento marcante.

Uma mulher jovem, pai da Holanda, viveu nas colônias [o pai?], não nasceu nos trópicos [a mulher jovem?]. Neurose causada pelo amor a um músico mais velho. A infância normal até os 8 anos, depois não se sentia bem. Introvertida; fantasias estranhas; [veio] para tratamento involuntariamente; [teve uma] revelação, [ela] viu o pai de repente, abraçou-o, quis beijá-lo. Ele voltou a cabeça para trás. Quando ele finalmente a beijou, ela viu um olhar de basilisco. [Ela] desmaiou. O pai tem uma serpente dentro [dele]. A serpente a envenenou. [Ela recebeu] a missão de fazer uma grande peregrinação [ilegível]. Em uma ampla área plana [ela viu], o resto dos animais de antes do dilúvio, corpos congelados de [pessoas] primitivas, entre eles um homem jovem, a quem ela pode descongelar. Ele a beija. Essa foi a solução. Porque o pai reteve a [ilegível], o que ele comunicou a ela. Ela começou a fazer belos desenhos malaios. Nesses desenhos estava o que o pai lhe deu e o que ela experimentou com o músico. [O] pai era ascético quando [ele era] jovem. Portanto, [a] mulher primitiva deve inconscientemente [o?] afetar! Introvertido! O instinto não vivido deve ser vivido pela filha. Somente depois que ela [se] libertou [do] amor pelo primitivo, o pai [pode ser] superado. A fixação no analista então também cessou. Mas não totalmente, porque o [lado] primitivo ainda não havia terminado. A relação com homens também não era adequada. Somente quando o problema [com o] primitivo foi resolvido, a fixação foi totalmente superada[58].

Considerando que Jung nessa passagem se refere, muito provavelmente, ao caso de Epper, este relato pode nos dar dicas sobre como ele interpretou e trabalhou com o material

---

58. Nota nos protocolos de 29 de março de 1915 a 12 de outubro de 1922 no Clube Psicológico, Zurique.

Dois casos da prática clínica de Jung

que ela trouxe para ele. Seus comentários indicam que, para ele, Epper tinha uma ligação inconsciente com seu pai e vivia inconscientemente parte da vida instintiva bloqueada dele. Quanto à técnica utilizada por Jung, essas notas também mostram que Epper usava desenhos para expressar suas fantasias e que Jung trabalhou com eles, o que levou à sua libertação não só da fixação ao pai, mas também da transferência para Jung.

Embora o homem mencionado na fantasia tenha sido chamado de músico, é muito provavelmente uma referência a Ignaz Epper. Embora essa conjectura seja especulativa, é possível que Jung tenha mencionado músico em vez de pintor, a verdadeira profissão de Ignaz Epper, para disfarçar as informações sobre o paciente. A relação com esse 'homem' transformou sua condição 'congelada' e a libertou dos aspectos instintivos e primitivos de suas fantasias.

Como em suas análises do texto de Frank Miller, Jung considerou a importância da *imago* paterna e a influência desta nas relações de Mischa Epper. Outra semelhança entre esses dois casos foi sua consideração do papel significativo do ego ao lidar com as imagens interiores. Jung considerou, em sua avaliação sobre Miller, que seu ego não era capaz de lidar com o conteúdo de seu inconsciente e concluiu que essa foi a causa de seu colapso psíquico. No caso de Epper, com suas críticas à abordagem de Moltzer e seu sentimento de que Jung a trouxe de volta à realidade, podemos deduzir que a abordagem de Jung era de evitar que o ego fosse engolido pelo conteúdo vindo do inconsciente. Esse argumento pode ser corroborado com a passagem mencionada anteriormente, quando Epper começou a escrever a história de sua própria neurose e Jung lhe disse que se ela se sentisse desconfortável uma vez confrontada com o material, seja escrito ou em imagens, ela deveria deixá-lo e afastar-se por um tempo.

Outro ponto interessante a ser observado é a consideração de Jung sobre a transferência de Epper e suas observações sobre o caso de Keller-Jenny. Ele estava ciente da transferência de ambas as mulheres e considerou que a transferência de Epper ainda não havia terminado completamente. Como mencionado, ele sugeriu que Keller-Jenny escrevesse cartas para ele, mas sem necessariamente enviá-las. Epper escreveu e ocasionalmente enviou suas cartas para Jung.

Como mencionado, Epper se sentiu curada após seu tratamento com Jung. Em uma carta de 1976, ela descreveu a von Franz sua experiência de como havia sido ajudada por ele da seguinte maneira:

> Depois passei 9 horas com Jung, e nunca me esquecerei disso, porque significou acordar de um pesadelo maligno e assustador. Depois disso, aos 18 anos, me casei[59].

Após o tratamento de Epper com Jung, as irmãs se mudaram definitivamente para a Suíça em 7 de junho de 1919[60]. Reichstein gostou da atmosfera de Zurique e da distância do ambiente aristocrático de sua família na Holanda. E, depois de sua irmã, Reichstein (fig. 11.1) começou sua análise com Jung.

---

59. SB – Documento PA 979a B 5-1 5, carta de Mischa Epper para M.L. von Franz de 13 de junho de 1976, p. 2.
60. NH – Registros.

Dois casos da prática clínica de Jung

Figura 11.1 – Reichstein aos 26 anos de idade

A data precisa em que ela começou sua análise com Jung não é claramente conhecida. Em uma carta de Reichstein a Jung, datada apenas do ano (1942), ela mencionou que não se lembrava claramente de quando seu tratamento começou, mas acreditava que foi entre o fim de 1919 e o início de 1920 (Reichstein tinha 25 anos em 1919). Na mesma carta, ela mencionou suas próprias notas datadas dos anos 1921, 1922, 1923 e 1924. Infelizmente, as notas de sua análise com Jung mencionadas nessa carta não foram encontradas. Isto indica, entretanto, que ela esteve em tratamento com Jung até pelo menos 1924[61]. A primeira carta disponível de Jung a Reichstein é datada de 15 de junho de 1924[62], na qual ele lhe ofereceu um horário e pediu desculpas por ter que esperar tanto tempo por ele. Reichstein tinha então 30 anos de idade. Por volta dessa época, conheceu seu futuro marido, Adam Reichstein, com quem se casou em outubro de 1925.

---

61. PA – Documento n. 18, Correspondência Jung e Reichstein.
62. PA – Documento n. 6, Cartas entre Jung e Reichstein.

Pelas cartas do arquivo de imagens do Instituto C.G. Jung em Zurique, sabemos que, após 1924, Reichstein manteve contato com Jung através de cartas e se encontrou com ele ocasionalmente. Ela escreveu a Jung sobre seus sonhos, insights psicológicos e dificuldades, enviou-lhe seus desenhos e bordados e discutiu com ele suas ideias sobre seus escritos. Em suas respostas, Jung mostrou interesse pela saúde e condição psicológica de Reichstein, interpretou conflitos psíquicos e sonhos e debateu aspectos teóricos com ela. Reichstein estava profundamente envolvida na teoria de Jung e, após sua análise, prosseguiu com seus estudos em psicologia junguiana. Ela ajudou Jung na tradução de seu trabalho para o holandês e trabalhou ocasionalmente como analista leiga com alguns poucos pacientes. Além disso, ela participou de seminários no Clube Psicológico em Zurique, onde esteve inscrita como participante entre 1929 e 1966[63].

Mais tarde em sua vida, por volta de 1957, Reichstein também esteve em tratamento com uma das colaboradoras de Jung, Marie-Louise von Franz. Desta vez foi sua irmã, Mischa Epper, que estava preocupada com sua condição, e ela apoiou o tratamento de Reichstein, dando informações a von Franz sobre suas histórias e sua opinião a respeito dos problemas de Reichstein.

Infelizmente, não é possível fornecer mais detalhes da vida de Reichstein após seus tratamentos com Jung e von Franz, porque notas ou documentos adicionais não foram encontrados. Contudo, podemos acompanhar a vida de Mischa Epper depois de seus tratamentos nos documentos disponíveis.

---

63. Sou grato à Sra. Georgina Seel por essa informação.

12 A vida de Mischa Epper após os tratamentos

Após o tratamento com Jung e com o apoio de seu marido, Mischa Epper se recuperou de seus distúrbios psíquicos. Ela relatou que, durante muitos anos após o tratamento, se sentia muito bem psiquicamente e cuidava de suas condições físicas, treinando e praticando esqui. De fevereiro a junho de 1922, ela teve aulas de dança em Dresden, Alemanha, com Mary Wigmann (1886-1973), bailarina e coreógrafa, uma das figuras mais proeminentes da dança na Alemanha e na Europa, e pioneira da dança expressionista e da terapia através da dança. Mais tarde, entre 1923 e 1930, Epper também teve aulas mais técnicas de ourivesaria e de entalhe em madeira.

Quando percebia que algum conflito inconsciente estava presente, ela ilustrava suas fantasias com base nas situações em que se encontrava, como havia feito durante os tratamentos com Moltzer e Jung e nas suas conversas com o inconsciente. Muitos desenhos eram de figuras semi-humanas ou animalescas, que expressavam o conflito.

O casal Mischa e Ignaz Epper viviam em Zurique naqueles dias. Ela tinha o toque de um *enfant terrible* na sociedade. Epper relatou que eles viveram vidas não convencionais. Em acordo com seu marido, viveram um casamento sem restrições em suas vidas sexuais e sem mentir um para o outro. Ela mencionou que desfrutava de uma "liberdade de ninfa" e se apaixonou por artistas e escultores. Ela escreveu também sobre seu confronto com convenções que colocam barreiras contra a expressão de sua própria natureza e de sua vida instintiva.

Epper criticava também a aristocracia como a origem das repressões e mencionava que ela e suas irmãs queriam escolher livremente seus maridos e não exclusivamente dentro da sociedade aristocrática, como fizeram outros membros distantes da família. As irmãs se envergonhavam de seu passado aristocrático e Reichstein as liderava contra isso, mas todas eram contrárias aos limites estreitos em que viviam e dos quais queriam se libertar.

Por volta de 1926, quando Epper tinha 25 anos de idade, ela teve uma série de problemas de saúde e acreditava que a doença era causada por fatores psíquicos. Passou meses na casa de sua segunda irmã (Henriette Reichstein). Inicialmente, seu marido e sua irmã Henriette aconselharam-na a voltar ao tratamento com Jung, mas ela não quis. Mischa Epper comentou que tinha fantasias com a figura de um médico, que se assemelhava a um profeta. Mas com o passar do tempo, essa figura interior começou a tiranizá-la.

Para lidar com a situação, Mischa Epper buscou o auxílio de Schmidhauser[64], que era um filósofo da religião, mas o apoio dele não a ajudou. Mischa Epper escreveu que os dois profetas, a saber, Schmidhauser e seu profeta interior, mal conseguiam chegar a um acordo entre eles. Ela mencionou que havia lido o livro de Jung *A relação entre o Ego e o Inconsciente* e seu marido

---

64. Mischa Epper possivelmente se referia a Julius Schmidhauser (1893-1970), que foi um filósofo suíço.

Dois casos da prática clínica de Jung

a convenceu de que ela deveria entrar em tratamento com Jung mais uma vez e, desta vez, ela aceitou[65]. Infelizmente, nenhuma nota foi encontrada desse segundo tratamento com Jung. Nos anos seguintes, Epper enviou ocasionalmente a Jung seus sonhos e ele os interpretou em suas respostas. Por volta de 1930, Mischa Epper adoeceu por um problema pulmonar e ela acreditou que sua doença tinha novamente um componente psicológico. Em uma carta inédita de 17 de abril de 1930, ela apresentou sua situação a Jung e pediu a interpretação de um sonho e de uma fantasia. Sua carta é a seguinte:

> Prezado Dr. Jung!
>
> Gostaria de pedir-lhe conselhos, embora eu tenha demo-rado muito tempo para lhe escrever. Esperei, porque eu mesma queria lidar com os problemas, e porque sei que você está inundado de cartas e tem o direito de descansar em suas férias. Gostaria de lhe fazer duas perguntas: estou em Arosa há dois meses, doente com catarro pulmonar etc. Não duvido que minha disposição psíquica também tenha sido responsável por isso e queria ficar totalmente sozinha, o que foi para mim frutífero e necessário, ou seja, estar distante de meu marido. Bem, aí está o problema; meu marido se apaixonou por outra mulher e está em uma viagem com ela no momento. Mas, na verdade, isto não é dramático e terá seu sentido, e o mal-estar que se espera de tal situação é saudável para mim também. Entretanto, o que me perturba é a terrível sensação de incerteza dele, da qual eu gostaria de me livrar. Resisto com minha força de vontade, razão e consciência, mas isso não ajuda, porque o inconsciente é mais forte e está intimamente ligado a ele. Essa experiência tem uma forte influência na vida dele e, certamente, ele tem muito a aprender com ela. Mas por

---

65. Fragmentos na coleção sem identificação.

que também preciso passar pelo desenvolvimento dele ao invés de ser apenas uma simples observadora?

Eu tive a seguinte fantasia: trabalho em um porão (o porão de meu 'nascimento', onde está a fonte de minha criatividade) preciso colocá-lo em ordem, lendo e separando livros, dissecando corpos etc., faço isso com a ajuda de um assistente e de um homem religioso, que me ajuda a escavar um centro brilhante (flor) que eu havia perdido na minha vida e reencontrei aqui. De repente, meu marido entra e mata o homem religioso para ficar com uma mulher estrangeira. Depois disso, há uma terrível confusão e uma desordem eclode no porão, porque não consigo organizá-lo sem a ajuda do homem religioso e não consigo encontrar mais o centro. Essa fantasia escrevi antes de saber que meu marido tinha viajado com sua namorada. Alguns dias depois, recebi uma carta dele escrevendo sobre sua viagem e que ele estava em uma condição produtiva, mas muito confusa, na qual ele não podia se reconhecer (tinha perdido seu rumo). E agora não estou me movendo mais, não sonho nada e há uma desordem como na fantasia. Eu me sinto impotente. Isso realmente me enerva, porque é a experiência dele e não a minha. Eu gostaria de ser uma observadora e não me envolver.

Gostaria muito de me libertar desse envolvimento, mas não consigo. Minha maneira de pensar está certamente errada, quero usar minha força de vontade e tenho uma obsessão equivocada por independência, mas percebo que estou com cãibras e rígida. Não consigo encontrar uma atitude correta e ficaria feliz se você pudesse me dar algum conselho.

E você poderia, por favor, me dizer o que significa o seguinte sonho? Em um jardim há um elefante, que foi totalmente devorado por vermes e outras criaturas, de tal forma que os ossos já estão parcialmente expostos. Uma pessoa totalmente desconhecida me diz que eu deveria

Dois casos da prática clínica de Jung 193

observar o elefante cuidadosamente, pois ele é um símbolo para o processo que está acontecendo em meus pulmões. Este sonho deve estar realmente associado à minha doença. O que significa o elefante?

Uma tensão semelhante a que eu tenho com meu marido, também tenho em minha postura frente a você. Ela vem do ano passado, quando eu desenhei vocês dois com "pequenas asas de anjos" no céu (você se lembra do desenho que fiz para você, com o "eu" no meio). Não existe a possibilidade de um relacionamento humano se as personificações ainda estão acontecendo dentro do "princípio celestial" ou do "princípio diabólico" (porque eu coloco meus parentes no inferno com feições diabólicas), porque valorizo uns como altamente sobre-humanos e outros como profundamente subumanos e, portanto, não permito que a vida e as pessoas interajam comigo, pois esse julgamento de valor restrito me perturba.

Espero não o ter incomodado muito.

Atenciosamente[66].

A carta foi reproduzida integralmente, porque nos dá a base para entender a resposta de Jung, que é a única carta publicada entre eles. O nome de Mischa Epper não foi revelado e ela foi apresentada anonimamente como Sra. N. A carta nos dá um exemplo de como Jung compreendia o problema com seu marido e de suas interpretações no caso de Epper. Trata-se de uma carta de 26 de abril de 1930, e é a seguinte:

Prezada Sra. N

É óbvio que você se misturou interiormente com seu marido. Anteriormente, ele assimilou tanto de você que agora você mesma também está nele. Nada vincula tanto

---

66. SB – Documento PA 979a B 5-1 4, carta de Mischa Epper para C.G. Jung de 17 de abril de 1930.

quanto afetos e estados inconscientes deixados à solta na outra pessoa. Agora você deve sofrer com o processo do seu marido como ele sofreu com o seu. Você pode tomar como certo que terá que passar por tudo o que o afeta. Naturalmente ele agora está confuso e desorientado porque o lado inconsciente dele está vindo à tona. Toda a situação está se revertendo.

Ele me escreveu recentemente e me acusou de ensinar psicologia em vez de viver. Eu conheço tal acusação. Ela vem daquelas pessoas que fazem uso indevido da psicologia para se esquivar de sua própria vida. Ele viveu muito tempo através de você em vez de através de si mesmo. Mas agora o inconsciente o pegou pelo pescoço. De fato, ele se livrou do velho homem, ou seja, de mim (com essa acusação), mas jogou fora a criança junto à água do banho e, assim, não obtém mais nenhum benefício da percepção psicológica. Isso vem do mau uso. Eu respondi a carta dele, mas perdi seu endereço. Talvez eu tenha tido uma resistência inconsciente para respondê-lo, porque sua carta não dizia a verdade. Em anexo segue minha resposta a ele. Você pode enviá-la se desejar.

Sobre seu sonho: O elefante é o maior animal existente. Ele representa em você o peso esmagador da vida inconsciente. Ele tem que se decompor, o que é dizer que você não deve mais se deixar levar ao extremo pelo inconsciente, e sim agir de acordo com o seu discernimento consciente. Esse processo de transformação se expressa em seu corpo. É o mesmo processo pelo qual seu marido está passando, apenas ao reverso. É uma crise perigosa e você deve se agarrar o mais forte possível à consciência. Você precisa de discernimento e compreensão no mais alto grau, pois somente isso pode garantir que o animal se decomponha em você de tal forma que você não seja muito afetada por ele. É uma questão de se tornar humano. O homem se distingue pela supremacia da consciência, enquanto o animal é vítima de instintos, humores impulsivos, afetos e ilusões.

Seu marido ainda tem que experimentar tudo isso em seu próprio corpo. Até agora, ele foi razoável demais porque você desempenhou para ele muito da própria insensatez dele. Agora a situação se inverteu. Você pode ter certeza absoluta da minha discrição.

Com a mais sincera simpatia,

Sinceramente – C.G. Jung (2002, p. 103, trad. mod.).

Em uma carta inédita de 3 de maio de 1930, Mischa Epper respondeu a Jung. Sua resposta é a seguinte:

Inner-Arosa 3.5.30

Prezado Dr. Jung!

Muito obrigado por sua carta, na qual você trouxe o aspecto principal do problema à tona. Através de sua carta, as dificuldades entre mim e meu marido do verão e do outono passado também se tornaram claras, porque a reversão da atitude vem ocorrendo há um ano. Estou muito acostumada a ser amada, compreendida e guiada por ele. Agora preciso me tornar uma pessoa amorosa e compreensiva e a criança mimada em mim reclama e gostaria de permanecer emocional e irresponsável. Ele precisa de uma mulher independente, que possa agir por conta própria, e odeia a criança que o impele a agir como pai, e pela qual ele é forçado no papel de psicólogo o que prejudica seu lado de artista [...].

Ela também mencionou em sua resposta as críticas de Ignaz Epper a Jung. Ela escreveu:

Não li a carta dele para você, mas se ele escreveu que você ensina psicologia em vez de viver, eu não concordo com, porque você sempre me empurrou de volta à vida! Em todas as análises há para o paciente o risco de fugir da vida, porque o neurótico tende a ficar longe das dificuldades. Você tem o efeito oposto em mim[67].

A resposta de Jung na carta de abril de 1930 indica um dos desacordos que ele tinha com Ignaz Epper. Outro exemplo pode ser visto na carta que Jung enviou a Mischa Epper em 29 de maio de 1930[68]. Jung mencionou uma troca de correspondência com Ignaz Epper, na qual ele escreveu que os artistas não veem mais seu trabalho como artesanato, como era o caso durante a Idade Média. Jung considerava que os artistas contemporâneos tinham, portanto, perdido conexão sua própria base e sentiam um ressentimento social, um problema que ele também observou em Ignaz Epper. Jung acreditava, no entanto, que era um problema do artista contemporâneo, e ele não podia culpar Ignaz Epper por se sentir dessa forma. Ele acrescentou ainda que considerava que Ignaz Epper não era capaz de compreender corretamente suas ideias. Mischa Epper ressaltou que essa carta causou uma forte reação de seu marido contra Jung.

Os Eppers viveram em Zurique até 1932, quando o pai de Mischa Epper os apoiou na construção de uma casa na parte italiana da Suíça, e Epper iniciou uma nova fase em suas pinturas. Ele modificou suas xilogravuras, pelas quais ele tinha ficado famoso como expressionista, e começou a pintar jardins coloridos, motivos muito diferentes de suas xilogravuras iniciais. De acordo com Orsoni[69], Jung teria então dito a Ignaz Epper

---

67. SB – Documento PA 979a B 5-1 4, carta de Mischa Epper para C.G. Jung de 03 de junho de1930, p. 2.
68. SB – Documento PA 979a B 5-1 4, carta de C.G. Jung para Mischa Epper de 29 de junho de1930.
69. Entrevista da Sra. Orsoni com o autor.

Dois casos da prática clínica de Jung

que ele não estava pintando bem, que ele não necessitaria mais buscar uma nova fase em sua arte e que deveria estar satisfeito com o que fez, ou seja, o que Jung teria dito foi que Ignaz Epper havia esgotado sua capacidade de criação artística. Esse comentário ofendeu Ignaz Epper, que ficou chateado com ele. Jung, porém, não estava sozinho em suas considerações sobre a arte de Ignaz Epper. Hansjakob Diggelmann, que escreveu um livreto para o Museu Epper apresentando a arte de Mischa e Ignaz Epper, mencionou que depois dos anos 30 a expressão na obra de Ignaz Epper perdeu sua força. Diggelmann mencionou que era conhecido entre seus amigos que Ignaz Epper sofria de uma depressão severa. A Sra. Lunin acrescentou que Ignaz Epper tinha um caráter melancólico, possivelmente por causa dos graves problemas que ele teve em sua infância[70]. Mas, apesar das diferenças e discordâncias, os Eppers e Jung mantiveram um contato amigável ao longo de suas vidas.

Mischa Epper continuou conversando com suas figuras internas da maneira como Jung descreveu em sua técnica de imaginação ativa. Uma de suas figuras era "o tolo". Ela ouvia os conselhos dessa figura interior quando construiu sua casa. Por exemplo, o tolo lhe disse que uma oliveira que havia no terreno não deveria ser cortada para a construção, e então a casa foi construída ao redor daquela árvore. Como seu pai, Epper também sabia investir bem no mercado de ações e fazer bem seus investimentos. Epper observou muitas vezes que seguia os conselhos "do tolo", aparentemente com bons resultados.

Entre 1933 e 1934, ela aprendeu escultura na Academie Scandinave em Paris com Charles Despiau (1874-1946), um

---

70. Entrevista da Sra. Lunin com o autor.

escultor francês que trabalhou com Rodin, e em 1937 ela começou a trabalhar com o desenvolvimento de marionetes para apresentações no teatro de marionetes em Ascona.

O interesse de Epper pela psicologia junguiana se manteve por toda sua vida e em sua biblioteca em Ascona havia muitos dos livros de Jung e das publicações das conferências em Eranos. Nas suas notas, também escreveu sobre como as ideias de Jung a ajudaram a se relacionar com sua herança cultural. Ela considerava que a psicologia de Jung ajudaria a melhorar as condições da aristocracia na Holanda, particularmente na corte, onde ela conhecia alguns membros (uma amiga da escola de Epper deu aulas de cerâmica para uma princesa da Holanda). Epper descreveu a Holanda como um país que tinha tido colônias por 300 anos. Muitos membros da classe alta, seus compatriotas, governavam e viviam nas colônias orientais, por exemplo, na Índia e na Indonésia, trabalhando como engenheiros, executivos, empresários, médicos e técnicos, mas sem considerar conscientemente a influência espiritual que essas culturas estrangeiras tinham sobre eles. Para ela, a influência estava presente na população da Holanda que tinha sangue mestiço e no número de seguidores de movimentos místicos indianos e seitas, como a Antroposofia, que se opunham ao tipo de mentalidade do homem racional que lida com o comércio e ao intelecto influenciado pelo calvinismo.

Epper via no desenvolvimento de sua vida dois períodos diferentes com caracteres opostos, e via que esses opostos também eram presentes na sociedade holandesa: por um lado, houve uma época em que um lado estético-espiritual dominava com uma abstinência severa, que era fruto da influência do

Dois casos da prática clínica de Jung

calvinismo; e por outro lado, houve uma época em que Eros governava, quando a fidelidade não era mais considerada nem em fantasias, nem no intercâmbio de parceiros. Essa oposição, por pura inconsciência e falta de conhecimento psicológico, desembocara em neurose.

Epper via a aristocracia sob a influência de uma orientação calvinista rígida com um intelecto forte e lógico. Ela considerava que a rainha da Holanda[71] fosse uma protestante séria, uma pessoa religiosa, mas com a típica inocência holandesa e com falta de consciência sobre as forças obscuras (dentro da psique). Para Epper, as convenções da aristocracia levavam as pessoas a se casarem entre si para manter a linhagem de sua raça, uma forma de racismo. Essa foi uma das razões pelas quais ela e suas irmãs foram contra as barreiras dessas convenções. Reichstein era a líder das filhas de Quarles van Ufford contra essas regras. Segundo Epper, foi a influência do intelecto formado pelo calvinismo que influenciou o racionalismo de Reichstein e que a levou a destruir sua feminilidade.

Embora Mischa Epper tenha claramente dado muito valor às ideias de Jung, ela também escreveu comentários nos quais é demonstrado que sua apreciação de Jung não foi isenta de críticas. Ela mencionou a conversa com um colega sobre o quanto era grata às ideias de Jung. O colega, entretanto, argumentou com ironia e sarcasmo, considerando que as ideias de Jung não

---

71. A data em que Mischa Epper escreveu suas notas não é claramente conhecida; entretanto, é possível que ela se refira nesta passagem à Rainha Juliana (1909-2004), que reinou de 1948 a 1980. Foi durante seu reinado que a Indonésia se tornou independente em 1949.

tinham utilidade e que ele era uma espécie de feiticeiro. A esse respeito, Epper escreveu:

> Quando eu reflito sobre as ideias de Jung, não presumo que ele seja uma espécie de santo, e que ele nunca teria sucumbido aos impulsos de seu lado Mefistófeles, mas o mais importante em sua grande personalidade é sua dedicação sincera à ideia de buscar novos caminhos e conhecimentos, a sua busca apaixonada e, finalmente, o seu desejo de ajudar a humanidade (ME – *Kindheistges-chichte Mischa Epper*, p. 28a).

Em 1951, Ignaz Epper iniciou uma análise com Jung[72], mas aparentemente o tratamento não deu certo. Por quanto tempo Ignaz Epper esteve em análise com Jung não é conhecido, e notas de sua análise com Jung não foram encontradas. A Sra. Mirolo mencionou que Jung ajudou Mischa Epper com suas dificuldades psíquicas, mas não conseguiu a mesma melhoria com Ignaz Epper[73].

Por volta de 1955, Mischa Epper propôs fazer uma escultura em gesso de Jung como uma homenagem, e ele aceitou posar como modelo para ela. Mas Ignaz Epper, enquanto transportava a escultura de uma sala para outra, a deixou cair e a quebrou. Depois disso, Jung se recusou a ficar como modelo uma segunda vez. Epper então fez uma segunda escultura de Jung (fig. 12.1), desta vez de memória, e considerou a segunda escultura muito melhor.

---

72. ETH – Carta de Mischa Epper a C.G. Jung, 31 de maio de 1956, código: HS 1056 22 548.

73. Entrevista da Sra. Mirolo com o autor.

Figura 12.1 – Escultura de Mischa Epper de C.G. Jung no Museu Epper

Jung, no entanto, não gostou da escultura. Ele escreveu sua opinião sobre a escultura em uma carta de 25 de julho de 1956, como segue:

Prezada Sra. Epper

Por favor, perdoe-me pelo atraso na minha resposta [...]. Tenho a impressão de que desde que vi o busto em sua casa, você trabalhou muito, o que mudou a expressão facial e a forma de um jeito fatal. A testa não está mais correta e a boca também não está certa, e há alguns traços espasmódicos que surgiram no rosto que não estavam lá antes. De alguma forma, acho que você não perdeu o ponto. Fiquei com a impressão de que você colocou muito de sua própria subjetividade na obra. Por favor, me desculpe por minhas críticas explícitas. Não consigo lidar com a ideia de que pareço um conquistador atacando as nuvens, ou como a águia de Zeus, que não pegou Ganímedes. Pareço

202 Coleção Reflexões Junguianas

alguém que se esforça em vão para atingir o objetivo mais alto. A expressão aqui é demasiadamente intelectualista. Por ser sempre cético no meu julgamento eu o deixei ser confirmado por outras pessoas, pois não quis ser injusto com seu trabalho, no qual você investiu tanto esforço e atenção [...] Sugiro que você o deixe por pelo menos meio ano e depois o retome.

Sinceramente

C.G. Jung[74]

A carta mostra o contato amigável e a abertura no relacionamento entre Mischa Epper e Jung. Não se sabe se Epper modificou seu trabalho após a carta de Jung, mas a escultura está no Museu Epper (cf. foto).

Os Eppers assistiam palestras em Eranos quando Jung e outros estudiosos apresentaram trabalhos sobre temas relacionados à psicologia junguiana. Ocasionalmente, Jung visitava o casal Epper em sua casa em Ascona e Mischa Epper tinha sessões esporádicas com ele[75].

Na década de 1960, Ignaz Epper teve um derrame, e não pôde continuar com sua produção artística por algum tempo. Ele tinha medo do risco de ter mais derrames, o que o levaria a desistir de seu trabalho. De acordo com a Sra. Lunin, Epper disse que se não pudesse trabalhar, preferiria morrer. Ele cometeu suicídio em janeiro de 1969. Ignaz Epper é hoje considerado uma das figuras mais proeminentes entre os expressionistas suíços.

---

74. ME – Carta de C.G. Jung a Mischa Epper.

75. ETH – Carta de Aniella Jaffé a Mischa Epper, 23 de fevereiro de 1955, código: HS 1056 21861; e carta de Mischa Epper para C.G. Jung, 29 de setembro de 1956, código : HS 1056 22 547.

Após a morte de seu marido, Mischa Epper iniciou uma sequência de pinturas relacionadas à paixão de Cristo e, de acordo com a Sra. Mirolo, as pinturas a ajudaram no processo de luto causado pela perda de seu marido. Em seguida, ela investiu seu tempo e energia na organização e catalogação do trabalho de seu marido, com o qual continuou até o fim de sua vida. Mischa Epper teve então a ideia de transformar sua casa em um museu e criou uma fundação, que ficou conhecida como Museu Epper. De acordo com Sra. Orsoni, Epper nunca mais teve uma recaída em sua doença psíquica como quando era adolescente, mas era uma pessoa singular e uma artista de corpo e alma. Jung deixou nela uma impressão profunda, e ela o considerava um homem extraordinário. Mischa Epper (fig. 12.2) morreu no dia 22 de outubro de 1978.

Figura 12.2 – Mischa Epper por volta de 1970

Fonte: *Museu Epper, Ascona, Suíça.*

Jung não utilizou o material do caso de Mischa Epper em suas publicações. Entretanto, como veremos a seguir, ele escreveu uma introdução para um livro de um autor holandês no qual citou o caso dela erroneamente.

13 A publicação com informações equivocadas sobre o caso de Mischa Epper

Em maio de 1954, Jung escreveu o prefácio para o livro escrito pelo psiquiatra holandês R.J. van Helsdingen com o título *Beelden uit het Onbewuste* [*Imagens vindas do inconsciente*]. O livro descreve o caso de uma paciente holandesa tratada por Jung no início da década de 1930. Em uma nota de rodapé do prefácio, Jung escreveu o seguinte:

> Este caso não deve ser confundido com o caso semelhante – as pacientes eram de fato irmãs – discutido no apêndice "As Realidades da Psicoterapia Prática" (OC 18, § 1254)

O caso apresentado em "As Realidades da Psicoterapia Prática", como veremos mais adiante, foi o caso da irmã de Mischa Epper, Maggy Reichstein. No entanto, pelas assinaturas dos desenhos no arquivo de imagens do Instituto C.G. Jung em Zurique, sabemos que a paciente mencionada no livro de van Helsdingen não era o caso de Mischa Epper, mas de outra mulher holandesa. O comentário de Jung está equivocado.

Em seu livro *In de ban van Jung* [*Sob a magia de Jung*], Van den Berk (2014, p. 360) conta a história dessa outra paciente holandesa de Jung chamando-a de "Claire", porque a família exigia que sua verdadeira identidade não fosse revelada. Ele também entrevistou van Helsdingen, questionando-o sobre o seu livro e apresentou o caso que Jung pensou se referir à irmã de Reichstein. Importante notar que na conversa com van Helsdingen em 1952, Jung mencionou que havia esquecido a maior parte das informações sobre a paciente e que suas anotações haviam sido perdidas. Portanto, pode-se concluir que a memória de Jung sobre o caso não era mais acurada.

As falhas na memória de Jung sobre o caso são corroboradas por informações de outra fonte. Em uma entrevista privada em 1950 com Suzanne Percheron, Jung deu uma descrição que indica a confusão de informações entre os casos de Reichstein e a paciente holandesa no livro de van Helsdingen. Percheron havia perguntado a Jung sobre seus pacientes e ele, relacionando aos casos aqui mencionados, respondeu o seguinte:

> Uma menina inglesa pertencente à nobreza, nasceu na Índia. Pais ricos. Sua aya (babá) toma conta dela e ela é nutrida moralmente pela Ásia – contos, lendas, atmosfera, além da influência da terra onde ela nasceu. Depois ela é enviada à França para um internato aristocrático. Ela se desequilibra, se dissocia, não consegue viver, não consegue se adaptar. Ela não quer reconhecer para si mesma que tem o passado de uma camponesa asiática. Vem me ver e não faz nenhum progresso. De seus sonhos, eu não consigo entender nem um terço. Eu lhe digo: "procure outra pessoa, eu não consigo (lhe tratar)"."Não" diz ela, "pelo menos você me escuta. Posso falar com você. Com os outros eu não tenho nem isso". "Está bem, vamos tentar continuar". Ela chega um dia: "Eu sonhei com um escaravelho dourado". Naquele exato momento, algo bate na minha vidraça. O barulho atrai minha atenção, eu me viro. Contra o vidro havia um escaravelho dourado, esse era o nome (do inseto). Eu o pego e o ponho nos joelhos dela.

Dois casos da prática clínica de Jung 207

> Você vê! Qual é o princípio por detrás disto? Coincidência,
> sincronicidade? (Percheron, 1982, p. 56-57).

Essa passagem mostra que Jung misturou informações dos casos de Maggy Reichstein e da paciente holandesa no livro de van Helsdingen. Primeiramente, a mulher não era inglesa, todas as pessoas envolvidas eram holandesas; em segundo lugar, era a paciente do livro de van Helsdingen que foi enviada a um internato inglês (não francês), e não Reichstein, que estava na Holanda em seus anos de escola; e finalmente, a história do escaravelho mencionada por Jung, como veremos mais adiante, está relacionada com o caso de Reichstein, e não com o caso da paciente holandesa. Portanto, na entrevista, Jung mesclou elementos referentes às histórias dos dois casos. Contudo, para entender corretamente a confusão de Jung é importante apresentar as semelhanças e diferenças nas histórias dessas duas mulheres. A seguir estão as passagens do livro de van Helsdingen que podem contribuir para uma compreensão das circunstâncias das informações equivocadas de Jung sobre a identidade da paciente.

Na introdução, Jung mencionou que van Helsdingen lhe pediu que escrevesse um prefácio para o livro. Em seu texto, Jung elogiou a qualidade técnica dos desenhos, que são de alto valor artístico e expressivos de forma incomum. A alta qualidade artística dos desenhos é um aspecto que pode ter contribuído para a confusão de Jung: a paciente holandesa apresentada no livro de van Helsdingen era uma artista como Mischa Epper. Ambas as mulheres pintaram e esculpiram em um nível artístico elevado. Além disso, elas tinham uma técnica e estilo similares em seus desenhos e, em alguns dos desenhos, ambas abordaram motivos similares.

No prefácio, Jung nota que os desenhos da paciente holandesa *comunicam seu conteúdo assustador e demoníaco ao observador e o convence dos terrores de um submundo fantástico* (OC 18/2, § 1252). Ele discorre sobre as fotos e o material apresentado, dá sua compreensão sobre o caso e o objetivo do uso terapêutico dos desenhos. Descreve da seguinte maneira:

As imagens desse livro nos mostram uma atividade imaginativa desencadeada de outra maneira: a fantasmagoria indomalaiana de uma vegetação luxuriante e das noites tropicais assustadoras e sufocantes. O ambiente e a disposição interior conspiraram para produzir essa série de imagens que dão expressão a um medo infantil-arcaico. Em parte, é o medo de uma criança que, privada de seus pais, está exposta de maneira indefesa ao inconsciente e as suas figuras fantasmagóricas ameaçadoras; em parte, é o medo de um europeu que não consegue encontrar outra atitude em relação a tudo o que o Oriente evoca nele, exceto a de rejeição e repressão. [...] As imagens não apenas ilustram a fase do tratamento que trouxe o conteúdo de sua neurose à consciência, mas também eram um instrumento do tratamento, pois reduziam as imagens semiconscientes ou inconscientes que circulavam em sua mente a um denominador comum e as fixavam. Uma vez que se possa encontrar tal forma de expressão, coloca-se um feitiço, por assim dizer, sobre o conteúdo representado, tornando-o relativamente inócuo e demonstrando a eficácia "mágica" dessa forma de expressão. Quanto mais complexo for o conteúdo, mais imagens são necessárias para despotencializá-lo. O efeito terapêutico dessa técnica consiste em induzir a mente consciente a colaborar com o inconsciente, sendo esse último integrado no processo.

Dessa forma, a dissociação neurótica é gradualmente remediada (OC 18/2, § 1253-1254).

A influência do Oriente, no caso de Reichstein e da paciente holandesa, é outro elemento que possivelmente contribui para a confusão. Como veremos mais adiante, o componente oriental na história de Reichstein foi um elemento crucial para a compreensão de Jung sobre seu caso, como também foi em sua consideração sobre o caso da paciente holandesa.

Van Helsdingen mencionou que anos antes havia conhecido por acaso a paciente de Jung. Ela lhe mostrou uma série de desenhos que havia feito durante o tratamento com Jung aproximadamente 30 anos antes, quando havia sofrido um colapso psíquico grave. Ele ficou impressionado com os desenhos e quis torná-los disponíveis para o público interessado. As épocas dos tratamentos é outra indicação da confusão feita por Jung, pois Mischa Epper estava em análise com Jung em 1919 e, pela segunda vez, por volta de 1926. A paciente holandesa esteve em análise com Jung entre 1930 e 1931, quando ela desenhou as imagens apresentadas no livro. É interessante notar que, durante o mesmo período, Mischa Epper esteve participando como convidada no Clube Psicológico em Zurique, entre 1930 e 1931[76].

As condições emocionais nas quais os pacientes fizeram os desenhos também foram diferentes. O Dr. van Helsdingen descreveu a forma como a paciente holandesa fez seus desenhos da seguinte maneira:

> Os desenhos foram feitos espontaneamente em um momento de grande tensão psíquica. A paciente sentia o

---

76. Sou grato à Sra. Georgina Seel por essa informação.

impulso de desenhar e depois desenhava "de seus sentimentos", sem ter uma ideia distinta em sua mente. Ela não sabia o que iria desenhar, não pensava em nada enquanto desenhava, e muitas vezes não entendia a imagem bizarra que surgia. No entanto, ela trabalhava com velocidade febril, sob o domínio de uma grande emoção. Somente quando os desenhos estavam prontos, ela notava que uma sensação de grande desprendimento/relaxamento se apoderava dela. O ato de desenhar era uma forma de emancipação (libertação), uma psicocatarse. Ela sabia que essa era uma forma de se libertar temporariamente de suas tensões e que tinha encontrado assim uma forma de autoterapia. Entretanto, após algum tempo, as emoções e os medos voltavam, de modo que ela era forçada a desenhar novamente. Os desenhos em si não despertavam grande interesse para ela. Somente mais tarde, sob a influência de sua psicoterapia, sua atenção foi atraída para o significado simbólico mais profundo desses desenhos, o que se pode chamar com razão de "imagens vindas do inconsciente" (Van Helsdingen, 1957, p. 3).

Os comentários de van Helsdingen indicam que os desenhos foram feitos sob tensão e de forma espontânea, de forma diferente do que no caso de Mischa Epper, que não desenhava em tal condição. Além disso, muitos de seus desenhos foram feitos no tratamento e sob a orientação de Moltzer, e, possivelmente, do próprio Jung. Comparando os desenhos originais que estão guardados no arquivo de imagens do Instituto C.G. Jung em Zurique com as datas dadas no livro, sabemos que van Helsdingen alterou ligeiramente a cronologia de alguns desenhos.

Em sua descrição da história do paciente, van Helsdingen nota ainda que *"a paciente cujos desenhos são o tema deste livro nasceu na Indonésia como uma filha de pais com alta formação*" (Van Helsdingen, 1957, p. 2). Pela história de Epper, sabemos que ela nasceu em Bloemendaal, Holanda, no dia 18 de agosto de 1901[77]. Foi sua irmã mais velha, Maggy Reichstein, que nasceu na Indonésia em 1894.

No livro de van Helsdingen, a paciente vivia na casa dos avós, onde a "tia Anne" cuidava das crianças. Ela foi descrita como puritana e perversa na maneira como as tratava. Nas passagens seguintes do livro de van Helsdingen temos descrições do tipo de tratamento que a "tia Anne" deu à paciente holandesa.

> A casa dos avós era dirigida pela irmã mais nova da mãe da paciente, a tia Anne, uma mulher solteira, que tinha cerca de 35 anos na época. Era uma mulher masculina com uma voz dura, tipo "líder de escoteiros", e muito severa com crianças. [...] (Ela) rejeitava a criança como uma "sonhadora" e a paciente tinha muito medo da tia, que adorava brincadeiras rudes que sempre envolviam ferir a paciente. Ela deve ter tido tendências sádicas. Em uma das 'brincadeiras', a tia levantava a criança e depois a deixava cair, de pernas abertas, no braço duro de uma cadeira, para que os genitais da criança ficassem machucados. Quando ela chorava, a tia a chamava de infantil. A tia era profundamente religiosa e falava frequentemente com as crianças sobre suas crenças. A paciente via em sua tia o lado sádico da religião, sem nenhuma beleza compensatória. Havia momentos em que ela (a tia) se vestia com um longo manto branco, fechava as cortinas, deitava-se no sofá, olhos fechados e mãos dobradas em oração e depois fazia as crianças entrarem para olhar para ela. Isso as desestabilizava muito. Quando uma das crianças era levemente malcriada, era trancada na sala escura do avô, na qual havia armas pendura-

---

77. NH – Registros.

das na parede. A paciente sempre ouvia vozes, pensando que poderia ser Momok, o fantasma indonésio temido por todas as crianças daquele país. A relação entre os avós era muito tensa, mas a tia Anne e o avô se davam muito bem. A paciente odiava profundamente os dois (Van Helsdingen, 1957, p. 4-5).

Aqui temos semelhanças, mas também distinções claras da história de Mischa Epper. Como já mencionado, Epper cresceu na casa de seus pais e sua família tinha uma babá que também era rude e puritana, mas não há relato na família de Epper do tipo de punições pelas quais a paciente holandesa passou. Além disso, na família de Epper não era uma tia que cuidava deles enquanto a mãe estava no hospital, mas a avó. Coincidentemente, tanto a tia da paciente holandesa quanto a avó de Epper foram chamadas de "Anne".

Em ambos os casos, a mãe estava ausente. A ausência de seus pais foi descrita no livro de van Helsdingen da seguinte forma:

A partir da tenra idade de quatro anos, a paciente foi enviada a um internato inglês, junto com as outras crianças da família, pelas razões habituais de saúde e educação adequada. A mãe voltou para seu marido em Java (Van Helsdingen, 1957, p. 4).

A mãe de Epper esteve no hospital de 1903 a 1908, quando ela faleceu. Durante esse período, Epper e suas irmãs tiveram um contato limitado com ela. Aqui novamente temos semelhanças, mas também distinções claras entre as duas histórias: a mãe de Epper era muito frágil com seus problemas de saúde, e na história da paciente holandesa a imagem de mãe (quer dizer, a avó) também foi descrita como frágil. A descrição de van Helsdingen é a seguinte:

Dois casos da prática clínica de Jung

> A avó tinha um caráter frágil, sempre em seu quarto de vestir, que era muito feminino, com rendas e um cheiro de lavanda (Van Helsdingen, 1957, p. 4).

Outra semelhança é que as duas pacientes achavam que suas mães eram muito submissas ao pai. E, em relação ao pai, no caso de Epper, ele esteve presente ao longo de sua infância, mas não foi assim no caso da paciente holandesa.

Em ambos os casos, os avós desempenharam um papel significativo na educação das crianças. Como mencionado na história de Epper, o avô morreu muito antes, e a avó assumiu a educação das crianças. Nas descrições de van Helsdingen, a educação rude da paciente não vinha apenas da "tia Anne", mas também do avô, que era violento com as crianças. Ele é descrito da seguinte forma:

> O avô tinha uma constituição muito masculina. [...] Quando ela era pequena, o avô a aterrorizava fazendo-a vir até ele quando ele estava sentado em sua poltrona e depois a esmagava entre seus joelhos – tremendamente forte porque ele era um cavaleiro. Ela sempre se apavorava quando vinha desejar-lhe boa noite em seu sombrio escritório inglês com seus troféus de guerra, incluindo espadas e sabres, na parede. Às vezes, só para aumentar seus medos, ele a fazia deitar no seu sofá e brandia as armas afiadas por cima dela. A criança ficava então paralisada com terror (Van Helsdingen, 1957, p. 4).

van Helsdingen descreveu que a paciente foi enviada para estudar em um internato na Inglaterra e que durante sua infância ela era uma menina isolada, com baixa autoestima. Sua personalidade em sua infância foi descrita no livro da seguinte forma:

214 Coleção Reflexões Junguianas

> Nessa família (intelectual) erudita ela, que era sensível e emocional, sempre se sentia uma pessoa excluída, o que gerou uma baixa de autoestima. Mais tarde em sua vida, ela desenvolveu um medo do intelectualismo, chegando mesmo a conceber a noção de que poderia ser "violentada" por ele [...]. No internato, sendo a mais nova das crianças, ela era bajulada e mimada. No entanto, deve ter-lhe faltado amor em um ambiente tão coletivo. A escola era muito rígida. [...] Todos os domingos as crianças tinham que ir à igreja. A paciente desenvolveu uma repugnância inconsciente por essa frequência obrigatória e convencional à igreja. [...] ela desmaiava. [...] Mesmo assim, [ela] era forçada a ir à igreja (Van Helsdingen, 1957, p. 4).

Novamente, existem semelhanças, mas também diferenças claras nas histórias das duas pacientes. Como mencionado anteriormente, a personalidade de Epper em sua infância era extrovertida e alegre e, portanto, oposta à paciente holandesa. No entanto, a ligação com a Inglaterra (a família de Epper tinha ascendência na Inglaterra) e as dificuldades relacionadas à sexualidade estão presentes em ambos os casos. A atitude em relação à igreja foi a oposta. A família de Epper não era nada religiosa e, no caso da paciente holandesa, a frequência à igreja era obrigatória.

Em ambos os casos, foi durante a adolescência que uma neurose grave eclodiu. Entretanto, no caso de Epper, o principal sintoma era a depressão paralisante, enquanto no caso da paciente holandesa eram a ansiedade e as ideias persecutórias. No livro de van Helsdingen foi descrito como segue:

> Na Indonésia, ela teve sua primeira menstruação [...] e [...] os primeiros sintomas de um complexo de perseguição. Ela não tinha tido nenhuma educação sexual. [...] Entretanto, agora imaginava que os 'djongos', os belos e fortes servos

nativos, queriam primeiro estuprá-la, depois matá-la. Ela tinha muito medo, mas não confiava em ninguém; em vez disso, ela se tornou mais quieta e silenciosa, comia pouco e dormia menos. A cada noite, ela esperava que eles se aproximassem um pouco mais. Finalmente, o médico de família descobriu seus medos secretos e ela foi enviada para morar com um primo que possuía uma plantação de chá nas montanhas de Java central. Nesse ambiente tranquilo e belo, ela entrou num período maravilhoso. Cavalgava pela plantação, se acalmava e ganhou peso. Ela comentou sobre esse tempo: "meus nervos estavam isolados pela gordura, embora, na realidade, isso não fosse uma solução". Os temas da floresta tropical em seus desenhos estão enraizados nessa fase. Durante esse período, ela também visitou os templos bramânicos, incluindo o complexo de Tjandi Sewoe, com sua enorme e belamente esculpida estátua de Nanda, a vaca-sagrada (Van Helsdingen, 1957, p. 5).

Ambas as mulheres passaram por tratamentos na adolescência. Epper teve o tratamento com Moltzer e Hämmerli, e a paciente holandesa com o médico da família. Epper, porém, estava na Holanda e a paciente holandesa na Indonésia. A descrição da paciente, no livro de van Helsdingen, continua da seguinte forma:

Aos 17 anos, voltou para a Europa com seus pais. Ela viveu alguns meses em Genebra e depois voltou ao seu internato inglês. Após a formatura, quis cursar uma escola de arte, mas seu pai estipulou que ela deveria primeiro completar um ano de estudos acadêmicos. Escolheu biologia, passou nos seus exames e depois pôde se dedicar à sua arte. Durante esse tempo, ela estava livre de seus medos. [...] Muito mais tarde, quando ela tinha 26 anos, conheceu seu futuro marido, que conseguia lidar com sua agitação. Entretanto, durante a lua-de-mel, foi dominada por sua velha psicose de medo. O contato sexual era impossível. Ela via rostos atrás de cada árvore e sentia que seria assassinada. No trem, ela sentiu que todos a olhavam e temia uma conspiração. [...] Um amigo da família, um psiquiatra, a encontrou em lágrimas enquanto arrumava a bagagem de seu marido e sugeriu que ela entrasse em tratamento com ele, embora ele morasse em outro país. Seu marido concordou e assim, entre 28 e 30 anos, ela viveu em uma pensão em um país estrangeiro e via o psiquiatra todos os dias. Ele a tratava psicanaliticamente, pelo método de Freud, mas a paciente sentia que esse não era o caminho para lidar com a origem de seus problemas e que ele não a entendia de forma alguma. Embora ela protestasse continuamente, aceitou todas as interpretações dele. Ele despertou a sexualidade dela, mas a proibiu de desenhar dizendo "que assim ela poderia ficar realmente louca!" (Van Helsdingen, 1957, p. 6).

Aqui temos outra diferença nos casos. Os tratamentos de Epper não foram baseados na teoria freudiana: primeiro, com Hämmerli, que Epper não considerou como psicoterapeuta, e depois com Moltzer, baseado nas teorias e técnicas de Jung. Segundo van Helsdingen, o encontro da paciente com Jung aconteceu quando esta tinha cerca de 30 anos de idade, quando a paciente desenvolveu sintomas de ansiedade e teve vontade de desenhar novamente. Van Helsdingen escreveu:

Aos 32 anos, ela voltou para a Holanda, e foi novamente tomada por terrores desconhecidos. Em uma semana, ela desenhou todos os desenhos referentes à "Catedral Englishoutie" e em poucos meses seguiram todos os outros da série, incluindo os "As Nonas". Uma *amiga* mostrou seus desenhos ao professor Jung, que disse: "se ela desejar vir, deve fazê-lo imediatamente!" E assim, aos 33 anos, a

Dois casos da prática clínica de Jung

> paciente ficou sob os cuidados de Jung, que, em contraste com seu psiquiatra anterior, a incentivou a desenhar. Para ajudar na interpretação de seus sonhos ele a incentivou a falar com as pessoas e animais nos desenhos (Van Helsdingen, 1957, p. 6).

Aqui temos uma hipótese que possivelmente explica a origem da confusão de Jung nos casos: a amiga que levou a paciente holandesa a entrar em contato com Jung (a parte que sublinhei acima no livro de van Helsdingen) foi Maggy Reichstein[78]. As duas mulheres se conheciam: Reichstein e a paciente holandesa participaram de um seminário que Jung deu em 1930[79]. A técnica utilizada em ambos os casos é a mesma: conversas com o inconsciente, ou o que Jung chamou de imaginação ativa. Outra semelhança foi o resultado do tratamento: ambas as mulheres sentiram que foram ajudadas por Jung. O Dr. van Helsdingen escreveu no fim de seu livro:

> Após seu tratamento, a paciente nunca mais sentiu a necessidade de dar expressão a qualquer "imagem do inconsciente", embora ela continuasse a se desenvolver como uma artista. Ela tem estado em plena saúde há mais de 30 anos! (Van Helsdingen, 1957, p. 5).

Pelas notas de Epper, sabe-se que ela conhecia a paciente holandesa de Jung e que eles mantiveram contato durante toda sua vida. Em 1957, Epper escreveu a Jung informando de sua estada na Holanda e de sua visita à paciente holandesa. Na ocasião, ela contou a Epper sobre o livro que van Helsdingen publicaria sobre seu tratamento com Jung[80].

---

78. Sou grato a Tjeu van den Berk por essa informação.

79. PA – Lista dos presentes no Seminário de C.G. Jung de 1930.

80. ETH – Carta de Mischa Epper a C.G. Jung de 26 de julho de 1957, código Hs 1056 23 919.

As informações equivocadas de Jung para van Helsdingen em 1952, considerando a paciente holandesa como a irmã de Reichstein, e a mistura desses casos em seu relato na sua entrevista com Percheron indicam que, nos anos 1950, sua memória sobre seus tratamentos não era a mais acurada. Isto é importante notar porque, aparentemente, Jung não tomava notas de tratamentos sistematicamente. Entretanto, a apresentação de van Helsdingen sobre o tratamento da paciente holandesa de Jung nos dá outro exemplo do uso suas técnicas em sua prática. Além disso, ele nos dá outro exemplo do uso de Jung de material clínico para apoiar suas postulações. Como veremos mais tarde, ele perguntou a Reichstein, em uma carta de 1949, sobre seu sonho com o escaravelho e sobre os detalhes daquele evento, porque ele não tomou notas quando aquilo aconteceu.

Para concluir este capítulo, gostaria de ressaltar que as histórias de Epper e Reichstein nos mostram as razões para elas virem a Zurique e para o encontro com Jung. Estas mostram que as questões principais nos tratamentos de Epper e Reichtsein foram os problemas ligados à condição aristocrática delas, ao estilo de vida mimado, a doença da mãe, aos conflitos dentro da família e em sua educação, a importância das questões religiosas e culturais, a busca de valores espirituais e, também, a luta geral das mulheres daquela época em relação à sexualidade e emancipação.

Com relação à análise de Epper com Moltzer podemos concluir que, embora o tratamento a tenha ajudado a tornar o inconsciente mais fluido, Epper considerou que o foco exagerado na intuição quase a deixou insana, e faltou a conexão com a realidade. Em relação ao curto tratamento de Epper com Jung, pode-se dizer que ele estava focado na ligação inconsciente dela com seu pai e no confronto com as realidades da vida.

PARTE III

Maggy Reichstein

14 Os textos publicados por Jung citando o caso de Maggy Reichstein[81]

> É inacreditável os problemas que pesam sobre as filhas da família Quarles. Mas aprendi muito com você, o que ajudará outras pessoas. Portanto, sempre penso em você com gratidão.
> Atenciosamente,
> C.G. Jung[82]

Após a apresentação de suas histórias, podemos entender a primeira frase de Jung na carta a Reichstein de fevereiro de 1929. Mas a segunda frase é mais intrigante, pois nos leva a uma pergunta importante: o que ele teria aprendido com Reichstein? Ele usou o caso dela como exemplo em diferentes temas; portanto, o que aconteceu no tratamento de Reichstein que levou Jung mencioná-la em várias de suas publicações?

O que segue é a investigação sobre essas questões, apresentando o que Jung escreveu sobre o caso de Reichstein, o contato entre eles e o debate em profundidade de suas ideias com ela. É o caso de uma mulher conhecida em alguns círculos

---

81. Uma versão reduzida desse texto foi publicada em um artigo no *Journal of Analytical Psychology* (cf. De Moura, 2014).
82. PA – Documento n. 8, Cartas Jung–Reichstein.

junguianos como "a senhora dos mandalas", e que apareceu em vários dos escritos de Jung.

A primeira vez que Jung mencionou o caso de Reichstein foi em 8 de outubro de 1932, quando deu um seminário sobre a ioga kundalini. A apresentação de Jung sucedeu aos seminários dados pelo indólogo Wilhelm Hauer, no Clube Psicológico em Zurique. As apresentações de Hauer foram intituladas "Ioga, especialmente o significado dos chacras". Jung concentrou sua apresentação no significado psicológico dos símbolos que aparecem no processo de despertar da kundalini, e nas diferenças entre as abordagens oriental e ocidental sobre espiritualidade. Esses seminários de Jung são conhecidos na literatura como os seminários sobre ioga kundalini (Jung, 1996).

Em seus comentários, Jung agradeceu a Hauer pela apresentação na qual tinha explicado o simbolismo dos chacras, acrescentou que ele tinha uma abordagem diferente para o tema e relatou como ele viu pela primeira vez o simbolismo da kundalini em uma paciente. Jung disse que não tinha tido antes a chance de saber sobre chacras e que o simbolismo desses não tinha nenhuma relação com a mentalidade ocidental. Ele descreveu então um caso muito difícil que teve, uma jovem europeia nascida no Oriente, e que ela não tinha ideia desse simbolismo do Leste. Ela tinha tido grande dificuldade de adaptar-se às condições europeias, foi contra tudo e todos e se tornou muito neurótica. Ela havia sido tratada antes por dois analistas, a quem ela teria "explodido", e Jung não era capaz de entender seus sonhos, que tinham uma psicologia oriental peculiar. Ele descreveu sua condição da seguinte maneira:

> Ela desenvolveu um conjunto inteiramente novo de sintomas, começando com um sonho que causou nela uma forte

Dois casos da prática clínica de Jung

impressão: que de seus órgãos genitais saia um elefante branco. Eu estava completamente estupefato, nunca tinha ouvido falar algo tão sem sentido; e mesmo assim ela ficou tão impressionada que começou a esculpir o elefante em marfim. Então apareceram sintomas orgânicos: ela tinha úlceras no útero e eu tive que mandá-la a um ginecologista. [...] Ela desenvolveu poliúria, uma quantidade de fluido impossível; mal conseguia segurar a urina. [...] Com isso, houve ataques agudos de diarreia – novamente enormes volumes de água sem nenhuma causa aparente; apenas acontecia. Ao mesmo tempo, ela realmente amava um homem, mas não podia pensar em se casar com ele. E então entrou na cabeça dela a ideia de que eu, ou circunstâncias, poderia persuadi-la a casar e ter um bebê, mas isso era impossível. Durante um ano inteiro, ela lutou contra essa ideia, até desenvolver um sintoma totalmente novo. Sentia como se seu crânio tivesse amolecido no topo, como se a fontanela estivesse se abrindo – como uma criança com o crânio aberto – e que algo parecido com um pássaro com um bico longo estivesse descendo de cima e entrasse nela através do crânio, encontrando algo que vinha de baixo. Quando isso aconteceu tudo se resolveu e ela se casou e teve filhos (Jung, 1996, p. 104-106).

Jung acrescentou que só foi capaz de entender a sintomatologia do caso depois de ler o livro de Avalon, *A Serpente do Poder* e encontrar os paralelos com os chacras. Ele disse:

Vejam, primeiro era o elefante em muladhara, segundo era svadhisthana, a região da água, e depois o centro emocional, manipura; e depois não seguiu continuamente – algo veio de cima e isso trouxe a resolução. No início, isso era absolutamente incompreensível para mim; não conseguia entender o que havia acontecido. Posteriormente, porém, entendi que esse era o despertar vindo do alto e ela pôde então se desembaraçar do labirinto daquela selva exótica. Ela pôde objetivar a psicologia indiana que havia sido enxertada nela com o leite que ela bebia da aia (babá) e pela sugestão vinda de seu ambiente. Libertou-se pela objetivação e pôde aceitar a vida europeia. E, muito naturalmente, expressou todo o seu desenvolvimento nos mais belos mandalas (Jung, 1996, p. 104-106).

Citei aqui extensivamente o comentário de Jung, porque nele encontramos sua descrição das condições de Reichstein e a compreensão dele sobre o caso. Nesse contexto, é importante apresentar brevemente o livro mencionado por Jung, *The Serpent Power [A serpente do Poder]*. Seu autor, Arthur Avalon, um pseudônimo de Sir John Woodroffe, publicou o livro em 1919. Woodroffe traduziu e comentou os dois textos em sânscrito "A Descrição de uma Investigação sobre os Seis Centros Corporais" (Sat-Cakra-Nirupana) e "O banquinho de cinco pés do guru" (Paduka-Pancaka). Esses textos tratam de uma forma de ioga tântrica, chamada de ioga kundalini. O objetivo da prática da kundalini era permitir a elevação de uma energia cósmica divina, que se encontra adormecida na base da coluna vertebral, na forma imaginária de uma serpente enrolada. Woodroffe se referiu à kundalini como "a serpente do poder". Os exercícios de ioga visam despertar a kundalini, levando-a a chacras mais altos, os centros de consciência. Em seu caminho através dos chacras, a kundalini desenvolve a consciência do iogue e lhe dá poderes psíquicos (Woodroffe, 2003).

Num contexto diferente, em 1937, Jung deu outra descrição do caso de Reichstein em seu artigo "As realidades da psicoterapia prática". Nesse texto, Jung escreveu que os distúrbios psicogênicos são atípicos, individuais e com tantas variações que é difícil para o médico dar um diagnóstico. Ele observou

Dois casos da prática clínica de Jung

ainda que, caso o tratamento tomasse a forma de uma análise, seu desenvolvimento seria único. Jung também mencionou que similaridades de personalidade facilitariam a comunicação entre médico e paciente, mas uma vez que as diferenças em suas personalidades aparecessem, um processo dialético seria necessário. Jung descreveu duas condições que poderiam causar problemas no tratamento: a primeira, quando o analista era neurótico ou inconsciente de seus próprios problemas. Esse fenômeno era, de acordo com Jung, uma das principais causas de problemas na contratransferência. A segunda condição que poderia causar problemas em um tratamento era a falta de conhecimento do médico, ou seja, quando o médico não sabia como entender o material trazido pelo paciente. Nesse caso, a falta de conhecimento teria o mesmo efeito que a inconsciência mútua. Jung então apresentou o caso de Reichstein e descreveu sua condição da seguinte forma:

> Lembro-me de um caso que me causou muitos problemas. Tratava-se de uma paciente de 25 anos, que sofria de um alto grau de emotividade, sensibilidade exagerada e febre histérica. Ela era muito musical; sempre que tocava piano ficava tão emocionada que sua temperatura aumentava e depois de dez minutos registrava 100° F (37.9° C) ou mais. Também sofria de uma argumentação compulsiva e de uma tendência de esmiuçar temas filosóficos que era intolerável, apesar de sua alta inteligência. Ela era solteira, mas estava tendo um caso amoroso que, exceto por sua hipersensibilidade, era perfeitamente normal. Antes de vir até mim, ela havia sido tratada por um analista por dois meses sem sucesso. Em seguida, foi a outra analista, que interrompeu o tratamento ao fim de uma semana. Eu era o terceiro. Ela sentia que era uma das que estavam condenadas a fracassar em análises e veio até mim com

sentimentos pronunciados de inferioridade. Ela não sabia por que não tinha dado certo com os outros analistas. Eu a levei a me contar sua extensa anamnese, o que precisou de várias consultas (OC 16, § 546, trad. mod.).

Jung descreveu o problema de Reichstein, na primeira análise, como devido à incapacidade do médico em interpretar um sonho que Reichstein teve, no qual ela precisava atravessar uma fronteira, não encontrou a maneira de fazê-lo e se perdeu no escuro. Para Jung, a falha do analista foi a de não identificar no tratamento um estado inconsciente de identidade entre eles. Jung acrescentou:

> De fato, alguns anos depois, esse analista desistiu completamente da psicoterapia por causa de muitos fracassos e envolvimentos pessoais (OC 16, § 546, trad. mod.).

Com relação aos problemas do segundo tratamento, que durou uma semana, Jung mencionou:

> No início do segundo tratamento, o sonho da fronteira foi repetido da seguinte forma: *ela havia chegado à mesma estação fronteiriça. Tinha que encontrar um lugar para atravessar e viu, a distância, apesar da escuridão, uma luz fraca mostrando onde ficava o lugar. Para chegar lá, ela tinha que atravessar um vale arborizado em completa escuridão. Ela arranjou coragem e foi em frente. Mas, mal ela tinha entrado no vale das árvores, sentiu alguém agarrado a ela e ela sabia que era sua analista. Ela acordou aterrorizada. Essa analista também desistiu mais tarde de sua profissão pelas mesmas* razões (OC 16, § 547, trad. mod.).

Não foi possível identificar os nomes dos dois analistas. No entanto, considerando o tratamento da irmã de Reichstein, é possível que os analistas, como no caso de Mischa Epper,

Dois casos da prática clínica de Jung

poderiam ter sido Maria Moltzer e Thomas Hämmerli. Esta hipótese é particularmente provável em relação a Moltzer, porque Moltzer e Reichstein tinham a mesma língua materna (holandês). Infelizmente, nenhum documento para verificar essa hipótese sobre os tratamentos que ela teve antes de Jung foi encontrado até esta data. Em seu texto de 1937, Jung descreveu que, inicialmente, o tratamento não foi bem-sucedido. A mudança ocorreu quando ele conectou os sintomas de Reichstein com o simbolismo oriental da ioga kundalini, o que levou ao desenvolvimento positivo do caso.

Uma terceira publicação do caso de Reichstein foi feita por Jung em 1950, em "Simbolismo do mandala", um texto baseado em um seminário que Jung apresentou em Berlim, em 1930. Jung comentou três de suas pinturas, nos desenhos 7, 8 e 9, e os apresentou da seguinte forma:

> Desenho 7 – Motivo floral com cruz no centro. O quadrado, também, está disposto como uma flor. As quatro faces nos cantos correspondem aos quatro pontos cardeais, que muitas vezes são representados como quatro divindades. Aqui eles têm um caráter demoníaco. Isso pode estar ligado ao fato de a paciente ter nascido nas Índias Orientais Holandesas, onde ela sugou a peculiar demonologia local com o leite materno de sua aia nativa. Seus numerosos desenhos tinham todos um caráter distintamente oriental, e assim a ajudaram a assimilar influências que, a princípio, não podiam ser reconciliadas com sua mentalidade ocidental. [...] Criada nas Índias Orientais até os 6 anos, ela entrou mais tarde em um meio europeu convencional, isso teve um efeito devastador na qualidade floral de seu espírito oriental e causou um trauma psíquico prolongado. Sob tratamento, seu mundo nativo, há muito submerso, surgiu novamente nesses desenhos, trazendo consigo a recuperação psíquica.

Desenho 8 – O desenvolvimento floral fica mais forte e está começando a superar a "qualidade demoníaca" dos rostos.

Desenho 9 – Uma etapa posterior é mostrada aqui. Cuidados minuciosos na arte de desenhar, com riqueza de cor e forma. A partir disso, podemos discernir não apenas a extraordinária concentração do paciente, mas o triunfo da "qualidade floral" oriental sobre o demônio do intelectualismo ocidental, o racionalismo (OC 9/1, § 657-659, trad. mod.; cf. fig. 14.1).

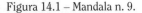

Figura 14.1 – Mandala n. 9.

Baseados nos textos anteriores, podemos concluir que, ao apresentar seu caso, Jung se concentrou no impacto causado pelo nascimento de Reichstein no Oriente, e o viu como a principal causa de seu distúrbio e falta de adaptação. Ele afirmou que somente depois de ter se familiarizado com o simbolismo oriental é que foi possível para ele compreender e tratar o caso adequadamente. Essas apresentações de Jung sobre o caso de Reichstein serão discutidas em relação aos tópicos mencionados nos capítulos seguintes.

15  O caso de Reichstein relacionado aos conceitos de Jung sobre transferência e contratransferência

Após 1914, Jung continuou a diferenciar sua compreensão dos conceitos de transferência e contratransferência, um tema central no tratamento analítico. Freud, que havia publicado seus artigos sobre o assunto, principalmente entre 1911 e 1915 (Leitner, 2001, p. 209), sugeriu que a transferência e a contratransferência estão principalmente relacionadas ao paciente: o médico recebe a projeção das relações anteriores importantes do paciente (transferência), e ele pode ser afetado por essa projeção inconscientemente (contratransferência). Freud recomendava análise para o analista e argumentava que o médico deve estar consciente desse fenômeno.

Para Jung, no entanto, havia uma colaboração mútua na relação analítica. Ele escreveu em 1929:

> Para duas personalidades se encontrarem, é como misturar duas substâncias químicas diferentes; se houver alguma combinação, ambas serão transformadas. Em qualquer tratamento psicológico eficaz, o médico é obrigado a influenciar o paciente; mas essa influência só pode ocorrer se o paciente tiver uma influência recíproca sobre o médico. [...] É inútil que o médico se proteja da influência do paciente e se cerque de uma cortina de fumaça de autoridade paternal e profissional (OC 16, § 163, trad. mod.).

230 Coleção Reflexões Junguianas

Dois anos depois, em 1931, Jung mencionou o sonho de uma paciente em uma palestra intitulada "A aplicação prática da análise dos sonhos", publicada em 1933, para ilustrar como os sonhos podem refletir a atitude do paciente para com o médico (OC 16, § 307-311, trad. mod.).

Quatro anos depois, ele discutiria a influência recíproca entre pacientes e médicos em uma série de cinco palestras, conhecidas como as Palestras de Tavistock, que ele apresentou em Londres entre setembro e outubro de 1935. Nessas palestras, falou sobre sua compreensão de psicologia, que, para ele, era uma ciência preocupada com a consciência e os produtos do inconsciente; apresentou alguns de seus conceitos e mencionou as diferenças e semelhanças entre sua abordagem e a de Freud. Na quarta palestra, Jung disse o seguinte:

> Considero minha contribuição à psicologia como minha confissão subjetiva. É minha psicologia pessoal, meus pré-conceitos, que me leva a ver fatos psicológicos como eu vejo. Admito que vejo as coisas de tal maneira. Mas espero que Freud e Adler façam o mesmo e confessem que suas ideias são seus pontos de vista subjetivos. À medida que admitimos nossos pré-conceitos pessoais, estamos realmente contribuindo para uma psicologia objetiva (OC 18/1, § 275, trad. mod.).

O comentário de Jung aponta que ele tinha sua visão individual da psicologia e que o analista não pode estar livre de sua visão pessoal no tratamento do paciente. Portanto, em seu entendimento, as ideias, valores e personalidade do analista têm uma grande influência sobre o tratamento psicológico.

Mais tarde, em maio de 1937, durante uma palestra intitulada "As Realidades da Psicoterapia Prática" em Berna, Suíça, Jung postulou as diferenças entre dois métodos de tratamento. Na

Dois casos da prática clínica de Jung 231

primeira forma, o médico segue um método específico, no qual a individualidade do paciente *"significaria pouco mais que um distúrbio do método empregado"* (OC 16, § 542, trad. mod.). Na segunda forma, ele descreve um tratamento sob a forma de uma análise, que nunca segue um curso típico. O primeiro método é bem-sucedido se *"as premissas do método coincidem com as situações problemáticas do paciente"* (OC 16, § 542, trad. mod.). Para o médico convencido dessa maneira de trabalhar, as falhas no tratamento seriam consideradas como falhas do paciente. Jung, entretanto, declarou que preferia a segunda forma de trabalho, ficando longe de métodos e diagnósticos, trabalhando com um mínimo de suposições prévias, porque *"a suposição que eu mesmo sou determinará meu método: como sou, assim procederei"* (OC 16, § 543, trad. mod.). Essas declarações indicam claramente a opinião de Jung sobre como sua própria personalidade era a base para o tratamento que oferecia a seus pacientes. Ele chamou sua abordagem de um procedimento dialético, um encontro entre suas premissas e as do paciente.

Em sua palestra de 1937, Jung fez uma observação particularmente importante sobre o tratamento que chega a um impasse ou é interrompido devido a problemas no processo de transferência/contratransferência (como citado acima, Jung se refere a uma identificação inconsciente) e nota que *"esse estado de identidade inconsciente é também a razão pela qual um analista pode ajudar seu paciente até onde ele mesmo foi e não um passo adiante"* (OC 16, § 545, trad. mod.). Ele acrescentou que a falta de conhecimento por parte do analista teria exatamente o mesmo efeito que uma identidade inconsciente.

O caso usado por Jung em 1931, em "A Aplicação Prática do Uso dos Sonhos" para ilustrar como os sonhos podem espelhar a atitude do paciente para com o médico, e o caso em 1937 em "As Realidades da Psicoterapia Prática" para ilustrar suas postulações sobre a influência mútua entre o paciente e o médico, que não havia sido previamente identificado, foram ambos baseados no tratamento de Reichstein. Como mencionado anteriormente, ele apresentou o caso de uma mulher que havia sido tratada sem sucesso por dois analistas antes dele e descreveu os sonhos e sintomas dela que ele não entendia. O tratamento com Jung também corria insatisfatoriamente e ele estava entediado. Sua descrição do desenvolvimento do caso é a seguinte:

> Uma vez eu perdi a paciência com ela porque senti que ela não estava fazendo nenhum esforço. "Bem, aqui estão as (minhas) reações pessoais vindo à tona", pensei. Na noite seguinte, *sonhei que estava caminhando ao longo de uma estrada campestre no sopé de uma colina íngreme. Na colina, havia um castelo com uma torre alta. Sentada no parapeito do topo da colina estava uma mulher, dourada à luz do sol poente. Para vê-la bem tive que voltar a cabeça tão para trás que acordei com um estalido no pescoço.* Percebi, para meu espanto, que a mulher era minha paciente. O sonho era claramente perturbador, pois a primeira coisa que me veio à cabeça enquanto dormia foi o verso de 'canto de equitação' de Schenkenbach:
>
> Ela se encontra tão acima de nós, ela não rejeitará nenhuma oração.
>
> Essa é uma invocação para a Virgem Maria. O sonho havia colocado minha paciente no topo, fazendo dela uma deusa, enquanto eu, para dizer o mínimo, a olhava do alto para baixo. No dia seguinte eu lhe disse: "você não notou que

Dois casos da prática clínica de Jung   233

> nosso trabalho está preso no marasmo?" Ela chorou e
> disse: "claro que notei. Eu sei que sempre falho e nunca
> faço nada certo. Você era minha última esperança e agora
> isto também não vai funcionar'". Eu a interrompi: "desta
> vez é diferente. Eu tive um sonho com você". E eu lhe
> contei o sonho, com o resultado de que a sintomatologia
> superficial, sua argumentação, sua insistência em estar
> sempre certa e sua sensibilidade desapareceram (OC 16,
> § 549-551, trad. mod.).

Jung compreendeu seu sonho como uma compensação por sua atitude de olhar para ela com desprezo. Foi um importante ponto de virada no tratamento dela, o que o fez olhar para ela sob uma nova luz. Esse, porém, não foi o único sonho que Jung teve com Reichstein que mostrava que ele estava preso na contratransferência com ela. Em uma carta inédita de 7 de dezembro de 1926, Jung escreveu o seguinte:

> Minha querida Sra. Reichstein,
>
> Há três semanas tive um sonho inquietante com você
> (um dia antes que você deveria ter vindo). Então você não
> veio [...], você também não veio. [...] nada de ruim tenha
> acontecido. Por favor, me informe em breve, o que acon-
> teceu. Estou seriamente preocupado com você.
>
> Com os melhores cumprimentos
>
> Atenciosamente,
>
> Dr. Jung[83]

Nessa nota fica claro que Jung tinha um interesse genuíno na condição de Reichstein e que ele, pelo menos ocasionalmen-te, lhe comunicava seus sonhos. Isso mostra que, na análise com Reichstein, Jung agiu como postulou teoricamente sobre

---

83. PA – Documento n. 7, cartas entre Jung e Reichstein. Partes dessa carta estão laceradas.

a contratransferência, ou seja, que tanto o analista quanto o paciente interagem com suas plenas personalidades. O caso de Reichstein mostra o desenvolvimento de Jung na sua compreensão do processo de transferência e contratransferência. Seu sonho o levou a avaliar sua atitude no tratamento e assumir uma postura diferente em relação a ela. Porém, não apenas a forma dele "olhar para ela" mudou; ele também considerou que sua falta de conhecimento tinha causado problemas no tratamento. Ele considerou a influência mútua como um elemento na busca de compreensão do processo tanto no paciente quanto nele mesmo.

Mischa Epper estava presente na palestra de Jung proferida em maio de 1937. Ela tomou notas da apresentação e, muito mais tarde, em uma carta datada de 13 de março de 1963[84], enviou suas notas para Reichstein. Epper sublinhou as passagens que lhe pareciam especialmente importantes e que estavam relacionadas principalmente com o caráter individual de uma doença psicológica e, no caso de Reichstein, as fantasias que Jung não entendeu até ler o trabalho de Avalon sobre a ioga kundalini. Para Jung, o fato de Reichstein ter nascido no Oriente foi um dos fatores mais interessantes em seu tratamento, pois chamou sua atenção e, como veremos, o levou a aprofundar seus estudos sobre a relação entre a psicologia oriental e ocidental.

---

84. PA – Documento n. 4, correspondência Jung e Reichstein.

16   O caso de Reichstein e o entendimento de Jung sobre psicologia oriental e ocidental

Em 1928, Jung começou a trabalhar no comentário psicológico do tratado chinês *O Segredo da Flor de Ouro* com o sinólogo Richard Wilhelm. Naquela época, Jung estava insatisfeito na forma como tinha corroborado suas afirmações sobre o inconsciente coletivo e seus esforços a esse respeito pareciam ser inconclusivos. No trabalho com o texto de Wilhelm, Jung viu uma oportunidade de encontrar uma base histórica para suas ideias. Ele mencionou que, quando recebeu o texto de Wilhelm, não lhe pareceu importante que, além de ser um texto taoísta, também fosse um tratado alquímico. Ele afirmou que só mais tarde fez a conexão entre o texto e os processos do inconsciente coletivo que havia observado nos seus pacientes. Jung enfatizou que o texto o colocou no caminho certo (OC 13, p. 4, trad. mod.).

Em seu comentário, Jung escreveu que a mente científica do Ocidente tinha seus próprios méritos, mas uma abordagem científica por si só não era suficiente para compreender adequadamente a sabedoria presente no texto. Ela era genuína e tinha suas origens na vida oriental e nos seus instintos mais profundos, enraizados na antiga vida cultural da China. Portanto, era inacessível para as pessoas do Ocidente e impossível de se imitar. Jung considerou que o problema relacionado à compreensão adequada do texto estava enraizado na unilateralidade intelectual da mente ocidental. Para ele, a forma oriental de pensar, tal como apresentada pelos princípios de Yin e Yang e a busca de equilíbrio entre as polaridades, era *"um sinal de avanço cultural, uma ampliação da consciência além dos limites estreitos de um intelecto tirânico"* (OC 13, § 7, trad. mod.).

A unilateralidade foi importante para o desenvolvimento do intelecto no Ocidente, mas esse desenvolvimento aconteceu muito focado na razão. A consciência tornou-se relativamente independente do comportamento instintivo, mas, adquirindo mais independência, sofreu uma *hubris*, ou seja, uma inflação que a havia levado a um colapso psíquico. O colapso se manifestou na forma de um desmoronamento psíquico, sentido na mente como um conflito irreconciliável. Esse somente poderia ser resolvido considerando tanto os elementos conscientes quanto os inconscientes. Jung viu na abordagem oriental, na sua forma de conciliação entre os opostos, uma atitude paralela que poderia levar a um novo nível de consciência e a uma nova perspectiva sobre o conflito. No entanto, essa nova perspectiva não seria alcançada através do pensamento racional. O desenvolvimento psíquico se expressaria em símbolos e esses também teriam efeitos sobre a pessoa que os experimentasse (OC 13, § 31, trad. mod.). O símbolo da união dos opostos apareceria principalmente na forma de mandala, tal como a flor dourada no texto original chinês.

Na biografia de Helton Godwin Baynes, também conhecido como Peter Baynes, um psicólogo analítico e seguidor de Jung e que traduziu alguns de seus trabalhos, há um relato de como Jung comentou com ele sobre o início do seu interesse por psicologia oriental. Em um diálogo entre Baynes e Jung, no qual eles discutiam sobre a influência da *anima*, o tema foi apresentado da seguinte forma:

> Jung fez uma contribuição muito boa para apaziguar a tempestade (uma relação que Baynes tinha com uma mulher) e conseguiu equilibrar a situação novamente. Contou como ele mesmo havia sido pego na contratransferência por uma bela garota aristocrática e como teve um sonho no qual ela foi entronizada muito alto em um templo oriental, bem acima dele. E isso explicaria como todo seu conhecimento e interesse pelas ideias e sentimentos orientais haviam se desenvolvido a partir da transferência para essa moça. Ele teve, como ele mesmo disse, de cortar sua cabeça fora e aprender a submeter sua ignorância a sua paciente (Baynes-Jansen, 2003, p. 244-245; cf. tb. Jung, 1996, p. xxv).

O processo de contratransferência, no qual Jung se sentiu preso, era o caso de Reichstein. Antes de apresentar o papel de Reichstein no desenvolvimento da relação de Jung com o Oriente, porém, é necessário considerar criticamente a passagem mencionada anteriormente de que *"todo seu conhecimento e interesse pelas ideias e sentimentos orientais haviam se desenvolvido a partir da transferência para essa moça"*.

Como ilustrado em suas publicações, o interesse de Jung pelas ideias orientais existia antes de 1919, ou seja, antes de seu primeiro encontro com Reichstein. Ele o demonstrou usando a mitologia oriental para ampliar os símbolos relacionados com a simbologia da figura materna e com o renascimento em seu livro *Transformações e Símbolos da Libido* de 1912, no qual ele mencionou as mitologias chinesa e hindu.

Outro exemplo foi mencionado em um seminário dado em 1925. Jung descreveu que durante seu tempo como médico assistente no Burghölzli, entre 1900 e 1909, sonhou com uma casa medieval onde desceu à adega e encontrou a entrada para uma caverna, na qual descobriu a cerâmica e ossos pré-históricos. Ele mencionou que ficou impressionado com o sonho e procurou onde as escavações arqueológicas estavam sendo feitas. Entretanto, observou:

> Mas é claro que isso não me satisfez. Comecei então a pensar sobre o Oriente, comecei a ler sobre escavações que estavam sendo feitas na Babilônia. Meu interesse foi para os livros e encontrei um livro alemão chamado *Mitologia e simbolismo* (Jung, 1990, p. 23).

Além disso, em uma das fantasias de Jung retratadas no *Livro Vermelho,* há também evidências que sugerem um interesse na atitude oriental de buscar o equilíbrio entre os opostos. No diálogo cômico entre Ammonius e o Vermelho (o velho monge e o diabo) é possível reconhecer a tentativa de encontrar equilíbrio entre os opostos na fantasia de Jung, e, na passagem seguinte, ele fez uma observação interessante, possivelmente relacionada com a atitude oriental. Jung escreveu:

> Estou sozinho, mas preencho minha solidão com minha vida. Sou para mim mesmo pessoa barulho, entretenimento, consolo e ajuda suficientes. E assim viajo para o distante Oriente. Não que eu soubesse qual seria o meu destino longínquo. Vejo horizontes azuis diante de mim: são para mim objetivo suficiente. Apresso-me para o Oriente, para o meu começo. Eu quero o meu nascente (*LV*, p. 277).

Jung também observou que, mesmo antes do encontro com R. Wilhelm, ele se interessou pela filosofia oriental e, por volta de 1920, tinha começado a experimentar com o *I Ching* (Jung, 2019, p. 373).

As passagens anteriores apontam para o interesse geral de Jung nas ideias e temas ligados ao Oriente. No entanto, a conversa mencionada na biografia de Baynes indica claramente que o material que Jung encontrou no caso de Reichstein alimentou seu interesse.

Em 1932, nos seminários sobre a ioga kundalini, o interesse de Jung foi focado especificamente nos paralelos entre o processo de despertar da kundalini e suas postulações sobre o processo de individuação. Como mencionado anteriormente, o caso que ele usou para ilustrar suas ideias foi o caso de Reichstein. Ele compreendeu os sintomas dela e as imagens em seus sonhos simbolicamente, relacionando-os com a ativação dos chacras. Entretanto, Jung era da opinião que as pessoas no Ocidente não tinham paciência para seguir o processo descrito na tradição da ioga, e que esse caminho não era apropriado para a mente ocidental.

Em "Ioga e o Ocidente" (1936), Jung escreveu sobre os aspectos fisiológicos e filosóficos da ioga e considerou-a um método que foi desenvolvido e incorporado na tradição oriental durante mais de quatro mil anos, um período no qual as condições espirituais necessárias para esse desenvolvimento foram estabelecidas. Para os ocidentais, a prática da ioga pode até ser considerada perigosa, pois poderia levar o praticante a se perder em um simbolismo estrangeiro e trazê-lo para perto da insanidade. Jung acreditava que, com o decorrer dos séculos, o Ocidente produziria seu próprio tipo de ioga. Interessante notar, entretanto, é que durante seu autoexperimento, Jung praticou ioga para acalmar suas emoções quando percebia que estava muito abalado emocionalmente pelas imagens (MP, p. 381).

Segundo Jung, o criticismo severo e altamente científico da mente Ocidental às ideias filosóficas cria uma disposição que separa religião e ciência e, portanto, alguns conceitos importantes da ioga não seriam compreendidos adequadamente, pois "ou se cai na armadilha de acreditar cegamente e se engole conceitos como *prana, atman, chacra, samadhi* etc., sem reflexão, ou a crítica científica os repudia de maneira geral como 'puro misticismo'" (OC 11, § 867, trad. mod.). Mencionando, por exemplo, a compreensão do conceito de *prana*, que literalmente significa *respiração*, ele afirmou que a mente ocidental o entenderia de uma maneira completamente diferente da mente oriental. Para um iogue, *prana* expressa muito mais do que apenas *respiração*, porque está relacionado com a rica metafísica e simbolismos do Oriente. Dessa forma *"o europeu só imita e aprende as ideias decorando-as, e por isso é incapaz de expressar o que acontece subjetivamente através de conceitos indianos"* (OC 11, § 872, trad. mod.).

O ponto central na crítica de Jung, portanto, *é quem* está aplicando o método e não o método em si. Em suas observações finais no texto de 1936 ele afirmou:

> Embora eu permaneça criticamente avesso à ioga, não significa que eu não considere essa conquista espiritual do Oriente como uma das maiores coisas que a mente humana já criou. Espero que minha exposição deixe claro que minhas críticas são dirigidas unicamente contra a aplicação da ioga aos povos do Ocidente. [...] A civilização ocidental tem pouco mais de mil anos e deve, antes de tudo, se libertar de sua unilateralidade bárbara. Isso significa, acima de tudo, uma visão mais profunda da natureza humana. Mas nenhum discernimento é obtido reprimindo e controlando o inconsciente e muito menos

imitando métodos que cresceram sob condições psicológicas totalmente diferentes (OC 11, § 876, trad. mod.).

Jung também era reticente a movimentos que combinavam tradições ocidentais e orientais, como a Teosofia e a Antroposofia, movimentos que eram muito populares no início do século XX. Uma das principais figuras desse movimento na Suíça e na Alemanha foi Rudolf Steiner (1861-1925). Seus ensinamentos eram basicamente uma ampla amálgama de misticismo indiano com simbolismo e valores cristãos sublimados, buscando uma verdade superior além da racionalidade. Steiner utilizou conceitos introduzidos por filósofos e autores alemães como Hegel, Kant, Goethe e o culto à vida de Nietzsche, tendo como base uma formação alemã clássica. Em seus escritos, ele apresentou o que considerava a verdade do mundo espiritual contra o materialismo, e tinha respostas para tudo o que acontecia na vida de cada um (Blom, 2008, p. 208-215). Esses movimentos foram considerados por Jung como resultado da desorientação religiosa na sociedade moderna, uma "imitação amadora, até mesmo barbárica, do Oriente" (OC 10, § 188, trad. mod.). Para Jung, a única diferença entre a visão materialista e a visão teosófica do mundo era que a primeira reduz tudo à fisiologia, enquanto a segunda reduz tudo à metafísica indiana (OC 6, § 594).

Na descrição de Jung do caso de Reichstein no seminário de 1932, ele postulou que sua atitude rebelde em relação às convenções europeias era o resultado de sua assimilação inconsciente das experiências durante sua infância no Oriente. Portanto, o ponto fundamental das notas anteriores é a postulação de Jung de que os conflitos psíquicos de Reichstein estavam relacionados com suas dificuldades em adaptar a mentalidade europeia à sua origem oriental. É correto que a própria Reichstein considerou que seu nascimento no Oriente tinha influenciado parcialmente seu caráter. No entanto, a apresentação de Jung do caso deve ser considerada de uma forma crítica.

Como descrito nas notas sobre sua história, a juventude rebelde de Reichstein foi marcada pelos conflitos entre ela e outros membros da família e a sua atitude emancipada no meio aristocrático. A emancipação e o movimento pelos direitos da mulher estavam entre os movimentos mais importantes da Europa na virada do século XIX para o século XX. Eles mudaram o próprio núcleo da sociedade, a saber, a relação entre homens e mulheres. No fim do século XIX, as mulheres ativistas lutaram por seus direitos e trouxeram a emancipação da mulher ao debate público. As mulheres começaram a assumir papéis que eram tipicamente ocupados por homens. O movimento feminista mais importante, naquela época, era a luta pelo direito de voto das mulheres, e as que saíam às ruas por seus direitos civis e pela participação nas decisões políticas eram chamadas de sufragistas. A crescente assertividade e engajamento político das mulheres colocaram em questão a compreensão dos homens sobre a masculinidade e sobre seu papel na sociedade. Em toda a Europa, as mulheres estavam tendo menos filhos e aumentando sua participação no trabalho fora de casa. À medida que as mulheres se tornaram mais assertivas e ganharam o próprio dinheiro, sua dependência econômica em relação aos homens consequentemente mudou e, como resultado, o papel tradicional dos homens como o único provedor para a família foi fundamentalmente questionado. Com as máquinas assumindo a maior parte do trabalho pesado e as mulheres se tornando independentes, muitos homens foram questionados no seu papel para a sociedade (Blom, 2008, p. 219-248).

Portanto, pode-se postular que a atitude de Reichstein também fazia parte da mentalidade em transformação na Europa naquela época, do *Zeitgeist*, presente no movimento de emancipação das mulheres, bem como a oposição à aristocracia no início do século. Jung, entretanto, não considerou esses aspectos da história de Reichstein na apresentação de seu caso e postulou que sua origem oriental era o ponto principal na etiologia de sua enfermidade.

Além disso, a rebelião de Reichstein também foi contra o meio aristocrático em que ela vivia. Ela acreditava que a doença psíquica de sua irmã era causada pelo ambiente repressivo e enfadonho em que viviam. A família de Reichstein pertencia à aristocracia e esse foi um aspecto importante da história das irmãs. Até o fim do século XIX, com exceção da França e algumas nações republicanas menores como a Suíça e a Holanda, as decisões políticas nos países mais influentes eram tomadas principalmente por monarcas. Na virada do século XIX para o século XX, no entanto, o *status quo* na política estava mudando e por toda a Europa a influência da aristocracia, que até então tinha um poder político e econômico significativo, passava por transformações consideráveis (Blom, 2008, p. 219-248).

Outro elemento relevante na história de Reichstein, que não foi mencionado na descrição de Jung de seu caso no seminário de 1932, foi a passagem na qual ele escreveu "que de seus órgãos genitais saiu um elefante branco. [...] Então apareceram sintomas orgânicos: ela tinha úlceras no útero e eu tive que mandá-la a um ginecologista" (Jung, 1996, p. 105). Como mencionado anteriormente, Jung associou o elefante branco ao simbolismo oriental, mas sabemos que a mãe de Reichstein teve um grave problema durante o nascimento de Mischa Epper, problema este que a deixou em sua condição frágil e, por fim, levou à sua morte em 1908. Nas notas de sua irmã sobre sua infância, foi descrito como Reichstein passou por sintomas de ansiedade consideráveis após o comentário de seu marido mencionando o nascimento do filho de um de seus colegas. A ideia de dar à luz era angustiante para Reichstein, à qual ela reagiu com ataques de pânico. Ela também sofreu de forte ansiedade quando engravidou, apesar de estar fazendo uso de um método contraceptivo. Ela disse a seu pai e a nova esposa dele que pensava em sua gravidez como se fosse um tumor na barriga. A Sra. Lunin mencionou que sua mãe descobriu os sentimentos positivos da maternidade somente na sua segunda gravidez. O prolapso sofrido pela mãe de Reichstein e a ausência dela durante sua infância foram pontos importantes na sua vida, e a importância desses fatos pessoais não foi considerada na interpretação de Jung sobre seus sintomas e fantasias.

Como nos casos de Helene Preiswerk e Frank Miller, Jung destacou alguns elementos para apoiar sua teoria e não mencionou outros. Esses eram, entretanto, elementos biográficos importantes para a compreensão dos casos.

O problema de fazer amplificação sem considerar a história pessoal do paciente foi enfatizado por Fordham em 1967 em seu artigo sobre imaginação ativa. Ele escreveu sobre a importância de considerar os eventos durante a infância ao se usar o método de amplificação de Jung, porque só então o simbolismo no caso pode ser devidamente compreendido. Os paralelos históricos podem ser de ajuda ao paciente, indicando que ele não está sozinho em sua experiência, mas o significado obtido dessa forma é frágil. Depois de apresentar material clínico para dar base a seu criticismo, Fordham descreve:

Dois casos da prática clínica de Jung

> Todos os casos demonstraram que era essencial relacionar o paciente com seu desenvolvimento pessoal e individual desde seu nascimento. Ao mesmo tempo que se usa o método analógico histórico, fica-se cego sobre a história de vida pessoal, uma característica que se observa na literatura; existe uma incapacidade de investigar o imaginário do paciente, de tal forma que as raízes do simbolismo são ignoradas. [...] Aqui o símbolo acaba sendo usado defensivamente e o conceito de psique objetiva dá suporte às defesas contra a reconstrução e integração de partes da infância, sem as quais o paciente fica desorientado (Fordham, 1967, p. 62).

Importante notar que, embora Jung não tenha mencionado a doença da mãe de Reichstein em relação aos seus sintomas em seus escritos, isso não significa necessariamente que ele não tenha considerado esses elementos de sua história durante seu tratamento. Mas, infelizmente, o diário da análise de Reichstein não foi encontrado e não foi possível avaliar a abordagem que Jung adotou para essas questões.

Uma das técnicas que Jung utilizou no tratamento de seus sintomas era o desenhar. Sua sugestão para Reichstein expressar-se em desenhos pode ser relacionada ao seu autoexperimento e, como visto em outros casos, tornou-se uma de suas técnicas psicoterapêuticas mais utilizadas por ele. A compreensão de seus sintomas e o uso de desenhos no caso de Reichstein por Jung pode ser vista na seguinte passagem:

> Psicologicamente, o sintoma significava que algo tinha que ser "pressionado para sair" (*ex-presso*). Assim, eu lhe dei a tarefa de expressar através de desenhos o que sua mão lhe sugerisse. Ela nunca havia desenhado antes, e se lançou a isso com muita dúvida e hesitação. Mas então flores simétricas ganharam forma sob sua mão, vividamente

coloridas e dispostas em padrões simbólicos. Ela fez essas pinturas com muito cuidado e com uma concentração que eu só posso chamar de devota (OC 16, § 553, trad. mod.).

A devoção de Reichstein a seus desenhos e bordados também foi enfatizada por sua filha. A família tem um quimono em seda no qual Reichstein trabalhou quase diariamente durante quatro anos. A Sra. Lunin mencionou que sua mãe fazia os bordados em um estado quase meditativo.

Jung comentou que o simbolismo nos desenhos de Reichstein tinha um caráter oriental, e em sua descrição do caso, ele mencionou a imagem do pássaro vindo de cima, descendo na fontanela (fig. 16.1).

Figura 16.1 – Pássaro na fontanela

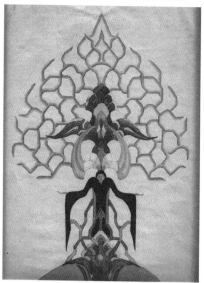

PA – *Desenho 019-ASAB.*
Instituto C.G. Jung, Zurique, Suíça.

Dois casos da prática clínica de Jung

Entretanto, o comentário de Jung que ela nunca tinha desenhado antes não está correto, porque sabemos que Reichstein gostava de reproduzir o trabalho dos mestres holandeses. Além disso, ele escreveu erroneamente em *O segredo da flor de ouro* sobre seus desenhos que "todas as pinturas foram feitas independentemente de qualquer influência oriental" (OC 13, § 56, trad. mod.). Isso não é correto, uma vez que Reichstein viveu no Oriente até cerca dos quatro anos de idade e o próprio Jung observou em seu texto "Simbolismo do mandala", *"seus numerosos desenhos tinham todos um caráter distintamente oriental, e assim a ajudaram a assimilar influências que a princípio não podiam ser reconciliadas com a mentalidade ocidental"* (OC 9/1, § 656, trad. mod.).

Outro aspecto interessante da conexão de Reichstein com o Oriente pode ser visto em sua correspondência com Jung. Por volta de 1957, Reichstein reviu para Jung um livro de S.H. Rakosa sobre religião na Indonésia. Rakosa mencionou as ideias de Jung no livro, mas Jung considerou que o autor o entendeu erroneamente como um filósofo. Na única carta publicada a Reichstein de 2 de agosto de 1957, Jung expressou suas críticas ao livro e à filosofia oriental aplicada à mente ocidental como segue:

> Prezada Dra. Reichstein,
>
> Muito obrigado pelo seu grande esforço no livro de Sumantri Hardjo Rakosa sobre "A concepção do homem na religião da Indonésia como base para a psicoterapia", e por fornecer um relatório tão claro de seu conteúdo. [...] Você está certa em supor que o autor não compreendeu muito das minhas ideias. [...] Ele se engana considerando-me um filósofo, o que eu definitivamente não sou. Sou um psicólogo e empírico, e para mim o sentido da vida não

reside em anulá-la em nome de uma suposta "possibilidade de existência transcendental", que ninguém sabe como conceber. Nós somos homens e não deuses. O sentido do desenvolvimento humano está na realização desta vida [...] e não em um desprendimento deste mundo. Como posso atingir o sentido da minha vida se o objetivo a que me propus é o "desaparecimento da consciência individual"? [...] Mesmo o que chamei de *"Self"* funciona somente por um ego que ouve a voz daquele ser maior. Temo ter sobrecarregado você com uma tarefa ingrata de trabalhar com este livro. O fato de ter feito isso com tanta paciência e lucidez foi uma grande ajuda.

Com os melhores cumprimentos,

Atenciosamente

C.G. Jung (1975, p. 381).

Falta ainda ser citado nesse contexto que Jung deu atenção a um símbolo da tradição oriental, o mandala, e usou alguns dos desenhos de Reichstein como exemplos. Em sânscrito, mandala significa "círculo" ou "círculo mágico". O mandala é normalmente pintado em um esquema regular: uma forma geométrica, como um quadrado ou triângulo, rodeado por um círculo. Pinturas na forma de mandalas foram encontradas em todas as culturas e religiões, em muitas variações. Para Jung, o mandala é um símbolo de unidade, totalidade, da união dos opostos, assim como uma compensação para caos e confusão. É interessante notar que Jung aprofundou sua compreensão sobre os mandalas apenas depois de 1920 (Shamdasani, 2010, p. 206), ou seja, contemporâneo ao tratamento de Reichstein. Como apresentado anteriormente, alguns de seus mandalas foram publicados por Jung em "Simbolismo do mandala" (figs. 7, 8 e 9, em OC 9/1), no comentário sobre "O segredo da flor de ouro" (fig. A1, em OC 13) e em "A árvore filosófica" (figs. 2, 30 e 31, em OC 13).

Como mencionado anteriormente, o caso de Reichstein era conhecido em alguns círculos como a "Senhora dos mandalas". Em um texto, supostamente escrito para uma exposição, ela explicou como desenhou os mandalas[85]. Embora o texto e os mandalas não fossem datados, ela descreveu como havia feito os desenhos há aproximadamente 45 anos. Com base nessa descrição de Reichstein, os desenhos a que ela se refere provavelmente foram feitos na época em que estava em análise com Jung (por volta de 1920).

Reichstein escreveu que, quando desenhou os mandalas, Jung estava no início de sua descoberta do inconsciente coletivo, e ela não aceitava os comentários dele sobre seus desenhos por razões pessoais. Comentou sobre suas dificuldades para enfrentar as experiências negativas de sua juventude e que tinha procurado refúgio na filosofia de Schopenhauer, Kant e Hartmann. Entretanto, ela estava tão concentrada no seu pensamento racional que se sentia completamente esgotada e não podia mais continuar com sua vida da mesma maneira. Ela decidiu, então, se permitir ficar completamente receptiva às imagens de seu inconsciente e aceitar o que quer que viesse dele. Sua condição apenas melhorou depois que ela desistiu de seu intelectualismo e se deixou levar por seus instintos interiores.

Para resumir então o interesse específico de Jung no caso de Reichstein relacionado ao simbolismo oriental, podemos considerá-lo da seguinte forma: em *Transformações e símbo-*

---

85. PA – Documento n. 44, Correspondência Jung e Reichstein. As informações sobre essa exposição foram dadas ao autor em uma entrevista com V. Lunin, filha de Reichstein, em 21 de junho de 2011.

los da libido (1912), quando analisou o caso de Frank Miller, Jung estava interessado nos paralelos entre as fantasias dela e as imagens primordiais presentes em diferentes mitologias, mas ele não havia tratado Miller pessoalmente. Depois, em seu autoexperimento, Jung concentrou-se em suas experiências subjetivas e viu paralelos entre suas fantasias e ideias orientais. O caso de Reichstein foi, de fato, um dos primeiros casos que lhe deu a possibilidade de tratar um paciente moderno ligado ao simbolismo do Oriente.

É interessante notar que a influência esmagadora do racionalismo, sua relação com os instintos e a irracionalidade foram elementos que Jung também considerou cruciais em suas análises do caso de Reichstein e em outros casos, como os de Morgan e Pauli. Esses elementos também foram cruciais no autoexperimento de Jung. Como mencionado no caso de Miller, Jung considerou que, ao analisar as fantasias dela, ele também estava analisando sua própria função imaginativa e que, em sua elaboração da morbidez de Miller em mitos, ele também assimilou o lado Miller nele mesmo. Pode-se postular que a compreensão de Jung sobre o conflito entre o racional e o irracional nos casos de Reichstein e outros foi possivelmente o resultado de suas considerações sobre si mesmo, a partir das descobertas que ele obteve de seu autoexperimento.

17 O caso de Reichstein e o conceito de sincronicidade

Em uma passagem em *Memórias, sonhos, reflexões,* Jung escreveu sobre certos fenômenos que chamaram sua atenção da seguinte forma:

> Várias vezes encontrei coincidências surpreendentes que pareciam sugerir a ideia de um paralelismo acausal (uma sincronicidade, como mais tarde eu o chamei). Fiquei tão fascinado por esses fenômenos que me esqueci completamente de tomar notas, o que depois me arrependi muito. Mais tarde, porém, nas várias vezes em que conduzi experimentos com meus pacientes, ficava bastante claro que um número significativo de respostas confirmava meus achados (Jung, 2019, p. 374, trad. mod.).

Jung também passou por situações em sua vida que ele, mais tarde, considerou como paralelismos não causais entre eventos e sua condição psíquica. Um exemplo conhecido foi na sua conversa com Freud em 1909 sobre ocultismo, na qual eles discutiam sobre precognição e parapsicologia em geral. Jung descreveu como a visão materialista de Freud o incomodava e ele teve uma sensação física de calor em seu diafragma. Pouco tempo depois, um ruído alto na estante os alarmou. Jung então afirmou que aquilo era um fenômeno chamado de exterioriza-

252 Coleção Reflexões Junguianas

ção catalítica e previu que ocorreria novamente, o que de fato aconteceu (Jung, 2019, p. 155, trad. mod.).

Outro exemplo já citado foi em 1913, quando ele se sentiu sobrecarregado por eventos que não compreendia e inicialmente pensou que estava desenvolvendo um distúrbio psíquico. Após o início da Primeira Guerra Mundial, porém, ele considerou suas visões como precognitivas. Ele comentou:

> Como psiquiatra, fiquei preocupado, pensando se eu não estaria a caminho de "fazer uma esquizofrenia" como falávamos naqueles dias. [...] Em 31 de julho, imediatamente após minha palestra, soube pelos jornais que a guerra havia eclodido. Finalmente eu entendi. E quando desembarquei na Holanda no dia seguinte, ninguém estava mais feliz do que eu. Entendi que meus sonhos e minhas visões tinham surgido do subsolo do inconsciente coletivo. O que me restava fazer então era aprofundar e validar essa descoberta (Shamdasani, 2010, p. 201).

Portanto, após o início da guerra, Jung considerou suas fantasias não como algo que aconteceria com ele, mas com toda a Europa, e considerou que elas eram precognitivas, referentes a um evento coletivo (Shamdasani, 2010, p. 202). Dessa forma, por incluir precognição nas suas postulações sobre sincronicidade, é possível que Jung tenha considerado o ocorrido com Freud em 1909 e as visões e sonhos que ele teve, por volta de 1913, na elaboração do conceito referente a paralelismos não causais (Shamdasani, 2010, p. 220).

Sincronicidade é um conceito que desafia o pensamento científico tradicional. É assim porque eventos sincronísticos, por definição, não se enquadram no princípio da causalidade, não podem ser repetidos e, portanto, são impossíveis de replicar. O termo é usado (e mal utilizado) por muitos, e é altamente controverso.

Dois casos da prática clínica de Jung

Jung postulou o conceito em seus seminários, em 1928, e em seu discurso memorial para Richard Wilhelm, em 1930 (Jung, 2014a, p. 63, 397)[86]. Entretanto, só muito mais tarde, em 1952, ele publicou sobre esse conceito em seu artigo "Synchronizität als ein Prinzip akausaler Zusammenhänge" [Sincronicidade: um princípio de conexões acausais], no volume alemão de *Studien aus dem C.G. Jung Institut – Zürich – Naturerklärung und Psyche* [Estudos do Instituto C.G. Jung – Zurique – explicação da natureza e da psique][87]. Ele propôs o conceito de sincronicidade como um princípio não causal que liga dois ou mais eventos simultâneos, onde o fator de ligação entre os eventos seria um sentido ou significado entre eles. Sua definição de sincronicidade é a seguinte:

> Estou, portanto, utilizando o conceito geral de sincronicidade no sentido especial de uma coincidência no tempo de dois ou mais eventos não relacionados causalmente que têm o significado idêntico ou similar, em contraste com "sincronismo" que significa simplesmente a ocorrência simultânea de dois eventos. Dessa forma, sincronicidade significa a ocorrência simultânea de um estado psíquico com um ou mais eventos externos que aparecem como paralelos significativos ao estado subjetivo momentâneo e, em certos casos, vice-versa (OC 8/3, § 849-850, trad. mod.).

Jung descreveu o que considerava três categorias para os fenômenos. A primeira categoria era a correspondência de um

---

86. Em seu discurso memorial a Richard Wilhelm, Jung o elogiou por seu trabalho com o *I Ching*. Resumidamente Jung comenta que, a princípio, tudo o que nasce ou é feito em um determinado momento tem a qualidade desse momento do tempo, ou seja, é algo baseado em um princípio sincronístico (OC 15, § 77-82).

87. Jung publicou seu conceito junto com trabalhos de Wolfgang Pauli.

estado psíquico no observador com um evento externo no qual uma relação causal não era concebível; o segundo, um evento mais ou menos simultâneo pressentido pelo observador, mas fora de seu campo de percepção e somente verificável depois; e o terceiro, um estado psíquico correspondente a um evento futuro, que, da mesma forma, só poderia ser verificado posteriormente (OC 8/3, § 984).

As três categorias postuladas por Jung podem ser encontradas nos objetos de pesquisa da parapsicologia. Por exemplo, a primeira categoria pode ser ligada a casos de telepatia, a segunda categoria pode ser ligada à visualização remota (também conhecida como percepção remota) e a terceira categoria a casos de precognição.

A demora de Jung em publicar suas ideias sobre sincronicidade possivelmente foi devida à sua noção de que tal conceito poderia causar reações consideráveis no meio científico. No prefácio do texto, ele se refere às grandes dificuldades do problema e de sua apresentação. Ele considera esse campo de pesquisa, embora obscuro, de suma importância, e que sua abordagem é uma tentativa de abordar o problema e revelar alguns de seus múltiplos aspectos e conexões (OC 8/3, § 816). Mais adiante no texto, Jung relativiza o termo sincronicidade, observando que o conceito não explica nada, e que apenas sugere algum tipo de princípio ou propriedade do mundo empírico (OC 8/3, § 995).

A controvérsia em torno do conceito de sincronicidade pode estar ligada às implicações e demandas que ele nos apresenta. O conceito é recebido com entusiasmo por alguns, e sarcasticamente dispensado ou simplesmente desconsiderada por outros. Para os que o aprovam, o conceito oferece uma forma de abordar uma série de fenômenos que são marginalizados e

Dois casos da prática clínica de Jung

ainda presentes na visão popular do mundo, além de oferecer um contraponto à abordagem unilateral que rege a ciência, baseada apenas na racionalidade. Para aqueles que descartam o conceito, ele é apenas uma expressão da velha tendência à superstição presente na cultura ocidental (Main, 2004, p. 2).

Para corroborar suas suposições no conceito de sincronicidade, Jung foi buscar apoio em diferentes áreas, tais como as experiências de Joseph Banks Rhine (1895-1980). Em sua biblioteca, Jung tinha as seguintes obras de Rhine: *Extra-sensory perception* [Percepção extrassensorial] de 1934, *New frontiers of the mind* [*Novas fronteiras da mente*] de 1939, e *The reach of mind* [O alcance da mente] de 1948, assim como as traduções alemãs dos textos do Rhine. Em seus livros sobre parapsicologia, Rhine pesquisou o que mais tarde seria chamado de fatores *psi* e seu objetivo era testar cientificamente as suposições apresentadas pelos pesquisadores psíquicos. Antes de Rhine (por volta da década de 1920), os estudos disponíveis eram baseados em observações histórico-naturais e não em métodos estatísticos-empíricos claros.

Um exemplo notável dos estudos antes da época de Rhine foi a pesquisa de E. Gurney, F.W.H. Myers e F. Podmore, publicada no livro *Phantasms of the living* [Fantasmas dos vivos] (1886). Os autores coletaram e relataram casos de telepatia e verificaram sua veracidade com testemunhas. Além disso, conduziram experimentos com a transmissão telepática de imagens. A alegação do livro era que telepatia existe e que os relatos sobre as aparições de uma pessoa prestes a morrer a um ente querido eram o resultado de algo além do acaso. Para os autores, seus experimentos e os casos espontâneos relatados provaram a ação de uma mente sobre outra à distância. O livro, apoiado pela Sociedade de Pesquisa Psíquica da Inglaterra, apresenta mais de 850 casos, principalmente sobre a transmissão de pensamentos e sentimentos de uma pessoa para outra por outros meios do que os canais sensoriais. A partir de notas na primeira página do livro existente na biblioteca de Jung, sabemos que a Sociedade de Pesquisa Psíquica da Inglaterra enviou-lhe, em 1897, a pedido de um dos autores, Edmund Gurney, uma cópia dos dois volumes.

De volta aos estudos de Rhine, a novidade em suas experiências foi a tentativa de usar métodos científicos para estudar os fenômenos extrassensoriais. Seus estudos sobre telepatia e clarividência foram conduzidos na Duke University (Estados Unidos) e publicados pela primeira vez em seu livro *Extra-sensory perception* [Percepção extrassensorial] em 1934. Rhine usou cartões especialmente projetados pelo Dr. Karl Zener, que trabalhava na Duke University e que pesquisava principalmente sobre a psicologia da percepção. Ele desenvolveu para os estudos de Rhine um conjunto de cinco cartões que eram facilmente distinguíveis e lembrados – um círculo, um retângulo, um sinal de adição, uma estrela e linhas na forma de ondas – conhecidas como as cartas Zener. O objetivo era demonstrar a possibilidade de transmissão telepática entre duas pessoas, o agente e o percipiente, de uma carta visualizada pelo agente e (supostamente) transmitida por telepatia para o percipiente. Os resultados obtidos eram comparados estatisticamente com os resultados que seriam esperados aleatoriamente.

Nos experimentos de Rhine, os sujeitos eram testados em diferentes condições. Em alguns experimentos telepáticos, os sujeitos estavam na mesma sala, em outros estavam distantes uns dos outros, e em um terceiro contexto, os sujeitos eram

Dois casos da prática clínica de Jung 257

testados em momentos diferentes. De acordo com os resultados de Rhine, essas diferentes situações não afetavam os resultados que eram estatisticamente significativos, ou seja, seus achados indicavam que haveria um fator que fazia com que os resultados assim obtidos fossem acima do que seria esperado apenas pelo acaso. Suas experiências, aparentemente, provavam a existência dos fatores *psi*, uma descoberta impressionante.

No entanto, os estudos em parapsicologia eram, e ainda são, controversos na pesquisa acadêmica. Muitos críticos não levam a sério tais estudos psíquicos, considerando-os não científicos (Mauskopf & McVaugh, 1980). Eles consideram que estudos como os apresentados em *Phantasms of the living* [Fantasmas dos vivos] (Gurney et al., 1886) são impossíveis de replicar, e que os estudos de Rhine continham erros na metodologia, como o controle negligente das condições em alguns de seus experimentos e a omissão de informações básicas sobre seus cálculos estatísticos. Para resumir: os críticos consideram a parapsicologia uma pseudociência. Rhine, mesmo com resultados promissores, falhou em sua tentativa de fazer a parapsicologia ser aceita na comunidade científica, mas seus métodos de pesquisas eram próximos à tradição científica estatística-experimental, uma abordagem original nessa área. Seus resultados foram considerados um avanço pelos pesquisadores sobre os fenômenos psíquicos e estabeleceram novos padrões para o desenvolvimento da parapsicologia.

Jung usou os estudos de Rhine como corroboração para suas ideias e comentou os resultados de Rhine em suas experiências com diferentes cenários, observando que

> não temos outra alternativa senão assumir que a distância
> é psiquicamente variável e pode, em certas circunstâncias,

ser reduzida a zero em certa condição psíquica. Ainda mais notável é o fato de que o tempo também não é, a princípio, um fator de proibição. Ou seja, a visualização de uma série de cartas a serem mostradas apenas no futuro produz resultados que excedem a probabilidade da mera chance. [...] Nessas circunstâncias, o fator tempo parece ter sido eliminado por uma função ou condição psíquica, que também é capaz de abolir o fator espaço (OC 8/3, § 835-836, trad. mod.).

Além dos estudos de Rhine, Jung buscou dar base às suas postulações sobre conceito de sincronicidade através de uma referência histórica, usando a noção alquímica do *unus mundus* em *Mysterium coniunctionis* (OC 14, § 661-662, trad. mod.). Ele se refere a uma unidade entre psique e o mundo material, que seriam, portanto, dois aspectos de uma mesma coisa.

O *unus mundus*, na alquimia, é a expressão e um ditado famoso que diz "o que está dentro também está fora", ou seja, o mundo interior é o mesmo que mundo exterior. Jung sugere, com o conceito de sincronicidade, que existiria uma conexão entre o estado psíquico e um evento externo, como se fosse a manifestação de um fator que vai além da psique. Ele escreveu, em uma carta de 1955 a M. Fordham, que *"a sincronicidade nos fala sobre a natureza do que eu chamo de fator psicoide, ou seja, o arquétipo inconsciente (não sua representação consciente!)"* (OC 18, § 1208, trad. mod.). Esse fator é o que estaria por trás da conexão entre eventos psíquicos e não psíquicos e indicaria a natureza dual do arquétipo (algo psíquico e físico).

Para Jung, um evento sincronístico sugere que há algo mais do que apenas uma interpretação de significado. Sua postulação sobre a natureza psicoide do arquétipo introduz a possibilidade da existência um fator organizacional fora da psique. De acordo

Dois casos da prática clínica de Jung

com Jung, a sincronicidade mostra um aspecto do arquétipo em si e não apenas seus aspectos psíquicos, e, para ele, sincronicidade acrescentaria uma dimensão ausente, complementando a tríade da física clássica que explica os eventos observados na natureza (tempo, espaço e causalidade). Ele escreveu:

> A vantagem, entretanto, de acrescentar esse conceito é que ele possibilita uma visão que inclui o fator psicoide em nossa descrição e compreensão da natureza – ou seja, de um significado *a priori* ou equivalência (OC 8/3, § 962, trad. mod.).

Para apresentar o uso do conceito em um tratamento analítico, Jung escreveu sobre os eventos que afetavam seus pacientes e que eram impossíveis de explicar pelas leis naturais da causalidade e, assim, exigiam outro princípio de explicação. Como exemplo, ele mencionou a hora analítica durante a qual um inseto parecido com um escaravelho entrou no seu consultório logo depois que a paciente lhe contou um sonho com o inseto. Sua descrição do incidente é a seguinte:

> Uma jovem que eu estava tratando teve, em um momento crucial, um sonho no qual lhe foi dado um escaravelho dourado. Enquanto ela me contava esse sonho, eu estava sentado de costas para a janela fechada. De repente, ouvi um barulho atrás de mim, como uma leve batida. Eu me virei e vi um inseto voador batendo contra o vidro da janela do lado de fora. Abri a janela e peguei o inseto no ar enquanto ele voava para dentro. Era a analogia mais próxima a um escaravelho dourado que se encontra em nossas latitudes, um escaravelho, um besouro comum (*Cetonia Aurata*), que, ao contrário de seu comportamento habitual, sentira evidentemente uma vontade de entrar em uma sala escura naquele momento em particular. Devo admitir que nada assim me aconteceu antes ou desde

260   Coleção Reflexões Junguianas

então, e que o sonho da paciente permaneceu único em minha experiência (OC 8/3, § 962, trad. mod.).

A paciente mencionada e que não tinha sido previamente identificada era Reichstein. Em uma carta de 13 de julho de 1949, Jung perguntou a Reichstein sobre os detalhes do evento durante sua análise, possivelmente para publicação. Sua carta é a seguinte:

> Prezada Sra. Doutora Reichstein
>
> Eu ficaria grato se você pudesse me informar quando teve o sonho com o escaravelho dourado e quando o contou para mim, quando besouro entrou voando na sala. Infelizmente, eu não notei o evento quando ele aconteceu. Agradeço-lhe antecipadamente e com meus melhores votos, C.G Jung[88]

Em sua resposta a Jung, datada de julho de 1949, Reichstein escreveu que recebeu a carta com a pergunta dele enquanto estava na Holanda e não se lembrava exatamente da data em que o evento aconteceu. Entretanto, uma vez de volta a Zurique, ela verificaria as informações em seu diário de sonhos e lhe diria mais tarde. Infelizmente, o diário dos sonhos de Reichstein não foi encontrado até esta data. O evento foi possivelmente impressionante também para Reichstein, pois ela fez um bordado com a figura do escaravelho (ver figura abaixo) que está hoje na coleção de sua família[89].

---

88. PA – Documento n. 25, correspondência Jung e Reichstein.

89. Entrevistas do autor com Verena Reichstein-Lunin em Zurique: 17 de fevereiro de 2011 e 21 de junho de 2011.

Figura 17.1 – Bordado do escaravelho feito por Reichstein.

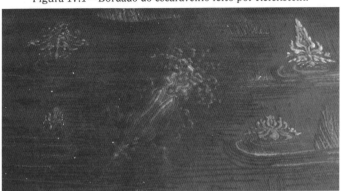

Jung notou o impacto do evento no tratamento de Reichstein como um fator de mudança na abordagem racionalista dela sobre de seus problemas. A importância do aparecimento dessa imagem e a sincronicidade do besouro que entrou no consultório durante a sessão, foram descritas por Jung da seguinte maneira:

> Era um caso extraordinariamente difícil de tratar e, até o momento do sonho, pouco ou nenhum progresso havia sido feito. Devo explicar que a principal razão para isso era o *animus* de minha paciente, que estava impregnado de filosofia cartesiana e se agarrava rigidamente à sua própria ideia de realidade, que os esforços de três médicos – eu era o terceiro – não tinham sido capazes de enfraquecê-lo. Evidentemente, seria necessário acontecer algo muito irracional, e isso estava além de meus recursos para gerar. O sonho por si só foi o suficiente para mexer levemente com a atitude racionalista de minha paciente. Mas quando o 'escaravelho' entrou voando de verdade pela janela, seu ser natural pôde se livrar da armadura imposta pelo seu *animus* e o processo de transformação pôde finalmente começar a se mover. Qualquer mudança fundamental de

262 Coleção Reflexões Junguianas

atitude significa uma renovação psíquica, que geralmente é acompanhada por símbolos de renascimento nos sonhos e fantasias do paciente. O escaravelho é um exemplo clássico de um símbolo de renascimento (OC 8/3, § 845, trad. mod.).

O símbolo do escaravelho no sonho e seu aparecimento durante a hora com Reichstein pode ter também impactado Jung por outro motivo: o próprio Jung descreveu o aparecimento do símbolo do escaravelho no início de seu "confronto com o inconsciente". Ele escreveu, em 12 de dezembro de 1913, como estava em grande confusão psíquica e teve uma fantasia: estava em uma caverna escura e viu várias coisas como uma pedra vermelha e cobras, além de ter ouvido vozes. Na corrente escura de água da caverna, ele também viu um escaravelho preto (*LV*, p. 237). Em seus comentários sobre essa fantasia na camada [2] do *Livro Vermelho,* ele interpretou o aparecimento do escaravelho preto como um símbolo de uma morte necessária para a renovação (*LV*, p. 239). O evento do escaravelho na sessão com Reichstein possivelmente o lembrou de sua própria experiência.

Os múltiplos aspectos relacionados com a simbologia do escaravelho para Jung foram enfatizados por Roderick Main em seu livro *Myth, synchronicity and re-enchantment* [Mito, sincronicidade e reencantamento]. Em seu trabalho, Main destacou que Jung relacionou a aparência do escaravelho na sessão com Reichstein com o símbolo do renascimento, mas que este poderia estar relacionado a Jung de muitas maneiras. Por exemplo: a) o escaravelho, como evento sincronístico, não só para o paciente mas para o próprio Jung, porque Jung também o via como significativo para o tratamento; b) o escaravelho como parte de um mito vivo, como parte de um reencantamento do mundo; c) o es-

Dois casos da prática clínica de Jung

caravelho como significativo para a relação de Jung com Freud, que tinha muitas figuras do escaravelho em seu consultório; d) o escaravelho como símbolo conhecido em alquimia, mas que não foi mencionado por Jung nesse trabalho e, finalmente, e) o escaravelho como elemento heroico, como um conto de fadas, entre Jung e a paciente, que assume o papel de ajudante contra a análise infrutífera até esse ponto e o ajuda a sair da prisão de seu racionalismo (Main, 2013, p. 129-146).

Como mencionado, o caso de Reichstein foi relevante para Jung em termos de transferência e contratransferência e poderia ser postulado que a conexão entre Reichstein e Jung foi particularmente intensa. A ligação entre os eventos sincronísticos e o processo de transferência também foi enfatizada por Main, que sugeriu haver uma ligação especial entre Jung e a paciente do evento com o escaravelho durante a sessão analítica. Ele escreveu que uma conexão emocional intensa ocorre na transferência, particularmente quando é arquetípica, e que tal processo facilita a ocorrência de eventos sincronísticos. Main postulou que a reação rápida e eficaz de Jung, quando o besouro entrou na sala, sugere que ele estava em harmonia com a paciente e agiu em muita sintonia com sua contratransferência emocional (Main, 2004, p. 24-25). O evento do escaravelho, porém, um dos exemplos mais conhecidos na literatura de Jung sobre sincronicidade, não foi o único que ocorreu durante seu tratamento. Em uma carta apenas com a nota no envelope *"1930 para Dr. Jung"*, Reichstein descreveu em uma das sessões com ele outro estranho acontecimento antes de sua primeira gravidez[90]. Sua descrição do evento nessa carta é a seguinte:

---

90. A primeira filha de Reichstein nasceu em 1927.

Prezado Dr. Jung

Devo falar-lhes de coisas que me parecem muito estranhas. Você ainda se lembra o que aconteceu antes de eu engravidar pela primeira vez? Vim para relatar um sonho muito impressionante: Sonhei que estava deitada na cama doente e seu espírito apareceu para mim. Ele se curvou diante de mim e me beijou. Nesse beijo *seu espírito do além me trazia algo vital, o que levaria a uma melhora da minha condição[91]*.

Eu fui vê-lo para lhe contar esse sonho. Quando lhe falei dele, você disse que, antes de eu chegar, algo tinha acontecido: você estava com um paciente e de repente, sem nenhuma razão, você sentiu uma vontade irresistível de mandá-lo embora e, quando esse impulso se tornou muito forte, você o fez. Ao estar sozinho, você se sentiu forçado a ir à estante e pegar de lá um livro ao acaso. No livro, você leu a história sobre um homem que estava doente, a quem o espírito de sua amada apareceu. Ao lado dela, estava o fantasma de um homem, que tinha a missão de guiar o espírito dessa mulher do além até o homem doente.

As semelhanças entre meu sonho e a história eram claras o suficiente. Depois que me contou essa história, ficamos em silêncio por um tempo, sentados um ao lado do outro, e você fumou seu cachimbo. Então, pouco depois, você me deu sua mão e adormeceu. Ao acordar, você falou que não havia me dito algo: antes de ler a primeira história, você tinha lido outra, que dizia o seguinte:

Uma mulher enferma e seu marido foram ver um clérigo para lhe pedir ajuda. O clérigo se sentiu incapaz de ajudar e não sabia o que dizer a ela. Depois que o casal partiu e o clérigo estava sozinho à noite, ele ficou pensando constantemente na mulher enferma, e de que forma poderia

---

91. Passagens sublinhadas por Reichstein.

Dois casos da prática clínica de Jung 265

ajudá-la, até que de repente *ele se sentiu forçado a dormir.* No dia seguinte, a mulher lhe escreveu uma carta, na qual ela lhe agradeceu pela ajuda. *Ele tinha aparecido a ela em espírito e sua aparição* tinha causado uma sensação muito forte de bem-estar. Depois de ter lido essa história, você se sentiu inquieto, provavelmente porque tinha um pressentimento do que aconteceria comigo na próxima hora, e você decidiu ler outra história. Pouco depois dessa ocorrência, tive um sonho anunciando o nascimento de Miriam[92].

Na sequência dessa carta, Reichstein relatou outro sonho que para ela anunciou a gravidez de sua segunda filha. Não foi possível identificar na biblioteca de Jung o livro que é relatado nessa carta de Reichstein. Andreas Jung, que é o administrador da biblioteca de Jung, me informou que, possivelmente, o livro poderia ter sido perdido. Entretanto, os temas das histórias aqui mencionadas por Reichstein (aparições de fantasmas) são similares aos relatos de percepções extrassensoriais encontrados no livro mencionado anteriormente de Gurney, Myers e Podmore *Phantasms of the living* (1886). É interessante notar que Jung mencionou esse livro no texto de 1952 sobre sincronicidade em uma nota de rodapé (OC 8/3, § 830, nota) próxima ao relato que ele deu sobre o escaravelho de Reichstein (OC 8/3, § 843).

Jung não publicou em seus escritos o sonho de Reichstein sobre a aparição dele em espírito descrita acima, mas esse relato mostra que, além do incidente com o escaravelho, o tratamento de Reichstein incluiu mais de uma ocorrência sincronística que chamou a atenção de Jung. Pode-se concluir que o comentário anterior de Jung, de que nada assim lhe havia acontecido antes

---

92. PA – Documento n. 10, Correspondência Jung e Reichstein.

ou desde então, se refere não apenas ao evento do escaravelho, mas também aos outros eventos sincronísticos que ocorreram durante o tratamento de Reichstein.

Também é interessante notar que Jung afirmou que o incidente com o escaravelho causou uma mudança na análise da paciente; em outras palavras, ele interpretou o evento sincronístico como uma indicação da necessidade dela de aceitar o irracional, e como um evento que mudou a abordagem racionalista da paciente frente aos seus problemas. Jung também comentou, em seus seminários sobre a ioga kundalini, que foi o paralelismo entre o simbolismo do Oriente e os sintomas de Reichstein que lhe permitiram compreender o caso e que causou a mudança em seu tratamento.

Um terceiro comentário de Jung, que poderia ser colocado na mesma categoria "evento que causou uma mudança" no tratamento de Reichstein, foi visto quando ele lhe contou seu sonho no qual a viu em um lugar alto, como mencionado em sua palestra de 1937 sobre o tema transferência-contratransferência. Jung observou que a sintomatologia superficial de Reichstein, sua argumentação racional, sua insistência em estar sempre certa e sua sensibilidade exagerada desapareceram depois disso.

Pode-se argumentar que o tratamento de Reichstein teve mais de um evento que causou mudança significativa. No entanto, a forma como Jung apresentou os três eventos em relação à mesma paciente (ter lhe falado seu sonho, a sincronicidade do escaravelho e o simbolismo oriental) como eventos que causaram uma mudança na sua atitude indicam como Jung moldou o material clínico de sua prática para reforçar a postulação teórica que ele apresentava.

18 A correspondência sobre psicologia e religião

Em seus artigos de 2015 sobre a história da psicanálise, Falzeder menciona as diferenças na forma como Freud e Jung divulgaram suas teorias. Ele escreveu que enquanto Freud muitas vezes aconselhava seus seguidores como conduzir seu trabalho, mas raramente ensinava, explicava ou expandia seus conceitos teóricos em suas cartas, Jung era quase o oposto em sua correspondência. Ele escreveu um grande número de cartas, criou e manteve uma rede de contatos através de sua correspondência, e ocupava-se em explicar sua postura e suas teorias, corrigindo concepções errôneas (Falzeder, 2015, p. 238).

A maioria das cartas de Reichstein para Jung tem motivos pessoais como, por exemplo, comentários sobre algum evento em sua vida, pedindo um encontro ou a interpretação de Jung de seus sonhos. Quanto ao conteúdo das cartas de Jung a Reichstein, há notas pessoais, como quando ele a parabenizou pelo nascimento de sua filha. Mas, além desses assuntos pessoais, há cartas nas quais ele solicitou o apoio dela para publicações e textos em holandês, o que indica que Jung confiava na capacidade de Reichstein de avaliar textos relacionados à sua psicologia; e também há cartas que confirmam a descrição de Falzeder de como Jung ensinou e explicou suas teorias em

268 Coleção Reflexões Junguianas

sua correspondência. Isso é particularmente observado na correspondência após 1940.

Como já mencionado, Reichstein prosseguiu seus estudos na psicologia de Jung após sua análise. Ela assistia a palestras no Clube Psicológico em Zurique e no círculo de leitura de Hottingen, um círculo literário tradicional no qual se discutia sobre artes e ciências[93]. O próprio Jung proferiu ali uma palestra intitulada "Homem Arcaico" em outubro de 1930, que foi publicada em inglês em 1933[94]. Nesses círculos, Reichstein discutia as ideias de Jung e ocasionalmente lhe pedia esclarecimentos sobre suas conclusões. Além disso, ela debatia com ele e o criticava, quando considerava que algumas de suas formulações lhe pareciam pouco claras. O que segue são passagens dessas cartas, nas quais podemos ver que Jung considerava Reichstein como alguém que entendia suas ideias em profundidade. Apresentarei algumas cartas em detalhes, porque nos permite acompanhar adequadamente os debates. Os tópicos mais relevantes nessas cartas estão relacionados com motivos religiosos como Deus, Cristo e Buda, e com questões teóricas ligadas aos conceitos de individuação e *Self*.

É importante mencionar que Reichstein não costumava datar suas cartas e, quando há uma data anotada, na maioria das vezes é apenas o ano no envelope, como se ela tivesse datado as cartas em um momento posterior. Também é importante notar que muitas das cartas disponíveis de Reichstein são rascunhos das cartas que ela enviou a Jung. Já as respostas de Jung são originais.

---

93. Sou grato a Emmanuel Kennedy, que me passou essa informação em uma entrevista.

94. Cf. "O homem arcaico" (em OC 10).

Dois casos da prática clínica de Jung 269

A primeira carta disponível de Reichstein que se refere a questões teóricas é de setembro de 1940. Jung escreveu a Reichstein agradecendo-lhe por um livro que ela lhe havia enviado. Jung escreveu o seguinte:

> Prezada Sra. Dra.
>
> Aceite minha gratidão pelo belo e surpreendente presente: o livro encadernado. A capa é feita de uma forma muito bonita e a maneira como é feita faz sentido. Também fiquei feliz em saber que o conteúdo do livro lhe foi importante. Parece que poucas pessoas conseguem compreendê-lo adequadamente. Pelo menos, essa é a conclusão à qual cheguei pelo que ouvi das pessoas[95].

Não está claro a qual livro Jung se refere. É possível, entretanto, que ele se refira ao livro que publicou em alemão em 1940, *Psychologie und Religion* [*Psicologia e religião*]. Em uma parte dessa carta, Jung escreveu que gostaria de ver mais uma vez o bordado que ela tinha feito e comentou sobre um possível encontro com ela. Dessas notas, fica evidente que Jung considerava Reichstein entre aqueles que poderiam entender de uma forma satisfatória os temas sobre os quais ele escrevia. Como veremos, isso indica que Jung apreciava a opinião dela sobre temas complexos e discutia seus pontos de vista e opiniões, embora Reichstein não tivesse uma educação acadêmica formal (seu título "Sra. Dra. Reichstein" veio de seu marido, Adam Reichstein).

A próxima carta disponível na qual podemos encontrar uma discussão sobre temas religiosos e teóricos é de 1943[96]. Reichstein escreveu a Jung o seguinte:

---

95. PA – Documento n. 13, correspondência Jung e Reichstein.

96. A carta de Reichstein não está datada, mas no envelope há uma nota com o ano de 1943 (de e para Jung).

270 Coleção Reflexões Junguianas

Prezado Sr. Doutor

Faz cerca de um ano que o visitei em Küsnacht para trazer meu último trabalho até você. Enquanto isso, cheguei a uma convicção em meu entendimento: que não me parece possível de se aprimorar ou corrigir [...], mas dessa vez gostaria de lhe apresentar o esboço para obter sua aprovação e, se necessário, correções também. [...] A fim de não o incomodar, me concentrei naqueles tópicos onde a intuição introvertida abstrata está mais evidente e, portanto, na direção que considero estar mais avançada, e depois no campo da experiência que considero relacionada com ela, mas para a qual não encontrei a validação que procurava. Entretanto, muitas questões aqui não foram compreendidas e, consequentemente, foram discutidas erroneamente, e também foram totalmente *mal concebidas*, com o resultado final de que eu frequentemente comecei a duvidar desesperada, e questionei: como é possível, ao ler a mesma coisa, obter tantos resultados diferentes ao fim? Tais questões estão relacionadas, nada mais nada menos, com a relação entre Deus e o Homem e entre Deus e o Mundo e, finalmente, com a questão definitiva da vida e da morte. [...] Em seguida, apresento o que acredito ser necessário diferenciar disso, usando seus pontos de vista e com base nas muitas imagens que você apresentou sobre *o inconsciente, os arquétipos e Deus, a imaginação, o objetivo, e os caminhos de Buda e de Cristo*[97].

O que se segue nessa longa carta foi a compreensão de Reichstein das ideias de Jung sobre motivos religiosos. Ela escreveu que esse tópico havia se tornado vital para ela depois de um sonho que teve com a figura de Cristo. Ela acrescentou

_____

97. PA – Documento n. 19, correspondência Jung e Reichstein. Ênfase em itálico feitas por Reichstein.

Dois casos da prática clínica de Jung

um mandala que tinha pintado e pediu a opinião de Jung. A essa carta Jung respondeu o seguinte:

> 1º de outubro de 1943
>
> Prezada Sra. Doutora
>
> Por favor, aceite minhas desculpas por responder à sua longa carta somente hoje. Ela veio exatamente quando eu estava fazendo um trabalho que era impossível adiar e que não podia parar de forma alguma. Aceite minha sincera gratidão por me enviar o esplêndido mandala! Estou extremamente interessado em sua carta e concordo com tudo o que você escreveu. Apenas a sua visão de Cristo me pareceu pouco clara em alguns aspectos. Mas é impossível escrever sobre isso. Dessa vez precisamos falar pessoalmente. Por favor, diga-me quando lhe seria oportuno vir, para que eu possa me organizar. Eu realmente admiro seu esforço de discernimento e valorizo a importância que você dá ao assunto.
>
> Com meus melhores cumprimentos e gratidão pelos sonhos que você enviou
>
> Atenciosamente,
>
> C.G. Jung[98]

Não se sabe se o encontro proposto por Jung a Reichstein aconteceu. Entretanto, no mesmo mês, em outubro de 1943, Jung enviou a Reichstein uma cópia da edição anual da publicação *Eranos 1940/1941* com o título "Zur Psychologie der Trinitästidee" [Sobre a Psicologia da Trindade].

Muitos dos conceitos que Reichstein discutiu com Jung foram apresentados em seu artigo "Psicologia e Religião", escrito originalmente em inglês em 1937 e baseado em uma série de palestras proferidas na Universidade de Yale, tendo sido

---

98. PA – Documento n. 20, correspondência Jung eReichstein.

publicado em alemão em 1940. Em sua palestra introdutória em Yale, Jung explicou que ele adotaria um ponto de vista empírico ao abordar os temas e abordaria as questões que pretendia apresentar. Ele disse:

> Eu me restrinjo à observação dos fenômenos e me abstenho de quaisquer considerações metafísicas ou filosóficas. [...] Minha primeira palestra será uma espécie de introdução ao problema da psicologia prática e da religião. A segunda diz respeito aos fatos que demonstram a existência de uma autêntica função religiosa no inconsciente. A terceira trata do simbolismo religioso de processos inconscientes (OC 11, § 2-3).

A maioria dos temas das cartas de Reichstein estão relacionados ao texto de Jung citado acima, indicando que o livro encadernado que ela lhe enviou era, possivelmente, a publicação alemã das palestras de Yale.

Há uma lacuna na correspondência disponível após a última resposta de Jung, pois a próxima carta disponível é de 1947, quando Reichstein escreveu novamente a Jung. Dessa vez ela pediu a ajuda dele em alguns esclarecimentos, pois ela estava em discussão com uma de suas seguidoras. Como veremos nas cartas posteriores, muito provavelmente se tratava de Riwkah Schärf-Kluger (1907-1987), que era uma seguidora e, como Reichstein, antiga paciente de C.G. Jung. Ela frequentava o Clube Psicológico de Zurique e foi a primeira analista junguiana suíça a se mudar para os Estados Unidos. Schärf-Kluger era particularmente interessada em temas religiosos e seu texto "A figura de Satanás no Antigo Testamento" foi incluído na publicação de Jung "Symbolik des Geistes" [Simbolismo da mente, ou ainda, Simbolismo do espírito] de 1948. A carta disponível

Dois casos da prática clínica de Jung 273

de Reichstein é um rascunho da carta original enviada a Jung.
Ela escreveu:

Prezado Sr. Doutor[99]

Durante muitos meses tive discussões com um de seus
pupilos sobre certos pontos básicos, sobre os quais não
conseguimos chegar a um consenso. [...] Gostaria de
apresentar brevemente nosso tema de discussão, e depois
minhas opiniões e meus comentários sobre eles.

Na opinião de seu pupilo, existe uma hierarquia perma-
nente entre consciência, subconsciente e supraconsciente.
Os patamares dessa hierarquia *mudam dentro de si mesmos e em relação com o outro, nunca um no outro*. [...]
O homem está distante de Deus (não importa como se
imagina esse Deus) como um ser separado Dele, um ser
semelhante ao *ego*, criado, com sua própria consciência e
funções. [...] A união de Deus e do homem consiste desta
condição se tornar consciente. Esse é o mais alto estado
que o homem pode alcançar.

Na minha opinião, esse ego-consciência separado de Deus,
esse ego que é apenas ele mesmo e não mais Deus, é o
resultado final de um processo de diferenciação divina.
[...] A união definitiva do homem e de Deus como meta
do processo de individuação, e que está em um futuro
incalculável, é a *eliminação do conflito*, uma vez que esse
Deus, em Sua forma espiritual mais elevada, venha a existir
na forma de uma quaternidade na estrutura consciente
do homem. Eles (Deus e homem) são opostos e, portanto,
se excluem mutuamente. Existe uma oposição entre o
homem e seu Deus, apesar de sua unidade.

O que lhe escrevi é essencialmente uma repetição do que
lhe escrevi há muitos anos, usando apenas outras palavras,
e para o qual obtive sua aprovação. Mas fiquei perplexa

---

99. No topo da carta, há uma observação: Carta escrita a Jung em 1947.

com a contestação de seu aluno e, portanto, gostaria de ter seu aval novamente[100].

Na sequência dessa carta, Reichstein apresenta as passagens de Jung que, em sua opinião, validam sua compreensão das questões mencionadas. Jung respondeu à carta da seguinte forma:

Küsnacht, 3 de novembro de 1947

Prezada Sra. Doutora!

Gostaria de pedir-lhe desculpas por tê-la feito esperar tanto tempo por minha resposta. Estive doente novamente por um tempo, com uma infecção na vesícula biliar e estou atrasado em todas as minhas atividades por causa disso. Eu só posso endossar suas opiniões. Até onde chega nossa experiência, não podemos, em princípio, diferenciar entre o símbolo do *Self* e as imagens de Deus. Assim, Deus se manifestaria no *Self* e como o *Self*. Este é o significado dos Evangelhos, ou seja, que o próprio Deus se tornou humano. O homem parece ser uma partícula de Deus, com relativa autonomia. Assim como pode tornar consciente do inconsciente pessoal, também pode, pelo menos parcialmente, tomar consciência do inconsciente coletivo, como uma aproximação do Espírito de Deus, que significa *Sapientia Dei*, e como sempre foi entendida como tal. O objetivo do processo de individuação parece ser a união com o divino, na qual o *Self* e Deus formam uma unidade não diferenciável para nós. Esse deve ser um estranho "aluno" meu. Ele obviamente entendeu mal a essência do processo de transformação, que eu muitas vezes descrevi. O roupão bordado é maravilhoso. Eu realmente olhava para ele e admirava a técnica e o significado. Ele está esperando para ser buscado.

---

100. PA – Documento n. 22, correspondência Jung e Reichstein. Ênfase em itálico feitas por Reichstein.

Dois casos da prática clínica de Jung

Com os melhores cumprimentos.

Atenciosamente,

C.G. Jung[101]

Na carta seguinte, Reichstein escreveu como foi a Küsnacht buscar o roupão bordado, mas Jung não estava em casa e ela ficou desapontada por não o ter visto. Ela escreveu ainda que recebeu um feedback positivo, inclusive de seu cunhado Ignatius Epper e outros artistas, sobre seus bordados, que foi mostrado em uma exposição com outros artistas em uma loja em Zurique[102]. Ela também escreveu que alguém estava interessado em utilizar seu material na produção têxtil. Estava muito feliz com os elogios que recebeu e no fim desta carta Reichstein escreveu:

> Escrevo-lhe tudo isso porque acredito que você também ficará contente. Fui sua paciente e sei que sem você, eu não desenvolveria essas coisas e foi meu relacionamento com você que preparou o caminho pelo qual passei. Mesmo com os problemas atuais, que eu frequentemente considero desafiadores, esse trabalho significa sentir-me realizada assim que eu começo a fazê-lo. Portanto, não deixarei de lhe ser grata[103].

A correspondência sobre motivos religiosos continuou em uma carta datada apenas do ano de 1949. Reichstein mencionou uma discussão na qual eles não chegaram a um acordo e que estava relacionada com a questão da encarnação de Cristo e o significado de seu sacrifício para a humanidade. Reichstein citou

---

101. PA – Documento n. 23, correspondência Jung e Reichstein.

102. Um artigo sobre a exposição publicado em um jornal local. Conf..: Neue Zürcher Zeitung, de 7 de janeiro de 1947.

103. PA – Documento n. 27, correspondência Jung e Reichstein.

passagens do livro de Jung *Psicologia e alquimia*, publicado em alemão em 1944, e dos artigos de Jung sobre "Simbolismo de transformação na missa" e "Uma abordagem psicológica do Dogma da Trindade" de 1942. Ela então solicitou a Jung para comentar sobre o assunto. Jung respondeu a essa carta de Reichstein da seguinte forma:

Bollingen, abril 1949

Prezada Sra. Reichstein

Agora, sobre sua carta com a questão tão importante!

Tem a ver com um problema difícil, para o qual a resposta ultrapassa em muito meus conhecimentos. Posso oferecer apenas suposições e uma hipótese elaborada tenuemente. O mito da encarnação de Deus e Seu Calvário, que trouxe a salvação ao homem, só pode ser compreendido por nós psicologicamente. Deus é representado dentro de nós como uma *Imago Dei*, a imagem de Deus, que não pode ser diferenciada do *Self* e, portanto, a igualdade Deus = *Self*. Antes da encarnação, o *Self* era absolutamente inconsciente, ou seja, absolutamente projetado na imagem de Deus. Nessa condição, o homem é totalmente dependente de um Deus exterior, que (como mostra Jó) é imprevisível e injusto. Ele (Deus) não conhece a Si mesmo. Mas Jó segura um espelho diante d'Ele. Depois disso (historicamente) Deus decidiu se tornar humano, ou seja, em uma condição absolutamente inconsciente, o *Self* está como uma forma de *daemon*, bom e mau em sua autoinconsciência, portanto amoral e não confrontado com Ele mesmo. A encarnação significa que Ele se une ao juízo humano, o que consagra a separação dos opostos para o conhecimento: o *Self* aparece como o duplo, ou seja, como o Pai benevolente e como o demônio, o adversário de Deus. Isso significa que, através do (ato) parcial de tornar-se consciente, o *Self* entra em um conflito interior, que corresponde ao sofrimen-

Dois casos da prática clínica de Jung

to, cujo aspecto mais elevado é a crucificação, ou seja, a reconciliação dos opostos em um *quaternio*. Por exemplo:

Espiritual

Bom $+$ Mal

Físico

O *Self* entra de tal forma no humano que morre, ou seja, perde sua divindade e força e cai como vítima do eu-consciente humano. Ele será sepultado na terra, ou seja, no corpo, em outras palavras, na *physis* escura, ou no inconsciente *per se*. É como um grão na terra, e através dele, pela presença do *Self* adormecido, o corpo se torna Mana. Essa é a mãe de um *Self* ressuscitado, (ascensão, ressurreição etc.). Daí vem o importante significado místico da esfera corporal no processo de individuação. Isso significa que Deus (o *Self*) renascerá do inconsciente, ou seja, quando o sol aparecer em nosso céu e ali depuser o ego (a queda de Lúcifer), como disse Jesus: "Eu vi Satanás cair do céu como um raio". O corpo (= mãe de Deus) encontrou uma nova dimensão na consciência (*Assumptio Mariae*), que vem do Deus renascido e se tornou o centro de nossa estrutura anímica no lugar do ego.

O homem mortal é o recipiente para esse evento. O *Self*, como um conteúdo transcendental do inconsciente, vive em uma relação psíquica com o *continuum* espaço-tempo. Nessa perspectiva, ele é relativamente "eterno". Através da consciência, o homem tem uma ligação com o *Self* e, através de seu corpo, ele alcança o renascimento. Parece possível que o *Self* consciente no homem, ou algo crucial dele, seja levado com ele para a imortalidade, e com isso é garantida a consciência eterna de Deus (caso contrário a encarnação não faria sentido!). Deus, o criador, está inconsciente e com isso Ele seria responsável pelos escândalos desse mundo. Mas o mundo está obviamente preparado para a consciência, ou seja, Deus precisa se

278 Coleção Reflexões Junguianas

tornar totalmente humano para se tornar consciente. Ele deve, por assim dizer, desaparecer na humanidade (ateísmos e materialismos!). Eis o momento perigoso da inflação (ditadores, comunismo etc.).

Cada um precisa encontrar a semente de Deus dentro de si (redenção da *Anima Mundi* da matéria! o *rotundum* etc.) Agora, isso não é agradável de se fazer, pois neste mundo aquilo que contém Deus é desprezado e espezinhado. Isso é o mais desprezível. Prefere-se permanecer na inflação, ou, pior ainda, se proteger desse processo, escondendo-se atrás dos clérigos, aqueles que se autoprotegem de Deus. Deus ama os que são pecadores penitentes, os que Lhe dão o renascimento, mais do que os justos, porque os últimos, por amor a Deus, não podem se rebaixar para cometer pecados. É da escuridão que surge a luz. [...]

Com os melhores cumprimentos,

Atenciosamente

C.G. Jung[104]

Após esta carta, as que se seguiram estão em sua maioria relacionadas a Jung solicitar a Reichstein para verificar o holandês em traduções de seus livros e outros textos. Reichstein continuou em suas discussões sobre motivos religiosos e enviou a Jung, em 1957, detalhes de outra discussão com Riwkah Schärf-Kluger sobre Deus, cosmogonia, encarnação de Deus e a integração de partes da personalidade. A resposta de Jung foi a seguinte:

Prezada Sra. Doutora

Muito obrigado pela carta detalhada, cujo conteúdo me interessou muito. Estou particularmente impressionado pelo fato de que, na conversa entre você e a Sra. Kluger,

---

104. PA – Documento n. 35, correspondência Jung e Reichstein.

Dois casos da prática clínica de Jung

houve uma discussão constante sobre 'Deus', e sobre o que Ele faz ou quem Ele é. Sinto falta aqui do reconhecimento claro dos limites da epistemologia. [...]

Com relação à questão da encarnação, a ideia da descida de Deus à natureza humana é um verdadeiro mitologismo. O que está na base dessa imagem que podemos conhecer empiricamente é o processo de individuação, no qual se torna clara a noção de um ser humano maior do que nosso Ego. O próprio inconsciente assinalou esse humano com os mesmos símbolos da divindade, de onde podemos concluir que essa figura corresponde ao Antropos, muito provavelmente como o filho de Deus, ou a manifestação de Deus na forma de um ser humano. [...]

Quanto à integração das partes da personalidade, é preciso estar ciente de que a personalidade, como tal, não contém os arquétipos, mas só será afetada por eles; porque os arquétipos são universais e pertencem à psique coletiva, da qual o ego não pode disponibilizar. Portanto, o *animus* e a *anima* são imagens que representam figuras arquetípicas que intermedeiam entre a consciência e o inconsciente. [...]

Naturalmente, esses são problemas que não podem ser discutidos se levarmos a sério a perspectiva da epistemologia. [...] Tenho a impressão de que considerar o ponto de vista da epistemologia poderia facilitar significativamente a discussão teórica com a Sra. Kluger.

Com os melhores cumprimentos.

Atenciosamente,

P.S. Eu me permitirei, sob a condição de seu consentimento, enviar uma cópia da descrição básica desta carta à Sra. Kluger[105].

---

105. ETH – Carta de C.G. Jung a M. Reichstein de 2 de janeiro de 1957, código Hs 1056:24928.

280 Coleção Reflexões Junguianas

A essa carta, Reichstein respondeu a Jung criticando algumas de suas considerações e argumentos. Ela escreveu o seguinte:

Caro Professor

Muito obrigado por sua carta. Sou sempre grata por seu esforço em me responder. No entanto, sua carta me impele a uma resposta. O "reconhecimento dos limites da epistemologia" foi para mim uma condição tão evidente que eu não considerei necessário notar. Naturalmente, esse reconhecimento sempre esteve presente também para Riwkah. Ela deu a base comum para nossa discussão. [...]

Com relação à encarnação de Deus no homem, eu certamente não quis dizer que, com a descida de Deus ao nível mais profundo (até a personalidade egoica estendida de um homem), o homem maior/*Self* se tornaria idêntico ao homem empírico. Em outras palavras, que o ego, até certo ponto, seria substituído pelo *Self* [...].

Quanto à integração de partes da personalidade, estou claramente ciente do fato de que, como você disse, a personalidade egoica, como tal, não contém os arquétipos. Mas afinal, de acordo com você, os arquétipos são as raízes da consciência. Isso não significa que a consciência humana e suas funções associadas crescem a partir dos arquétipos? [...] Receio que eu comece a aborrecê-lo. Gostaria de evitar que você me entendesse mal, o que em áreas psicológicas acontece tão facilmente, ainda mais quando se tenta aprofundar nelas.

Com os melhores cumprimentos

Sua M. Reichstein[106]

---

106. ETH – Carta de M. Reichstein para C.G. Jung (sem data), código Hs 1056:25722. Ênfase em itálico feito por Reichstein.

Dois casos da prática clínica de Jung

A resposta de Reichstein a Jung não tem data, mas em janeiro de 1958, a secretária de Jung, Aniela Jaffé, escreveu a Reichstein[107] mencionando que Jung estava em Bollingen para descansar e que não escreveria cartas no futuro próximo. Jung respondeu à carta de Reichstein alguns meses mais tarde. A resposta de Jung é a que segue:

18 de março de 1958

Prezada Sra. Doutora

Por favor, aceite minhas desculpas que só hoje eu respondo à sua carta. Trabalho e o cansaço demasiado relacionados à minha idade me impediram de lidar com a minha correspondência. Mas gostaria de dizer que fiquei feliz em ouvir de vocês, e que entenderam corretamente o problema dos "limites da epistemologia". A compreensão das outras questões depende disso. Envio a você o livreto de minha esposa, que foi publicado pelo Clube Psicológico de Nova Iorque, como expressão de minha gratidão pelas muitas coisas que você tem feito por mim.

Com meus melhores cumprimentos

Atenciosamente[108]

À última carta de Jung, Reichstein respondeu no dia 25 de maio de 1958:

Prezado Professor,

Muito obrigado pelo livreto de sua esposa e por sua carta. Fiquei muito feliz em receber ambos. Tenho ido regularmente à análise com a Sra. Dra. von Franz e sinto que estou em boas mãos. Espero, com o tempo e com a ajuda dela, encontrar respostas satisfatórias para algumas

---

107. ETH – Carta de A. Jaffé a Reichstein, código Hs 1056:26486.
108. ETH – Carta de C.G. Jung a M. Reichstein de 18 de março de 1958, código Hs 1056:26487.

perguntas, assim como a ênfase nos (conteúdos) ainda imersos e escondidos.

Desejo-lhe tudo de bom para sua saúde.

Com os melhores cumprimentos,

Sua M. Reichstein[109]

Da correspondência entre Jung e Reichstein é possível observar que Jung, além de ser grato por sua ajuda pelas traduções do holandês, a ajudou a esclarecer dúvidas e a refletir sobre as ideias dele. Diferentemente do contato com Cabot, que participava socialmente do círculo de Jung em Zurique, a relação entre Reichstein e Jung foi baseada na discussão de temas e na troca de ideias. A correspondência entre eles mostra uma conversa acadêmica intensa sobre temas que foram o foco do interesse de Jung em seus escritos finais. Como vimos, Jung manteve o contato com Reichstein até o fim de sua vida e o fez de forma receptiva e colegial.

Após a morte de Jung, em 1961, Reichstein prosseguiu com sua análise com von Franz e continuou com seus estudos. Reichstein faleceu aos 81 anos de idade, no dia 3 de novembro de 1975.

---

109. ETH – Carta de M. Reichstein a C.G. Jung de 25 de março de 1958, código Hs 1056:25271.

19 Comentários finais e conclusão

O caso de Mischa Epper nos ajuda a entender o desenvolvimento histórico da técnica da imaginação ativa. Já o caso de Reichstein nos dá um exemplo de como Jung utilizou material clínico em suas apresentações. Ele se concentrava nos pontos de vista teóricos e no simbolismo, mas pouco mencionava os eventos pessoais, pois considerava estes últimos menos importantes. Entretanto, ao destacar o simbolismo arquetípico em detrimento dos eventos na vida dos pacientes, alguns elementos relevantes para a compreensão da condição psíquica dela foram omitidos.

A comparação das informações biográficas disponíveis dos pacientes de Jung e o uso de fontes primárias, nos dois casos apresentados neste livro, nos permitem traçar um retrato da prática de Jung e de sua moldagem do material clínico. Esse foco nos permite compreender melhor como Jung utilizava e enquadrava material clínico na apresentação de suas ideias, especialmente na forma como ele salientava certos aspectos dos casos e os relacionava com suas postulações.

Para concluir, porém, gostaria de retomar as principais questões que o material evocou em mim quando recebi a correspondência entre C.G. Jung e Maggy Reichstein da Sra. Lunin, a saber: o que impressionou Jung na história familiar dessas pacientes? E o que ele quis dizer com "eu aprendi muito com você"?

Considerando a época em que Jung encontrou as irmãs Mischa Epper e Maggy Reichstein, é importante notar que isso aconteceu durante uma fase crucial no desenvolvimento das ideias de Jung, quando ele começou a aplicar e ensinar as descobertas de seu autoexperimento. A partir do material apresentado, podemos inferir quais eventos nas histórias pessoais dessas duas mulheres impressionaram Jung. Isso nos dá uma ideia sobre o que ele quis dizer com *"é inacreditável os problemas que pesam sobre as filhas da família Quarles"*, a saber: a) as dificuldades da família mesmo antes do nascimento de Mischa Epper e Maggy Reichstein, já que sua avó criou seus filhos sozinha após a morte prematura de seu marido; b) o ambiente repressivo e enfadonho no meio aristocrático, que foi negativo para o desenvolvimento delas e uma das causas relevantes para sua rebelião contra a família; c) o nascimento de Reichstein no Oriente, o que para ela gerou conflitos com a mentalidade europeia à medida que crescia; d) o retorno à Holanda após Reichstein ter contraído malária e as difíceis condições emocionais causadas pelos problemas de saúde de sua mãe durante o nascimento de Mischa Epper; e) o longo sofrimento da mãe após o nascimento e sua ausência durante toda sua infância; f) a morte prematura da mãe; g) a babá que era muito severa e puritana; h) a educação rígida da avó que não tinha nenhum interesse em cultura e arte; i) as fortes tensões familiares entre a avó, o pai e as filhas; j) a enfermidade psíquica de Mischa Epper em sua adolescência e a vinda para Zurique durante a Primeira Guerra Mundial em busca de tratamento; k) o suicídio da avó; e finalmente l) os sintomas de ansiedade de Reichstein, que a levaram a ser tratada por Jung.

As anotações de Mischa Epper em seu diário mostram o uso da técnica da imaginação ativa pela colaboradora de Jung, Moltzer e, a esse respeito, esclarece uma fase em que a técnica de Jung ainda estava em desenvolvimento. Os comentários em seu diário também mostram críticas ao tratamento de Moltzer, que ela descreveu como exageradamente focado na intuição e sem contato com a realidade, quando em comparação com o breve tratamento com Jung, que foi uma ajuda importante.

Portanto, a importância do caso de Mischa Epper pode ser resumida de três maneiras específicas:

1) A época em que Mischa Epper entrou em tratamento mostra uma fase inicial do trabalho de Jung com a imaginação ativa e, no que diz respeito ao desenvolvimento da técnica, esses dados preenchem uma lacuna histórica existente entre os casos de Tina Keller-Jenny e Christiana Morgan. Resumindo o desenvolvimento da técnica, houve diferenças que mostram como seu foco evoluiu: no caso de Keller-Jenny, que começou em 1915, o foco da técnica foi principalmente a observação cuidadosa do material produzido pelo inconsciente. No caso de Epper, que foi tratada em 1918, o foco principal do tratamento dado por Moltzer foi a expressão e a interpretação das fantasias e a sujeição aos pedidos das figuras interiores. E mais tarde, em 1926, no caso de Morgan, o foco foi principalmente a experiência da relação entre o ego e o inconsciente;

2) Seu caso proporcionou a Jung a oportunidade de trabalhar com uma paciente para quem as artes visuais eram uma forma importante de comunicação em análise, pois ela mal falava, e expressava suas fantasias em desenhos. O tratamento ocorreu pouco depois que o próprio Jung começou a desenhar suas fantasias no *Liber Novus*;

3) Finalmente, a história de Epper nos dá mais informações sobre a conexão entre Jung e Maria Moltzer, que foi uma colaboradora próxima de Jung nos primeiros tempos da psicologia analítica.

Com relação à análise de Reichstein, Jung escreveu que aprendeu com ela e considerou seu material como exemplar, utilizando-o para diferentes publicações sobre vários tópicos. Pode-se concluir que seu caso pode ser situado entre outros casos importantes de sua prática já conhecidos na literatura. Questões particularmente relevantes em seu caso foram a) ele a mencionou como um exemplo da necessidade de o analista avaliar sua atitude em relação ao paciente, um fator importante a ser considerado no processo de contratransferência; b) ele o usou para indicar os problemas da falta de conhecimento do analista, caso ele não consiga entender adequadamente o simbolismo presente no material do paciente; c) usou os sonhos dela para exemplificar como os sonhos podem indicar a atitude do paciente para com o médico; d) mencionou seu caso como um exemplo das etapas do processo de individuação relacionando-o com o simbolismo do oriente; e) apresentou seus mandalas como exemplos do aparecimento de símbolos do *Self* durante o tratamento analítico; e, finalmente f) ele usou seu caso como exemplo para mostrar os problemas de um desenvolvimento unilateral do intelecto e como isso pode ser transformado pela ocorrência de eventos sincronísticos.

Além do tratamento analítico, a correspondência com Reichstein mostrou que ele considerava a opinião dela em diferentes tópicos, particularmente aqueles que continham motivos religiosos. A correspondência entre eles mostra que Jung a considerava como uma das poucas pessoas que conseguiam entender corretamente suas ideias.

Considerando o número de temas que Jung relacionou com o caso dela, e o fato de a ter usado como exemplo em diferentes publicações, a importância do caso de Reichstein pode ser resumida de quatro maneiras específicas:

1) Jung foi surpreendido na relação transferencial com Reichstein e seu sonho, mostrando-a em um lugar alto, o que levou a avaliar sua atitude em relação aos seus pacientes. Portanto, foi um elemento crucial em sua compreensão do processo de transferência e contratransferência;

2) Jung entendeu as imagens nos sonhos e fantasias de Reichstein somente após identificar os paralelos entre elas e o simbolismo do oriente. Portanto, seu caso contribuiu para o desenvolvimento da teoria de Jung ao chamar sua atenção para a relação entre a psicologia oriental e ocidental;

3) Os eventos sincronísticos no caso de Reichstein impressionaram Jung. Ele afirmou que antes e depois desses eventos, nada comparável aconteceu com ele;

4) Em seu artigo, "Realidades da Psicoterapia Prática", Jung usou seu caso como exemplo para demonstrar como a falta de conhecimento do analista pode impactar no tratamento psicológico e salientou como é importante, em um tratamento, não se afixar métodos, ressaltando que fantasias e sintomas podem ser entendidos simbolicamente, como um processo de um desenvolvimento mais profundo e não apenas como eventos patológicos.

A partir do material apresentado, pode-se concluir que Jung foi consistente no uso das técnicas que desenvolveu após seu autoexperimento. Além disso, ele melhorou e ajustou seus métodos à medida que os aplicava a seus pacientes. Os dados históricos apresentados, porém, indicam que o uso de material clínico foi parcialmente enviesado por Jung para apoiar suas descobertas. A esse respeito, é importante salientar que as informações aqui apresentadas mostram que Jung não falsificou ou inventou nenhum dado sobre o material do caso na história de Maggy Reichstein e Mischa Epper. Caso isso tivesse sido observado, poderia se colocar em questão a ética de Jung em suas publicações. Particularmente marcante nesta questão é o caso de Reichstein, no qual ele foi fidedigno ao retratar os acontecimentos. Isso é relevante, porque se refere a uma de suas postulações mais controversas, a saber, o conceito de sincronicidade. O viés observado se refere a ele considerar informações em suas apresentações de forma seletiva, destacando certos aspectos para apoiar suas ideias e, assim, fundamentar suas teorias sobre o inconsciente coletivo.

Isso sugere a futuros estudantes de psicologia junguiana considerar a apresentação do caso de Jung de forma crítica. Esses dados também apontam a necessidade de futuros pesquisadores verificarem cuidadosamente o que, quando e como Jung selecionou informações sobre seus casos para destacar suas postulações. Isso é particularmente válido para seus últimos escritos, quando há indicações de que sua memória não era mais tão acurada.

Minhas conclusões, embora consistentes com os resultados da pesquisa feita para este livro, não podem ser consideradas necessariamente válidas para todos os outros casos clínicos de Jung. Ainda faltam informações essenciais, como as anotações de Reichstein sobre seu tratamento e seu diário de sonhos. Tais documentos são conhecidos por terem existido, mas não estavam disponíveis ou se perderam.

Além disso, parte das informações apresentadas sobre o caso de Reichstein foram retiradas da literatura existente. Embora esta pesquisa tenha se baseado nessas e em fontes primárias, elas nos dão apenas uma imagem parcial do todo. Caso surjam novas informações em pesquisas futuras, as conclusões aqui apresentadas podem ser contestadas. Outra limitação deste trabalho é minha própria experiência como analista junguiano. Foi um desafio fascinante abordar Jung de uma perspectiva histórica, mas, ao mesmo tempo, uma experiência muito exigente, pois foi necessário desenvolver uma visão crítica sobre temas centrais da minha prática clínica.

Independentemente disso, fica claro que para Maggy Reichstein e para Mischa Epper o encontro com Jung foi crucial em suas vidas. Para Epper ele era um homem excepcional e para Reichstein ele lhe deu sentido à vida. Ambas foram muito gratas pela ajuda que receberam de Jung.

Referências

Textos de C.G. Jung extraídos da Obra Completa

OC 1 Sobre a psicologia e patologia dos fenômenos chamados ocultos.
"Um caso de estupor histérico em pessoa condenada à prisão".

OC 2 "O diagnóstico psicológico da ocorrência"
"Psicanálise e o experimento de associação"

OC 3 "A psicologia da *dementia praecox*: um ensaio"
"O conteúdo da psicose"

OC 4 Aspectos gerais da psicanálise
Tentativa de apresentação da Teoria Psicanalítica
"A teoria freudiana da histeria"
"Morton Prince, 'O mecanismo e a interpretação de sonhos: Resenha crítica"
"Questões atuais da psicoterapia"

OC 5 "Símbolos da transformação"

OC 6 "Tipos psicológicos"

OC 8/2 "A função transcendente"

OC 8/3 "Sincronicidade: Um princípio de conexões acausais"

OC 9/1 "Estudo empírico do processo de individuação"

"Simbolismo do mandala"

OC 10/3 "O homem arcaico"

"O problema psíquico do homem moderno"

OC 11/1 "Psicologia e religião"

OC 11/5 "A ioga e o Ocidente"

OC 12 "Psicologia e alquimia"

OC 13 "A árvore filosófica"

"Comentário a 'O segredo da flor de ouro'"

OC 14 "Mysterium coniunctionis"

OC 15 "Em memória de Richard Wilhelm"

OC 16/1 "Os problemas da psicoterapia moderna"

"Princípios básicos da prática da psicoterapia"

OC 16/2 "A aplicação prática da análise dos sonhos"

OC 18/1 "Fundamentos da Psicologia Analítica (Tavistock Lectures)"

Um comentário à crítica de Tausk ao trabalho de Nelken

OC 18/2 "Cartas sobre sincronicidade"

"Prefácio ao livro de van Helsdingen: 'Beelden uit het Onbewuste'"

Outros textos

Jung, C.G. (1912). *Wandlungen und Symbole der Libido – Beiträge zur Entwicklungsgeschichte des Denkens*. Franz Deuticke.

Jung, C.G. (1917). *Der Psychologie der Unbewussten Prozess*. Rascher und Cie.

Jung, C.G. (1975). *Letters: Vol. 2: 1951-1961* (A. Adler, Org.). Princeton University Press.

Jung, C.G. (1990). *Analytical psychology: Notes of the seminar given in 1925* (W. McGuire, Org.). Routledge.

Jung, C.G. (1996). *The psychology of kundalini yoga: Notes of the seminar given in 1932 by C.G. Jung* (S. Shamdasani, Org.). Routledge.

Jung, C.G. (1997). *Visions: Notes of a seminar given in 1930-34* (C. Douglas, Org.; Vol. 1-2). Princeton University Press.

Jung, C.G. (2002). *Cartas* (A. Jaffé, Org.; 2 vols.). Vozes.

Jung, C.G. (2010). *O Livro Vermelho – Liber Novus* (S. Shamdasani, Org.). Vozes.

Jung, C.G. (2012). *Introduction to Jungian psychology: Notes of the seminar on analytical psychology given in 1925* (W. McGuire, Org.). Princeton University Press.

Jung, C.G. (2014a). *Seminários sobre análise de sonhos – Notas do seminário dado em 1928-1930 por C.G. Jung.* Vozes.

Jung, C.G. (2014b). *Seminários sobre psicologia analítica (1925)* (W. McGuire, Org.). Vozes.

Jung, C.G. (2019). *Memórias, sonhos, reflexões* (A. Jaffé, Org.). Nova Fronteira.

Outras obras

Adler, A. (1907). *Studie über Minderwertigkeit von Organen.* Urban & Schwarzenbach.

Adler, A. (1916). *The neurotic constitution: Outlines of a comparative individualistic psychology and psychotherapy.* Moffat, Yard.

Baynes-Jansen, D. (2003). *Jung's Apprentice: A biography of Helton Godwin Baynes.* Daimon.

Bernet, B. (2013). *Schizophrenie – Entstehung und Entwicklung eines psychiatrischen Krankheitsbild um 1900.* Chronos.

Bernheim, H. (1887). *Suggestive therapeutics: A treatise on the nature and uses of hypnotism.* The Knickerbocker Press.

Bezzola, D. (1906). Zur Analyse psychotraumatischer Symptome. *Journal für Psychologie und Neurologie, 8*(3), 204-219.

Billinsky, J. M. (1969). Freud and Jung (the end of a romance). *Andover Newton Quarterly, 10*(2).

Bleuler, E. (1911). *Dementia Praecox oder Gruppe der Schizophrenien.* Franz Deuticke.

Blom, P. (2008). *The vertigo years: Europe, 1900-1914.* Basic Books.

Carotenuto, A. (1982). *A secret symmetry: Sabina Spielrein between Freud and Jung.* Pantheon.

Darlington, D. (2015). Kristine Mann: Jung's Miss X and a pioneer in psychoanalysis. *Spring: A Journal of Archetype and Culture, 92.*

De Moura, V. (2014). Learning from the patient: The East, synchronicity and transference in the history of an unknown case of C.G. Jung. *Journal of Analytical Psychology, 59*, 391-409.

Dois casos da prática clínica de Jung

Dejerine, J., & Gauckler, E. (1913). *The psychoneuroses and their treatment by psychotherapy*. J.B. Lippincott.

Douglas, C. (1993). *Translate this darkness: The life of Christiana Morgan*. Simon & Schuster.

Dubois, P. (1909). *The psychic treatment of nervous disorders: The psychoneuroses and their moral treatment*. Funk and Wagnalls.

Ellenberger, H. (1970). *The discovery of the unconscious*. Basic Books.

Ellenberger, H. (1991). The story of Helene Preiswerk: A critical study with new documents. *History of Psychiatry*, *2*(5), 41-52. https://doi.org/10.1177/0957154X9100200503

Falzeder, E. (1994). My grand-patient, my chief tormentor: A hitherto unnoticed case of Freud's and the consequences. *The Psychoanalytic Quarterly*, *63*(2), 297-331.

Falzeder, E. (2015). *Psychoanalytic filiations: Mapping the psychoanalytic movement*. Karnac.

Federn, E., & Nunberg, H. (Orgs.). (1976). *Protokolle der Wiener Psychoanalytischen Vereinigung (1906-1908)*. Fischer.

Fordham, M. (1967). Active imagination – Deintegration or disintegration? *The Journal of Analytical Psychology*, *12*(1), 51-66. https://doi.org/10.1111/j.1465-5922.1967.00051.x

Fordham, M. (1974). Jung's conception of the transference. *Journal of Analytical Psychology*, *19*(1), 1-21.

Forel, A. (1907). *Hypnotism or suggestion and psychotherapies*. Rebman.

Freud, S. (1904). *On psychotherapy: Vol. VII*. Psychoanalytic Electronic Publishing. https://pep-web.org/search/document/SE.007.0000A?page=PR0005

Freud, S., & Bleuler, E. (2012). *"Ich bin zuversichtlich, wir erobern bald die Psychiatrie" Briefwechsel 1904-1937* (M. Schröter, Org.). Schwabe.

Freud, S., & Jung, C. G. (1974). *The Freud-Jung letters* (W. McGuire, Org.). Princeton University Press.

Fusar-Poli, P. (2012). Sabina Spielrein. *American Journal of Psychiatry, 169*(1), 21-21. https://doi.org/10.1176/appi.ajp.2011.11101511

Gauld, A. (1992). *A history of hypnotism*. Cambridge University Press.

Gurney, E., Myers, F. W. H., & Podmore, F. (1886). *Phantasms of the living*. Trübner.

Haule, J. R. (1999). *Jung in contexts: A reader*. Routledge.

Heuer, G. (2012). A most dangerous – and revolutionary – method: Sabina Spielrein, Carl Gustav Jung, Sigmund Freud, Otto Gross, and the birth of intersubjectivity. *Psychotherapy and Politics International, 10*, 261-278. https://doi.org/10.1002/ppi.1281

Hoffer, A. (2001). Jung's analysis of Sabina Spielrein and his use of Freud's free association method. *The Journal of Analytical Psychology, 46*(1), 117-128. https://doi.org/10.1111/1465-5922.00218

Jaffé, A. (Org.). (1973). *C.G. Jung: Briefe* (Vol. 1). Olten und Walter.

Janet, P. (1976). *Psychological healing: A historical and clinical study* (Vol. 1-2). Arno.

Kerr, J. (1993). *A most dangerous method: The story of Jung, Freud and Sabina Spielrein*. Alfred A. Knop.

Kreis, G. (2014). *Insel der unsicherer Geborgenheit – Die Schweiz in den Kriegsjahren 1914-1918*. Neue Zürcher Zeitung.

Leitner, M. (2001). *Ein gut gehütetes Geheimnis: Die Geschichte der psychoanalytischen Behandlungstechnik von den Anfängen in Wien bis zur Gründung der Berliner Poliklinik im Jahr 1920*. Psychosozial.

Lindorff, D. (2004). *Pauli and Jung: The meeting of two great minds*. Quest books.

Lothane, H. (1999). Tender love and transference: Unpublished letters of C.G. Jung and Sabina Spielrein. *The International Journal of Psycho-analysis, 80*(6), 1189-1204. https://doi.org/10.1516/0020757991599368

Main, R. (2004). *The rupture of time: Synchronicity and Jung's critique of modern western culture*. Brunner-Routledge.

Main, R. (2013). Myth, synchronicity, and re-enchantment. Em *Myth, Literature and the Unconscious*. Karnac.

Mauskopf, & McVaugh, M. R. (1980). *The elusive science*. Johns Hopkins University Press.

Micale, M., & Ellenberger, H. F. (Orgs.). (1993). *Beyond the unconscious: Essays of Henri F. Ellenberger in the history of psychiatry*. Princeton University Press.

Mitchell, S. W. (1884). *Fat and blood: An essay on the treatment of certain forms of neurasthenia and hysteria*. J.B. Lippincott.

Percheron, S. (1982). Interview Jung to Suzanne Percheron. Em F. Jensen & S. Mullen (Orgs.), *C.G. Jung, Emma Jung, Toni Wolff*. The Analytical Psychology Club of San Francisco.

Prince, M. (1910). The psychological principles and field of psychotherapy. Em *Psychotherapeutics: A Symposium*. The Gorham.

Reid, J. C. (2001). *Jung, my mother and I: The analytic diaries of Catharine Rush Cabot*. Daimon.

Shamdasani, S. (1990). A woman called Frank. *Spring: Journal of Archetype and Culture*, *50*, 25-56.

Shamdasani, S. (1992). Two unknown early cases of Jung. *Harvest: Journal for Jungian Studies*, *38*, 38-43.

Shamdasani, S. (1998). *Cult fictions*. Routledge, New Fetter Lane.

Shamdasani, S. (2001). The magical method that works in the dark: C.G. Jung, hypnosis, and suggestion. *The Journal of Jungian Theory and Practice*, *3*(1).

Shamdasani, S. (2003). *Jung and the making of modern psychology: The Dream of a Science*. Cambridge University Press.

Shamdasani, S. (2005). *Jung stripped bare by his biographers*. Karnac.

Shamdasani, S. (2010). Liber Novus: O "Livro Vermelho" de C.G. Jung. Em S. Shamdasani (Org.), *O Livro Vermelho – Liber Novus* (p. 193-221). Vozes.

Shamdasani, S. (2012a). Psychotherapy, 1909: Notes on a vintage. Em J. Burnham (Org.), *After Freud left: A century of psychoanalysis in America.* (p. 31-47). University of Chicago Press.

Shamdasani, S. (2012b). After Liber Novus. *The Journal of Analytical Psychology*, *57*(3), 364-377. https://doi.org/10.1111/j.1468-5922.2012.01975.x

Silberer, H. (1909). Bericht über eine Methode, gewisse symbolische Halluzinations-Erscheinungen hervorzurufen und zu beobachten. *Jahrbuch für psychoanalytische und psychopathologische Forschung*, *1*, 513-525.

Silberer, H. (1917). *Problems of mysticism and its symbolism*. Moffat and Yard.

Skea, B. R. (2006). Sabina Spielrein: Out from the shadow of Jung and Freud. *The Journal of analytical psychology*, *51*(4), 527-552. https://doi.org/10.1111/j.1468-5922.2006.00496.x

Staudenmaier, L. (2003). *Die Magie als experimentelle Naturwissenschaft*. Wolfgang Roller.

Swan, W. (2008). C. G. Jung's psychotherapeutic technique of active imagination in historical context. *Psychoanalysis and History*, *10*(2), 185-204. https://doi.org/10.3366/E1460823508000160

Swan, W. (Org.). (2011). *The memoir of Tina Keller-Jenny: A lifelong confrontation with the psychology of C.G. Jung*. Spring Journals Books.

Taylor, W. S. (1928). *Morton Prince and abnormal psychology*. D. Appleton.

Van den Berk, T. (2014). *In de ban van Jung – Nederlanders ontdekken de Analytische Psychologie*. Uitgeverij Meinema.

Van Helsdingen, R. J. (1957). *Beelden uit het Onbewuste*. Instituto C.G. Jung.

Webb, J. (1976). *The occult establishment*. Open Court.

Wehr, G. (1996). *Gründergestallten der Psychoanalyse Profile-Ideen-Schicksale*. Artemis und Winkler.

Wieser, A. (2001). *Zur frühen Psychoanalyse in Zürich: 1900-1914* [Tese de doutorado em Medicina]. Zurique.

Woodroffe, J. (2003). *The serpent power*. Ganesh.

Zumstein-Preiswerk, S. (1975). *C.G. Jungs Medium: Die Geschichte von Helly Preiswerk*. Kindler.

PLATE 1 Mandala n. 9.

PLATE 2 Pássaro na fontanela.

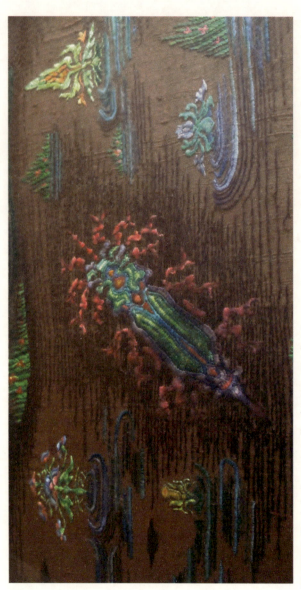

PLATE 3 Bordado do escaravelho feito por Reichstein.

Coleção Reflexões Junguianas
Assessoria: Dr. Walter Boechat

- *Puer-senex – Dinâmicas relacionais*
Dulcinéa da Mata Ribeiro
Monteiro (org.)
- *A mitopoese da psique – Mito e individuação*
Walter Boechat
- *Paranoia*
James Hillman
- *Suicídio e alma*
James Hillman
- *Corpo e individuação*
Elisabeth Zimmermann (org.)
- *O irmão: psicologia do arquétipo fraterno*
Gustavo Barcellos
- *Viver a vida não vivida*
Robert A. Johnson e Jerry M. Ruhl
- *Re-vendo a psicologia*
James Hillman
- *Sonhos – A linguagem enigmática do inconsciente*
Verena Kast
- *Introdução à Psicologia de C.G. Jung*
Wolfgang Roth
- *O encontro analítico*
Mario Jacoby
- *O amor nos contos de fadas*
Verena Kast
- *Psicologia alquímica*
James Hillman
- *A criança divina*
C.G. Jung e Karl Kerényi
- *Sonhos – Um estudo dos sonhos de Jung*
Marie-Louise von Franz
- O livro grego de Jó
Antonio Aranha
- *Ártemis e Hipólito*
Rafael López-Pedraza
- *Psique e imagem*
Gustavo Barcellos
- *Sincronicidade*
Joseph Cambray
- *A psicologia de C.G. Jung*
Jolande Jacobi
- *O sonho e o mundo das trevas*
James Hillman
- *Quando a alma fala através do corpo*
Hans Morschitzky e Sigrid Sator
- *A dinâmica dos símbolos*
Verena Kast
- *O asno de ouro*
Marie-Louise von Franz
- *O corpo sutil de eco*
Patricia Berry
- *A alma brasileira*
Walter Boechat (org.)
- *A alma precisa de tempo*
Verena Kast
- *Complexo, arquétipo e símbolo*
Jolande Jacobi
- *O animal como símbolo nos sonhos, mitos e contos de fadas*
Helen I. Bachmann
- *Uma investigação sobre a imagem*
James Hillman
- *Desvelando a alma brasileira*
Humbertho Oliveira (org.)
- *Jung e os desafios contemporâneos*
Joyce Werres
- *Morte e renascimento da ancestralidade da alma brasileira*
Humbertho Oliveira (org.)
- *O homem que lutou com Deus*
John A. Sanford
- *O insaciável espírito da época*
Humbertho Oliveira, Roque Tadeu Gui e Rubens Bragarnich (org.)
- *A vida lógica da alma*
Wolfgang Giegerich
- *Filhas de pai, filhos de mãe*
Verena Kast
- *Abandonar o papel de vítima*
Verena Kast
- *Psique e família*
Editado por Laura S. Dodson e Terrill L. Gibson
- *Dois casos da prática clínica de Jung*
Vicente L. de Moura

Conecte-se conosco:

f facebook.com/editoravozes

📷 @editoravozes

🐦 @editora_vozes

▶ youtube.com/editoravozes

🟢 +55 24 99267-9864

www.vozes.com.br

Conheça nossas lojas:

www.livrariavozes.com.br

Belo Horizonte – Brasília – Campinas – Cuiabá – Curitiba
Fortaleza – Juiz de Fora – Petrópolis – Recife – São Paulo

  Vozes de Bolso

EDITORA VOZES LTDA.
Rua Frei Luís, 100 – Centro – Cep 25689-900 – Petrópolis, RJ
Tel.: (24) 2233-9000 – E-mail: vendas@vozes.com.br